Xpert.press

Springer-Verlag Berlin Heidelberg GmbH

Die Reihe **Xpert.press** des Springer-Verlags vermittelt Professionals in den Bereichen Betriebs- und Informationssysteme, Software Engineering und Programmiersprachen aktuell und kompetent relevantes Fachwissen über Technologien und Produkte zur Entwicklung und Anwendung moderner Informationstechnologien.

Gerhard Versteegen (Hrsg.)
Guido Weischedel

Konfigurations-
management

Mit 111 Abbildungen

Springer

Herausgeber
Gerhard Versteegen
High Level Marketing Consulting
Säntisstraße 27
81825 München

Die Deutsche Bibliothek - CIP-Einheitsaufnahme
Versteegen, Gerhard:
Konfigurationsmanagement / Gerhard Versteegen. - Berlin ; Heidelberg :
Springer, 2003
(Xpert.press)
ISBN 978-3-642-62839-9   ISBN 978-3-642-55817-7 (eBook)
DOI 10.1007/978-3-642-55817-7

ISBN 978-3-642-62839-9

Dieses Werk ist urheberrechtlich geschützt. Die dadurch begründeten Rechte, insbesondere die der Übersetzung, des Nachdrucks, des Vortrags, der Entnahme von Abbildungen und Tabellen, der Funksendung, der Mikroverfilmung oder der Vervielfältigung auf anderen Wegen und der Speicherung in Datenverarbeitungsanlagen bleiben, auch bei nur auszugsweiser Verwertung, vorbehalten. Eine Vervielfältigung dieses Werkes oder von Teilen dieses Werkes ist auch im Einzelfall nur in den Grenzen der gesetzlichen Bestimmungen des Urheberrechtsgesetzes der Bundesrepublik Deutschland vom 9. September 1965 in der jeweils geltenden Fassung zulässig. Sie ist grundsätzlich vergütungspflichtig. Zuwiderhandlungen unterliegen den Strafbestimmungen des Urheberrechtsgesetzes.

http.//www.springer.de
© Springer-Verlag Berlin Heidelberg 2003
Ursprünglich erschienen bei Springer-Verlag Berlin Heidelberg New York 2003
Softcover reprint of the hardcover 1st edition 2003

Die Wiedergabe von Gebrauchsnamen, Handelsnamen, Warenbezeichnungen usw. in diesem Werk berechtigt auch ohne besondere Kennzeichnung nicht zu der Annahme, dass solche Namen im Sinne der Warenzeichen- und Markenschutzgesetzgebung als frei zu betrachten wären und daher von jedermann benutzt werden dürften. Text und Abbildungen wurden mit größter Sorgfalt erarbeitet. Verlag und Autor können jedoch für eventuell verbliebene fehlerhafte Angaben und deren Folgen weder eine juristische Verantwortung noch irgendeine Haftung übernehmen.

Satz: Autor und DA-TeX, Gerd Blumenstein, Leipzig
Umschlaggestaltung: KünkelLopka Werbeagentur, Heidelberg
Gedruckt auf säurefreiem Papier   SPIN 10877700 - 33/3142YL - 5 4 3 2 1 0

Vorwort

Gerhard Versteegen

Ziele dieses Buches

Die Idee für dieses Buch entstand auf der Systems 2001, einer Messe, auf der festzustellen war, dass zwar viele Aussteller – dafür aber sehr wenige Besucher da waren.

Dies war natürlich für die Aussteller wenig befriedigend, in zahlreichen Gesprächen – unter anderem auch mit meinem Verleger – ist dann die Idee für dieses Buch entstanden. Wir wollten allen an Konfigurationsmanagement interessierten Lesern ein Nachschlagewerk zur Verfügung stellen, das zwei wesentliche Kriterien erfüllt:

- Basisinformationen über Grundlagen des Konfigurationsmanagements
- Detailinformationen über auf dem Markt verfügbare Lösungen, Ansätze und Produkte

Dabei habe ich als Herausgeber des Buches sehr genau darauf geachtet, dass es sich in diesem Buch um wirkliche Informationen handelt, die dem Leser einen Nutzen bringen, und nicht um Marketingaussagen.

Die Reihenfolge der Produkte entspricht keiner Wertung, sondern ist nach Fertigstellung der Beiträge vorgenommen worden. Jeder Beitrag der Hersteller enthält ein Unterkapitel, in dem ein Kunde über seine Erfahrungen mit dem Produkt berichtet. Im einzelnen kommen die folgenden Kunden zu Wort:

- WestLB
- Siemens
- Temic
- WMF

Wer dieses Buch lesen sollte

Dieses Buch richtet sich an alle Leser, die sich für das Thema Konfigurationsmanagement interessieren. Somit sind die folgenden Gruppen angesprochen:

- Entwickler
- Projektleiter
- Administratoren
- Entscheidungsträger/Einkäufer

Inhalte dieses Buches

Das Buch teilt sich in zwei wesentliche Teile auf. Im ersten Teil wird auf die Grundlagen des Konfigurationsmanagements eingegangen. Dabei werden auch Prozessmodelle besprochen, in die Konfigurationsmanagement integriert ist.

Der zweite Teil dieses Buches geht auf die Keyplayer des Marktes rund um Konfigurationsmanagement ein. Mit Merant, MKS, Rational Software und Telelogic stellen die vier wichtigsten Vertreter ihre Lösungen vor, die sie derzeit anbieten.

Im letzten Kapitel des Buches sind wertvolle Tipps aufgeführt, die bei der Evaluierung eines Werkzeuges berücksichtigt werden sollten. Hilfreich ist auch der Kriterienkatalog, der ebenfalls in diesem Kapitel zu finden ist.

Inhaltsverzeichnis

1 Einführung 1
   1.1   Allgemeines zum Thema
         Konfigurationsmanagement 1
   1.2   Grundlagen des Konfigurationsmanagements 5
         1.2.1   Einführung 5
         1.2.2   Versionsverwaltung 9
         1.2.3   Konfigurationsverwaltung 11
         1.2.4   Releasemanagement 12
         1.2.5   Änderungsmanagement 13
         1.2.6   Buildmanagement 15
         1.2.7   Distributionsmanagement 16
   1.3   Verteilte Teams 16
         1.3.1   Die zusätzliche Dimension 17
         1.3.2   Aller Anfang ist schwer 19
         1.3.3   Änderungen proaktiv planen 25

2 Prozessmodelle in der Software Entwicklung 29
   2.1   Allgemeines zu Prozessmodellen 29
         2.1.1   Einführung 29
         2.1.2   Einsatzbereiche von Prozessmodellen 30
         2.1.3   Vorteile der Verwendung
                von Prozessmodellen 31
         2.1.4   Anpassbarkeit von Prozessmodellen 32
   2.2   Konfigurationsmanagement im V-Modell 34
         2.2.1   Allgemeines zum V-Modell 34
         2.2.2   Das Submodell Konfigurationsmanagement .. 35
         2.2.3   Fazit 40
   2.3   Konfigurationsmanagement
         im Rational Unified Process 41
         2.3.1 Allgemeines zum Rational Unified Process 41
         2.3.2 Die Disziplin Konfigurationsmanagement
               im Rational Unified Process 41

- 2.3.3 Planen der Projektkonfiguration und der Änderungskontrolle 43
- 2.3.4 Erstellen der Konfigurationsmanagement-Umgebung 44
- 2.3.5 Ändern und Ausliefern der Items 45
- 2.3.6 Handhabung von Baselines und Releases 46
- 2.3.7 Behandlung von Änderungsanforderungen 48
- 2.3.8 Rollen in der Konfigurationsmanagement Disziplin 50
- 2.3.9 Aktivitäten innerhalb der Disziplin Konfigurationsmanagement 52
- 2.3.10 Fazit 52
- 2.4 Der Prozess CMII 53
  - 2.4.1 Umfang und Ziele von CMII 53
  - 2.4.2 Ursachen für Mängel 55
  - 2.4.3 Gesamtprozess 57
  - 2.4.4 Der Definitions- und Strukturierungsprozess 58
  - 2.4.5 Der Anforderungs-Freigabeprozess 62
  - 2.4.6 Der Anforderungs-Änderungsprozess 64
  - 2.4.7 Der Erzeugnis-Änderungs- und Freigabeprozess 67
  - 2.4.8 CMII als Kernprozess 68
- 2.5 Marktübersicht 69
  - 2.5.1 Blick in die Vergangenheit 69
  - 2.5.2 Werkzeugkategorien 71
  - 2.5.3 Anforderungen an KM-Werkzeuge 73
  - 2.5.4 Herstelleranforderungen 74
  - 2.5.5 Funktionalitätsanforderungen 75
  - 2.5.6 Integrationsanforderungen 79
  - 2.5.7 Wirtschaftlichkeitsanforderungen 79
  - 2.5.8 Sicherheitsanforderungen 79
  - 2.5.9 Künftige Anforderungen 80
  - 2.5.10 Fazit 82
- 2.6 Wirtschaftliche Entwicklung der Werkzeuganbieter 83
  - 2.6.1 Allgemeines zu Wirtschaftlichkeitsbetrachtungen 83
  - 2.6.2 Die Entwicklung an den Börsen 83
  - 2.6.3 Die Akzeptanz auf dem deutschen Markt 84
  - 2.6.4 Mögliche Übernahmen oder Aufkäufe der Hersteller 84
  - 2.6.5 Wirtschaftliche Prognose für die nächsten Jahre 86
- 2.7 Zusammenfassung 89

3 Telelogic CM Synergy von Telelogic® ... 91

- 3.1 Allgemeines über das Unternehmen Telelogic® ... 91
- 3.2 Wichtige Meilensteine und Geschäftsfelder von Telelogic® ... 92
- 3.3 Schulungs- und Dienstleistungsangebot von Telelogic® ... 94
- 3.4 Das Produkt Telelogic CM Synergy® ... 95
  - 3.4.1 Einführung ... 95
  - 3.4.2 Unterstützte Plattformen ... 97
  - 3.4.3 Anforderungen an Hard- und Software ... 98
  - 3.4.4 Architektur von Telelogic CM Synergy® ... 98
  - 3.4.5 Allgemeines zum Handling von Telelogic CM Synergy® ... 99
  - 3.4.6 Erste Schritte mit Telelogic CM Synergy® ... 100
  - 3.4.7 Versionierung mit Telelogic CM Synergy® ... 105
  - 3.4.8 Migration ... 118
  - 3.4.9 Synchronisierung in Telelogic CM Synergy® mit Reconfigure ... 119
  - 3.4.10 Reconcile ... 125
  - 3.4.11 Rollen in Telelogic CM Synergy® ... 129
  - 3.4.12 Workflow Aspekte ... 130
- 3.5 Besonderheiten von Synergy® ... 133
- 3.6 Analystenbewertungen ... 133
- 3.7 Besonderheiten von CM Synergy ... 134
  - 3.7.1 Brandneu: ActiveCM ... 134
  - 3.7.2 Anbindung an SAP ... 136
- 3.8 Change- & Configuration Management bei der WestLB Systems GmbH mit Telelogic CM Synergy® ... 137
  - 3.8.1 Vorbemerkung ... 137
  - 3.8.2 Komplexe Projekte bei der WestLB Systems 138
  - 3.8.3 Anforderungen der WestLB ... 138
  - 3.8.4 Umfangreiche Evaluierung ... 139
  - 3.8.5 Service und Support ... 140
  - 3.8.6 Mainframe Aspekte ... 140
  - 3.8.7 Ausblick ... 141
- 3.9 Referenzen ... 141
- 3.10 Fazit ... 143

4 Die MKS Integrity Lösung von MKS® ... 145

- 4.1 Allgemeines über die MKS Inc. ... 145
- 4.2 Wichtige Meilensteine, Produkte und Geschäftsfelder von MKS ... 147

- 4.3 Die MKS GmbH und deren Serviceleistungen 149
  - 4.3.1 Standard-Trainings 149
  - 4.3.2 Der MKS Support – Customer Care 150
- 4.4 Die MKS Integrity Lösung 150
  - 4.4.1 Einleitendes zur MKS Integrity Lösung 150
  - 4.4.2 Software Configuration- und Change Management 151
  - 4.4.3 MKS Integrity Manager - Integriertes Change Management 154
  - 4.4.4 MKS Source Integrity Enterprise Edition 157
  - 4.4.5 Die Integration von MKS Integrity Manager und MKS Source Integrity Enterprise 161
  - 4.4.6 Die Einbindung der MKS Integrity Lösung in Organisationen und Prozesse 163
  - 4.4.7 Die Architektur der MKS Integrity Lösung .. 167
  - 4.4.8 Unterstützte Plattformen der MKS Integrity Lösung 168
  - 4.4.9 Neuigkeiten zur MKS Integrity Lösung 170
  - 4.4.10 Das Fazit zur MKS Integrity Lösung 174
  - 4.4.11 MKS Implementer 174
- 4.5 Externe Beurteilung durch die Studie: „Konfigurationsmanagement" von IT-Research ... 178
- 4.6 Der Einsatz der MKS Integrity Lösung bei der WMF AG (Württembergische Metallwarenfabrik Aktiengesellschaft) 179
  - 4.6.1 Die WMF AG (Württembergische Metallwarenfabrik Aktiengesellschaft) 179
  - 4.6.2 Spezielle Anforderungen zur Entwicklung von Embedded Software für Kaffeemaschinen 180
  - 4.6.3 Die Testinstallation von MKS Source Integrity Enterprise 181
  - 4.6.4 Einführung durch „Learning by doing" 181
  - 4.6.5 Der Einsatz von MKS Source Integrity Enterprise 181
- 4.7 Einige weitere Kunden und Referenzen von MKS .. 182

5 ClearCase und ClearCase LT von Rational Software 185

- 5.1 Allgemeines über Rational Software 185
  - 5.1.1 Firmengeschichte 185
  - 5.1.2 Niederlassungen von Rational Software in Deutschland 187
  - 5.1.3 Schulungen und Trainings 187
- 5.2 Die Produktfamilie von Rational Software für das Konfigurationsmanagement 189

- 5.2.1 Das Konzept von Rational Software im Konfigurationsmanagement 189
- 5.2.2 Der Ansatz von Rational ClearCase 197
- 5.2.3 Einführung in die einzelnen Produkte...........200
- 5.2.4 Architekturaspekte 201
- 5.2.5 Unterstützte Plattformen von Rational ClearCase 203
- 5.2.6 Anforderungen an Hard- und Software 203
- 5.2.7 Die Eigenschaften von ClearCase und ClearCase LT 204
- 5.2.8 Für jeden Kunden die optimale Lösung 209
- 5.3 Rational ClearQuest – die ideale Ergänzung zu Rational ClearCase 210
  - 5.3.1 Einführung 210
  - 5.3.2 Fehler und Änderungen 210
  - 5.3.3 Funktionsumfang von Rational ClearQuest .212
- 5.4 Die Integration von Rational ClearCase in die Rational Suite 214
  - 5.4.1 Einführung 214
  - 5.4.2 Zwei Ansätze der Integration 214
  - 5.4.3 Zusammenfassung 217
- 5.5 Unified Change Management 218
  - 5.5.1 Einführung in die Thematik 218
  - 5.5.2 Aktivitäten und Artefakte 218
  - 5.5.3 Die fünf Bereiche des Unified Change Management 219
  - 5.5.4 Akzeptanzaspekte 221
  - 5.5.5 Auswirkungen 222
  - 5.5.6 Fazit 223
- 5.6 Rational ClearCase in der Praxis bei der Siemens Schweiz AG 224
  - 5.6.1 Einführung 224
  - 5.6.2 Implementierung 224
  - 5.6.3 Der Modultest 227
  - 5.6.4 Integration 228
  - 5.6.5 Systemtest 229
  - 5.6.6 Mehr als nur eine Version 229
  - 5.6.7 Probleme beim Ordnen der Dateien 231
  - 5.6.8 Fazit 233
- 5.7 Analystenbewertungen und Auszeichnungen von Rational ClearCase 233
- 5.8 Referenzen 234

6 PVCS von Merant ... 237
6.1 Kurzprofil von Merant ... 237
6.2 Aufgabenstellung ... 238
6.2.1 Von SCM zu ECM ... 238
6.2.2 Einschätzung des Marktes ... 239
6.3 Merant – das Produktportfolio ... 239
6.3.1 Der Merant Ansatz ... 240
6.3.2 Die PVCS-Produktfamilie ... 240
6.4 Merant PVCS ... 240
6.4.1 Allgemeines ... 240
6.4.2 PVCS Professional ... 241
6.4.3 PVCS Dimensions ... 245
6.4.4 Besonderheiten ... 249
6.4.5 Externe Beurteilung ... 253
6.5 Die Produkte im Einsatz ... 254
6.5.1 Anforderung des Kunden ... 254
6.5.2 Evaluierung ... 257
6.5.3 Einführung des Produkts ... 258
6.5.4 Erfahrungen mit dem Produkt ... 258
6.5.5 PVCS Dimensions im Einsatz für die NASA ... 258
6.6 Fazit ... 259

7 Evaluierung von Konfigurationsmanagement Werkzeugen ... 261
7.1 Vorgehensweise bei der Evaluierung ... 261
7.1.1 Allgemeines zur Evaluierung von Konfigurationsmanagement Werkzeugen ... 261
7.1.2 Weiche Faktoren bei der Toolevaluierung ... 262
7.1.3 Die Dauer einer Werkzeugevaluierung ... 266
7.1.4 Die technische Evaluierung ... 267

Herausgeber ... 273

Autor ... 275

Akronyme ... 277

Abbildungsverzeichnis ... 281

Literaturverzeichnis ... 287

Index ... 289

1 Einführung

Gerhard Versteegen
Guido Weischedel

1.1 Allgemeines zum Thema Konfigurationsmanagement

Häufig wird die Meinung vertreten, dass Konfigurationsmanagement erst in den letzten Jahren im Rahmen der Softwareentwicklung entstanden sei und dass sich dahinter im Wesentlichen ein Tool zur Versionierung von Sourcefiles verbirgt.

Fakt ist, dass die ersten Vorschriften zur Verwaltung von Konfigurationen und Änderungen an Konfigurationen bereits Anfang der 1960er Jahre erlassen wurden. Dabei handelte es sich um Standards wie MIL-STD-480, die AFSCM 375 Systems Management-Serie der amerikanischen Luftwaffe oder das Apollo Configuration Management Manual NPC 500-1 der NASA.

Vorschriften existieren schon länger

Sicherlich wurden diese Standards ursprünglich für die Konstruktion von Hardware im militärischen Bereich entwickelt. Doch Konfigurationsmanagement ist im Wesentlichen unabhängig davon, was entwickelt und hergestellt wird und ob dies für militärische oder kommerzielle Zwecke geschieht.

Vorgehensmodelle der Softwareentwicklung unterscheiden sich oft von denen der Hardwareentwicklung. Wie soll vorgegangen werden, wenn das Erzeugnis aus Hard- und Software besteht?

- Getrennte Vorgehensmodelle?
- Getrenntes Konfigurationsmanagement?

Unterschiedliche Vorgehensmodelle

Probleme, die während der verschiedenen Lebenszyklusphasen eines Erzeugnisses auftreten können sind meist unabhängig von der

Natur der erstellten Erzeugnisse. Die Ursache vieler dieser Probleme liegt in mangelhaftem Konfigurationsmanagement. Da Software flexibler ist als Hardware, ist ein funktionierendes KM bei Erzeugnissen mit Softwareanteilen oder reinen Softwareerzeugnissen unabdingbar.

Der Ursprung des Konfigurationsmanagements

Anfang der 1950er Jahre wurden im militärischen Umfeld der Vereinigten Staaten von Amerika vermehrt kostspielige Versuche mit Flugkörpern verschiedenster Art gemacht. Unterschiedliche Systeme wurden in den verschiedensten Konfigurationen gebaut und getestet. Aus diesen sollten durch Tests die besten Systeme herausgefunden werden. Von ca. 1000 abgeschossenen Flugkörpern mit unterschiedlichen Einstellungen explodierten nur wenige im Ziel – viele explodierten beim Start oder in der Luft.

Ein Reverse Engineering war damit nicht mehr möglich, es konnte nicht mehr festgestellt werden, wie sich die „guten" von den „schlechten" Testflugkörpern unterschieden. Anhand der mangelhaften Aufzeichnungen waren nicht genügend Rückschlüsse auf die Zusammensetzung der besten Flugkörper möglich. Kleinste Änderungen, die oft die größten Auswirkungen haben, wurden nicht dokumentiert und es gab keine Möglichkeit, die Ursachen eines erfolgreichen Tests nachzuvollziehen – die Ergebnisse waren schlicht nicht reproduzierbar.

Militärische Standards werden durch kommerzielle ersetzt

Künftig durften Änderungen an militärischen Erzeugnissen nur noch gemacht werden, wenn auch die Dokumente entsprechend geändert wurden. Die ersten Vorschriften, in denen dies gefordert wurde entstanden. Diese wurden später in abgeleiteter Form auch für kommerzielle Erzeugnisse übernommen. In der Zwischenzeit wurden die meisten militärischen Standards durch gleichartige kommerzielle Standards ersetzt (zum Beispiel wurde MIL-STD 973 im Jahr 1998 durch EIA/ANSI-649 ersetzt).

Ähnliche Fehler wie damals werden auch heute noch in der Softwareentwicklung gemacht:

- Änderungen am Quellcode werden kurz vor Auslieferung noch eingebaut.

- Die Änderungen sind nicht oder nicht vollständig dokumentiert.

- Softwareerzeugnisse lassen sich nicht mehr reproduzieren.

In diesem Zusammenhang sei einer der wenigen Unterschiede zwischen Hard- und Software erwähnt: Hardware kann „kaputt" gehen – Software ist von Anfang an „defekt".

Anforderungen an das Konfigurationsmanagement sind mittlerweile in den gängigsten Qualitätsstandards und Reifegradmodellen enthalten. Ob eine Organisation diese Anforderungen erfüllt und wie dies erfolgt, hängt von unterschiedlichsten Faktoren ab.

In der Automobilbranche fordern die Automobilhersteller von ihren Zulieferern, dass diese über definierte und nachvollziehbare Prozesse im Rahmen der Steuergeräteentwicklung verfügen. Zur Bewertung werden Assessments in Bezug zu Reifegradmodellen, wie zum Beispiel CMM(I), SPICE (ISO/IEC TR 15504), durchgeführt.

Konfigurationsmanagement ist Bestandteil der Basisanforderungen von Reifegradmodellen

Zulieferer müssen über ein funktionierendes Konfigurationsmanagement verfügen, andernfalls werden die geforderten Reifegrade nicht erreicht.

Wie diese Anforderungen erfüllt werden, d.h. wie die Prozesse tatsächlich aussehen, bleibt jeder Organisation selbst überlassen. Um das Rad nicht stets neu zu erfinden, greifen Organisationen daher verstärkt auf Standard-Prozessmodelle zurück (siehe Kapitel 2).

Organisatorisch wird das Konfigurationsmanagement häufig in den jeweiligen Projekten angesiedelt. Dort soll es die Projektergebnisse „sichern" („Configuration Control") um eine spätere Reproduzierbarkeit zu gewährleisten. Vorgaben für jede am Entwicklungsprozess beteiligte Person werden in einem so genannten Konfigurationsmanagementplan dokumentiert. Da sich Projekte oft stark ähneln empfiehlt es sich, einen generischen KM-Plan zu erstellen, von dem projektspezifische KM-Pläne abgeleitet werden, die dann nur noch die Unterschiede zum generischen Plan enthalten (Tailoring).

Konfigurationsmanagement pro Projekt

Abbildung 1: Von projektspezifischem KM zu einheitlichem KM

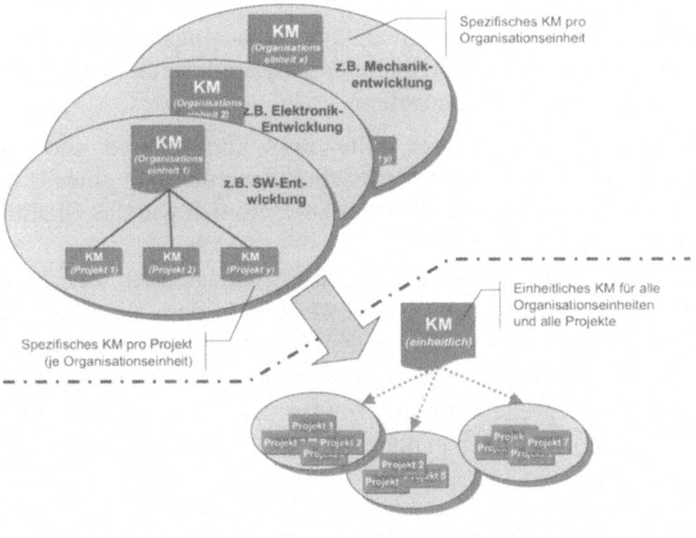

1.1 Allgemeines zum Thema Konfigurationsmanagement

Diese Vorgehensweise ist in Abbildung 1 links oben dargestellt. Von dem generischen KM-Plan pro Organisationseinheit werden projektspezifische KM-Pläne abgeleitet. KM wird dann als unterstützender Prozess pro Projekt gesehen. Projektergebnisse werden unter KM gestellt – Änderungen an diesen werden dokumentiert.

Konfigurationsmanagement pro System

Systeme, die aus Elektronik, Mechanik und Software bestehen sind nicht selten. Steuergeräte in Kraftfahrzeugen sind gängige Vertreter dieser Systeme.

Abbildung 2: Konfigurationsmanagement als Informationszentrum

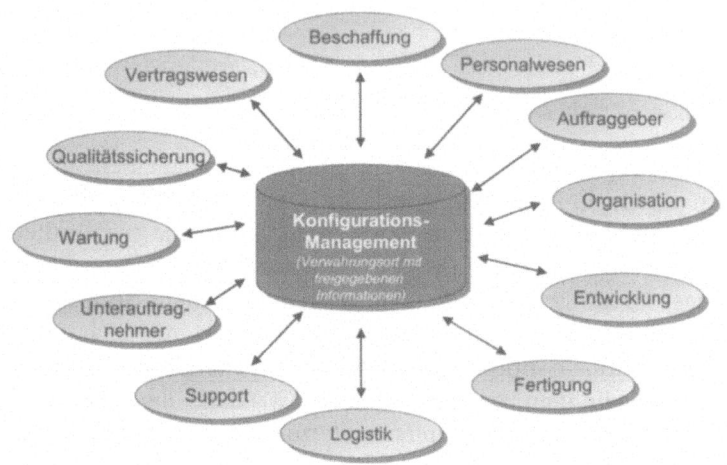

- Wie sollen ganze Systeme unter KM verwaltet werden?
- Wie sollen Änderungen an Systemen eingearbeitet werden, wenn diese unterschiedliche Organisationseinheiten und verschiedene Projekte betreffen?

Ein optimaler KM Prozess sollte dann übergreifend und nicht projektspezifisch sein. KM wird sich daher innerhalb eines Unternehmens immer mehr als Kernprozess, ähnlich wie das Qualitätsmanagement, ansiedeln.

Konfigurationsmanagement pro Unternehmen

Ein solches zentrales Konfigurationsmanagement wird immer mehr zu einem Informationspool werden, in dem alle freigegebenen Informationen eines Unternehmens strukturiert abgelegt und veröffentlicht werden (siehe auch Abbildung 2). Durch einen einheitlichen, übergreifenden Änderungsprozess können Änderungen an diesen Informationen geplant eingearbeitet werden.

1.2 Grundlagen des Konfigurationsmanagements

1.2.1 Einführung

Konfigurationsmanagement ist eine Disziplin, welche technische und administrative Vorschriften enthält die nötig sind, um

- Konfigurationseinheiten (Configuration Items) zu identifizieren und deren funktionale und physische Eigenschaften zu dokumentieren,
- Änderungen an diesen Eigenschaften zu steuern,
- Änderungs- und Implementierungsstati aufzuzeichnen und zu veröffentlichen und
- die Erfüllung der spezifizierten Anforderungen zu verifizieren.

Konfigurationsmanagement nach CMMI

Diese Definition entstammt dem CMMI des Software Engineering Instituts der Carnegie Mellon University, Pittsburgh USA und ist eine der vielen Definitionen, die es bezüglich Konfigurationsmanagement gibt.

CMMI des SEI

CMMI steht für „Capability Maturity Model Integration."Das Reifegradmodell vereint die bisherigen Modelle SW-CMM (für Software), SE-CMM (Systems Engineering) und IPD-CMM (Integrated Product Development) zu einer Einheit. Mit Hilfe von CMMI sollen Unternehmen ihre Prozesse bewerten und verbessern können [SEI2002].

Eine Konfigurationseinheit ist hierbei eine Kombination aus Hardware, Software, Dienstleistungen oder jede mögliche Unterteilung davon, auf die Konfigurationsmanagement angewendet werden soll und die im Konfigurationsmanagement-Prozess als eine Einheit behandelt wird.

Konfigurationseinheit

Konfigurationsmanagement im Zusammenhang mit der Entwicklung von Softwareprogrammen wird oft als Software-Konfigurationsmanagement bezeichnet. Eine der ältesten Definitionen von Software-Konfigurationsmanagement stammt von W. A. Babich [Bab1986]: „Software-Konfigurationsmanagement ist ein Verfahren zur Identifikation, Organisation und Überwachung von Änderungen an Software".

Software-Konfigurationsmanagement

Konfigurationsmanagement nach ISO 9000

ISO 9000 hat keine Definition bezüglich Konfigurationsmanagement, enthält jedoch Anforderungen, die denen des Konfigurationsmanagements entsprechen:

- „... der Lieferant muss alle Verfahren dokumentieren und dafür sorgen, dass das Design des Erzeugnisses den Anforderungen entspricht.
- ... sämtliche Dokumente müssen vor ihrer Verwendung geprüft werden. Die aktuell gültigen Versionsstände der Dokumente sind in einer Stammliste einzutragen.
- ... Änderungen an Dokumenten müssen geprüft und freigegeben werden. ..."

Konfigurationsmanagement nach ISO 10007

DIN EN ISO 10007:1996 ist ein Leitfaden für Konfigurationsmanagement und enthält folgende Definition:

„KM ist eine Managementdisziplin, die über die gesamte Lebensdauer eines Erzeugnisses angewandt wird, um Transparenz und Überwachung seiner funktionellen und physischen Merkmale sicherzustellen. Hauptziel von KM ist, die gegenwärtige Konfiguration eines Erzeugnisses sowie den Stand der Erfüllung seiner physischen und funktionellen Forderungen zu dokumentieren und volle Transparenz herzustellen. Ein weiteres Ziel ist, dass jeder am Projekt Mitwirkende zu jeder Zeit des Erzeugnislebenslaufs die richtige und zutreffende Dokumentation verwendet. Der KM Prozess umfasst die folgenden integrierten Tätigkeiten:

- o *Konfigurationsidentifizierung,*
- o *Konfigurationsüberwachung,*
- o *Konfigurationsbuchführung,*
- o *Konfigurationsauditierung."*

Auch wenn es keine einheitliche Definition gibt – die meisten sind sehr ähnlich wie diese und beinhalten die aufgeführten Tätigkeiten.

Konfigurationsidentifizierung

Die Konfigurationsidentifizierung umfasst die folgenden Aufgaben:

- Definition der Erzeugnisstruktur und Auswahl von Konfigurationseinheiten.
- Dokumentation der physischen und funktionellen Merkmale von Konfigurationseinheiten in eindeutig gekennzeichneten, so genannten Konfigurationsdokumenten.
- Aufstellen und Verwenden von Regeln zur Benummerung von Konfigurationseinheiten, ihren Teilen und Zusammenstellun-

gen von Dokumenten, Schnittstellen, Änderungen und Sonderfreigaben vor und nach Realisierung.

- Einrichten von Bezugskonfigurationen durch formalisierte Vereinbarungen. Diese bilden zusammen mit ihren genehmigten Änderungen die aktuell vereinbarte und somit gültige Konfiguration.

Ab der erstmaligen Freigabe von Konfigurationsdokumenten sollten alle Änderungen überwacht werden. Die Konfigurationsüberwachung schließt die folgenden Tätigkeiten ein, die im einzelnen in einem Änderungsverfahren dokumentiert sein sollten:

Konfigurationsüberwachung

- Dokumentation und Begründung von Änderungen.

- Beurteilung der Änderungsauswirkungen.

- Genehmigung oder Ablehnung der Änderung.

- Bearbeitung von Sonderfreigaben (so genannte Deviations und Waivers) vor oder nach der Realisierung.

Die Konfigurationsbuchführung ermöglicht die Rückverfolgbarkeit von Änderungen auf die letzte Bezugskonfiguration. Die notwendigen Aufzeichnungen und Berichte sollten ein Nebenprodukt der Identifizierungs- und Überwachungstätigkeiten sein.

Konfigurationsbuchführung

Um sicherzustellen, dass das Erzeugnis seinen vertraglich spezifizierten Anforderungen entspricht und dass das Erzeugnis in seinen Konfigurationsdokumenten richtig dargestellt ist, sollte vor der Annahme einer Bezugskonfiguration ein Konfigurationsaudit durchgeführt werden. In der Regel gibt es zwei Arten von Konfigurationsaudits:

Konfigurationsauditierung

- Funktionsbezogenes Konfigurationsaudit: Formale Prüfung einer Konfigurationseinheit, ob sie die in ihren Konfigurationsdokumenten festgelegten Leistungen und funktionellen Merkmale erreicht hat.

- Physisches Konfigurationsaudit: Formale Prüfung der „Ist"-Konfiguration einer Konfigurationseinheit, ob diese ihren Konfigurationsdokumenten entspricht.

Der KM Prozess sollte einschließlich der notwendigen Verfahren in einem so genannten Konfigurationsmanagement-Plan dokumentiert werden. Einen Konfigurationsmanagement-Plan (KMP) gibt es für die organisationsinterne Anwendung, für Projekte oder aus Vertragsgründen.

Konfigurationsmanagement-Plan

Ein KMP definiert für jedes Projekt die KM-Verfahren, die angewendet werden müssen, und auch wer sie durchführt und wann. In einem Projekt mit mehrstufiger Vertragsstruktur wird der KMP des Hauptauftragnehmers in der Regel auch der Hauptplan sein.

Jeder Unterauftragnehmer sollte seinen eigenen Plan erstellen, der als eigenständiges Dokument veröffentlicht oder in den Plan des Hauptauftragnehmers eingeschlossen werden kann.

Eine mögliche Gliederung eines Konfigurationsmanagement-Plans (nach ISO 10007) ist in Abbildung 3 ersichtlich.

Projektübergreifendes KM

Das Institute of Configuration Management (ICM) verfolgt mit dem Konfigurationsmanagementprozess CMII den Ansatz eines einheitlichen, projektübergreifenden Konfigurationsmanagements. Demzufolge gehören laut ICM nicht nur projektspezifische Informationen, sondern alle Informationen unter Konfigurationsmanagement.

Abbildung 3: Struktur Konfigurationsmanagement-Plan

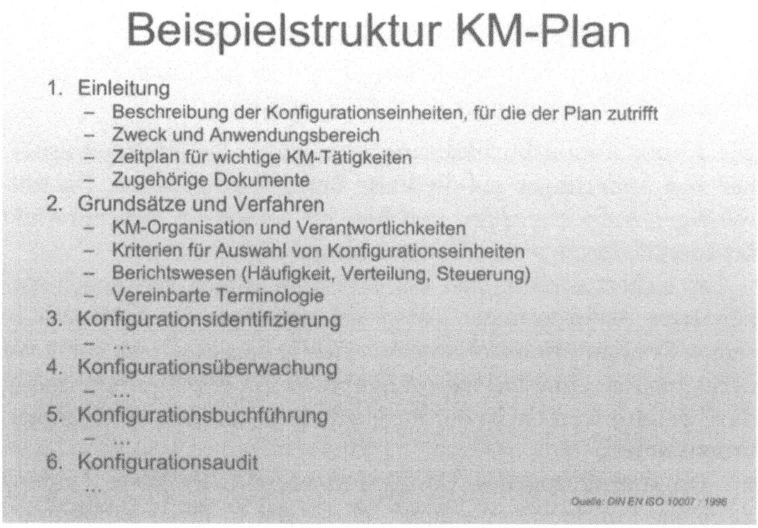

Beispielstruktur KM-Plan

1. Einleitung
   - Beschreibung der Konfigurationseinheiten, für die der Plan zutrifft
   - Zweck und Anwendungsbereich
   - Zeitplan für wichtige KM-Tätigkeiten
   - Zugehörige Dokumente
2. Grundsätze und Verfahren
   - KM-Organisation und Verantwortlichkeiten
   - Kriterien für Auswahl von Konfigurationseinheiten
   - Berichtswesen (Häufigkeit, Verteilung, Steuerung)
   - Vereinbarte Terminologie
3. Konfigurationsidentifizierung
   - ...
4. Konfigurationsüberwachung
   - ...
5. Konfigurationsbuchführung
6. Konfigurationsaudit
   ...

Quelle: DIN EN ISO 10007 : 1996

Konfigurationsmanagement nach CMII wird von ICM daher folgendermaßen definiert:

KM ist der Prozess, der die Erzeugnisse, Einrichtungen und Prozesse einer Organisation in Form von Anforderungen (an die Erzeugnisse, Einrichtungen und Prozesse) einschließlich deren Änderungen verwaltet und gewährleistet, dass die Ergebnisse immer konform mit den verwalteten Anforderungen sind. In dem Prozess werden alle Informationen (d.h. nicht nur Erzeugnisspezifische) die einen Einfluss auf die Sicherheit, Qualität, Planung, Kosten, das Betriebsergebnis oder die Umwelt haben können, verwaltet.

Toolhersteller verwenden zusätzliche Begriffe

Neben den genannten Begriffen und Tätigkeiten tauchen speziell im Zusammenhang mit Tools für das Software Konfigurationsmanagement weitere Begriffe auf:

- Versionsverwaltung

- Konfigurationsverwaltung
- Releasemanagement
- Änderungsmanagement
- Buildmanagement
- Distributionsmanagement

Bei diesen Begriffen handelt es sich um Teilprozesse des Konfigurationsmanagement Prozesses. In den folgenden Unterkapiteln wird auf diese Teilprozesse genauer eingegangen.

1.2.2
Versionsverwaltung

Schon in den frühen Anfängen der Softwareentwicklung hat man erkannt, dass es sinnvoll ist, von einzelnen Dateien nicht nur den aktuellen Stand sondern auch ältere Stände zu speichern. Diese Fähigkeit wurde zum Teil auch schon in die Betriebssysteme integriert. In den 1970er Jahren brachte damals DIGITAL (wurde später von COMPAQ übernommen) das Betriebssystem VMS auf den Markt. In VMS war eine einfache Versionsverwaltung integriert, indem von jeder Datei eine einstellbare Anzahl von Versionen automatisch aufbewahrt wurde.

Versionsverwaltung integriert in Betriebssystem

Im August 1988 stellte Bill Gates den Chefarchitekt von VMS, David N. Cutler ein und beauftragte ihn mit der Entwicklung von Microsoft Windows NT. Cutler brachte gleich 20 Entwickler des VMS Teams mit. Windows NT hat demzufolge eine starke VMS Vergangenheit. Weshalb die Versionierungseigenschaften nicht auch in NT übernommen wurden ist unklar.

VMS als Basis für Windows NT

Software wird oft nach dem „Probierprinzip" entwickelt, d.h. man probiert etwas, verwirft dieses, probiert etwas anderes, verwirft dieses, usw. bis letztlich das optimale Ergebnis entstanden ist. Dabei ist man froh, wenn auf ältere Versionen zurückgegriffen werden kann.

Weshalb ist es sinnvoll, ältere Versionen aufzubewahren?

Alle erhältlichen Tools für das Software Konfigurationsmanagement enthalten die Versionsverwaltung als Grundfunktionalität. Vor der Bearbeitung einer Datei muss diese mit Hilfe des Tools aus dem KM-Repository geholt werden (dargestellt in Abbildung 4). Viele Toolhersteller bezeichnen diesen dort dargestellten Vorgang auch als „Check Out".

Check Out von Konfigurationseinheiten zur Bearbeitung

Nach erfolgter Bearbeitung wird die geänderte Datei wieder in das KM-Repository zurückgestellt. Das Tool erstellt dabei eine neue Version und behält die alte Version (dargestellt in Abbildung 5). Dieser Vorgang wird meistens als „Check In" bezeichnet.

Check In nach der Bearbeitung

Abbildung 4: Bearbeitung einer Version innerhalb der Versionsverwaltung (Check Out)

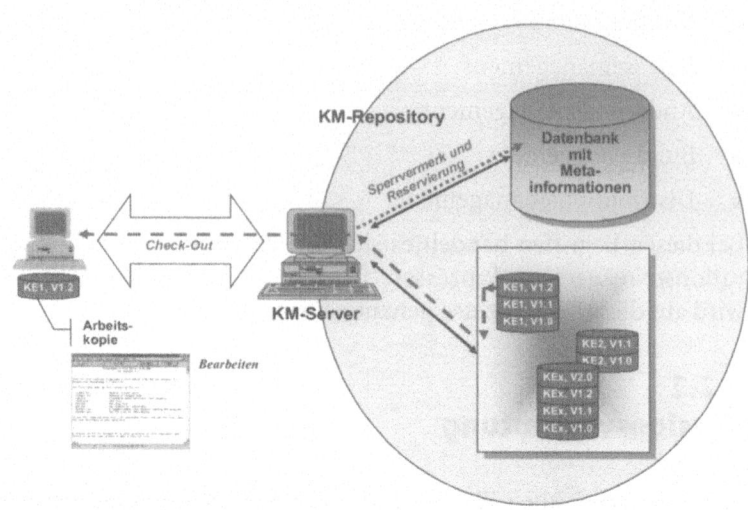

Manche Softwareentwickler sind der Meinung, durch Einsatz eines Versionierungstools genügend für das Konfigurationsmanagement getan zu haben – durch die Versionsverwaltung werden allerdings nur Versionen voneinander unabhängiger Konfigurationseinheiten verwaltet. Meistens bilden jedoch eine Vielzahl von Konfigurationseinheiten eine Konfiguration und sollten daher entsprechend gruppiert werden. Solche Gruppierungen werden erst durch die Konfigurationsverwaltung möglich.

Versionsverwaltung alleine ist kein Konfigurationsmanagement

Abbildung 5: Erstellen einer neuen Version nach Bearbeitung (Check In)

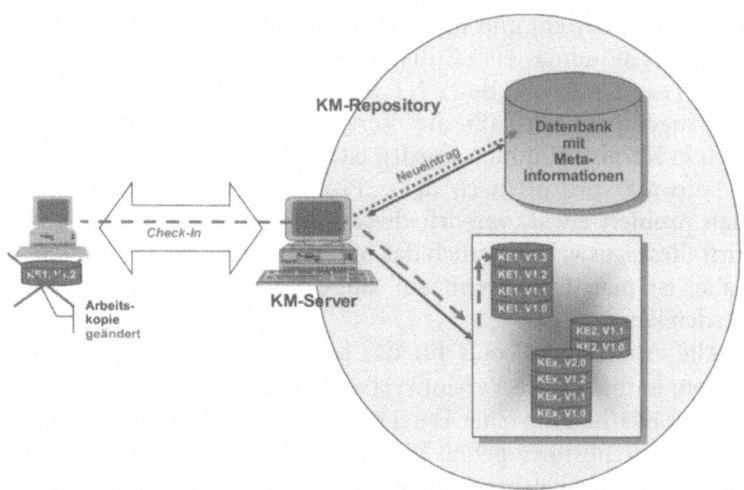

10   1 Einführung

1.2.3 Konfigurationsverwaltung

Im Rahmen der Konfigurationsverwaltung können einzelne Konfigurationseinheiten zu Konfigurationen gruppiert werden. Im einfachsten Fall bilden mehrere Konfigurationseinheiten eine Konfiguration. Häufig reicht dies nicht aus. Dann ist eine hierarchische Strukturierung notwendig. Konfigurationen bestehen aus Konfigurationseinheiten und/oder ganzen Konfigurationen, die in diesem Fall Teilkonfigurationen bilden.

Mehrere Konfigurationseinheiten bilden eine Konfiguration

Zu diesen technischen Aktivitäten der Konfigurationsverwaltung gehören auch die Definition von Rollen und Verantwortlichkeiten:

- Wer darf neue Konfigurationseinheiten erstellen?
- Wer darf Konfigurationseinheiten zu Konfigurationen gruppieren?
- Wer darf Änderungen an Konfigurationseinheiten vornehmen?
- Wer darf Änderungen an Konfigurationen vornehmen?
- usw.

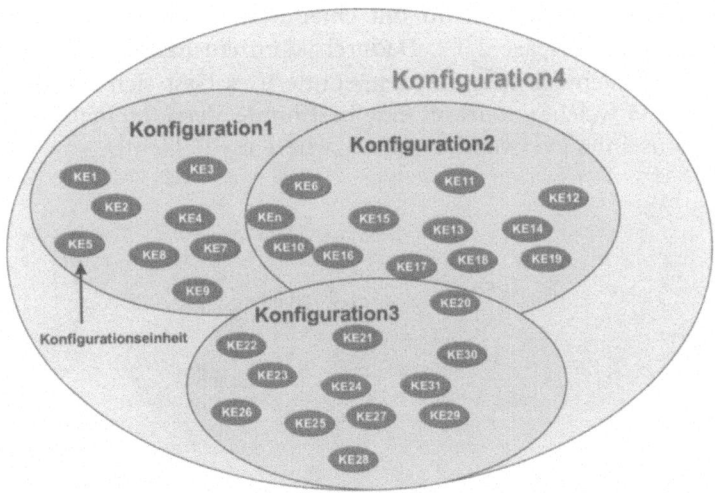

Abbildung 6: Zusammenhang zwischen Konfigurationseinheiten

1.2.4 Releasemanagement

Zeitliche Releaseplanung

Das Releasemanagement besteht idealerweise aus der inhaltlichen und zeitlichen Planung von Auslieferungsständen (Releaseständen) sowie dem Einfrieren von denselben.

Inhaltliche Releaseplanung

Nur wenige Unternehmen haben erkannt, wie wichtig eine verlässliche Releaseplanung ist. Die meisten bilden ein neues Release bei Bedarf. Der Inhalt eines Releases ist dann erst bei Auslieferung bekannt. Der Aufwand für die Erstellung, Distribution und den Support dieser ungeplanten Releases ist sehr groß.

Wer pro Jahr zum Beispiel vier Releases plant kann bei jeder Änderung schon definieren, in welchem Release diese enthalten sein wird.

Baselining

Um nachvollziehen zu können, aus welchen Konfigurationen und Konfigurationseinheiten ein bestimmtes Release bestanden hat, wird jedes Release eingefroren. Dieser Vorgang wird auch als Baselining oder „Erstellen von Bezugskonfigurationen" bezeichnet.

Abbildung 7 zeigt zum Beispiel, dass die „Gesamt"-Konfiguration „K1" im Release 2.0 aus der Konfiguration „K1" in der Version 1.2 und aus der Konfiguration „KE3" in der Version 1.8 besteht. Beim Einfrieren eines Releases werden alle Konfigurationselemente entsprechend mit einer Releasekennung versehen (im Beispiel „Release 2.0"). Dadurch kann ein Release nicht nur eindeutig nachvollzogen werden, sondern es lässt sich sofort erkennen, in welchen Releases eine bestimmte Version einer Konfigurationseinheit verwendet wurde („where used"-Sicht).

Abbildung 7: Bestandteile eines Releases

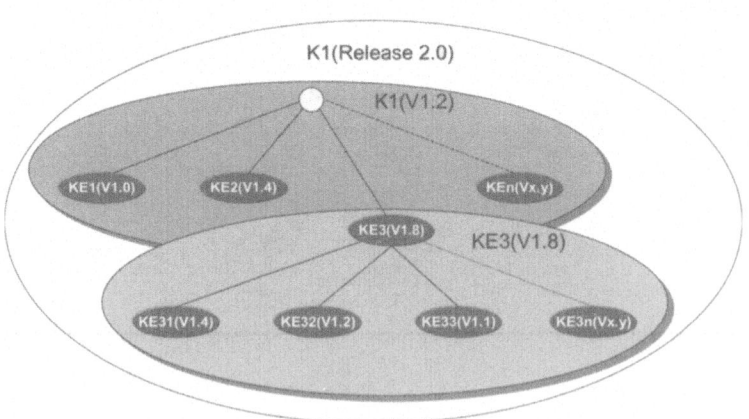

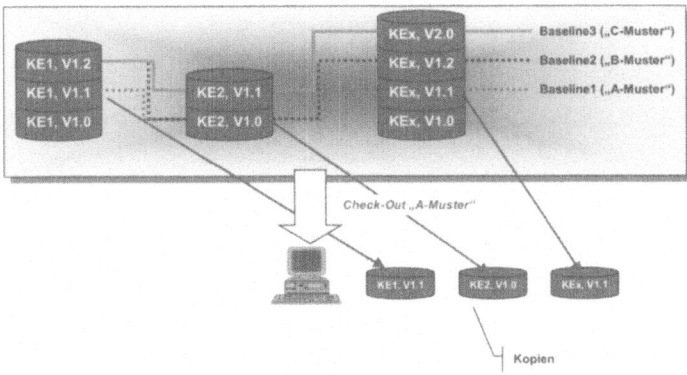

Abbildung 8: Wiederherstellung eines Releases anhand von Baselines

Abbildung 8 zeigt, dass die Konfigurationseinheit KE2 in der Version 1.0 sowohl in Baseline 1 („A-Muster") als auch in Baseline 2 („B-Muster") verwendet wurde.

Verwendungssicht (where used)

1.2.5 Änderungsmanagement

Beim Änderungsmanagement geht es darum, Änderungen an Konfigurationseinheiten und Konfigurationen mit Hilfe eines definierten Prozesses einzuarbeiten. Beim einfachsten Änderungsprozess kann jede Person machen was sie will. Jede Person kann Änderungen zu jedem beliebigen Zeitpunkt einarbeiten (Abbildung 9). Da bei allen Änderungen die alten Versionen aufbewahrt werden, lassen sich die durchgeführten Änderungen zwar nachvollziehen – unter dem Begriff Änderungsmanagement versteht man jedoch deutlich mehr.

Konfigurationen ändern sich – Konfigurationseinheiten ändern sich

Jede Änderung sollte über einen entsprechenden Änderungsantrag in den Änderungsprozess eingeschleust werden. Jeder Antrag ist von entscheidender Stelle zu prüfen und zu genehmigen bzw. abzulehnen. Danach sollte nicht sofort mit der Umsetzung der Änderung begonnen werden, sondern die Planung der Implementierung erfolgen.

Einarbeitung von Änderungen mittels Änderungsanträgen

*Abbildung 9:
Einfachster
Änderungsprozess
(nicht empfohlen)*

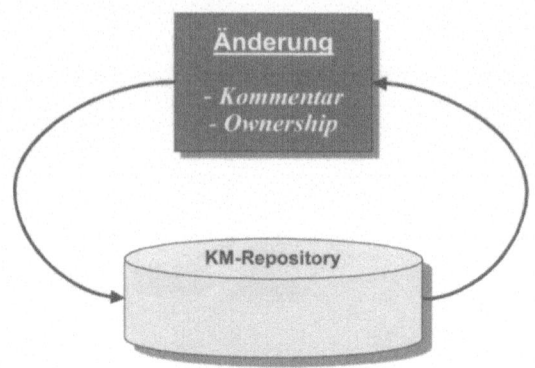

*Überarbeitung erst
nach erfolgter Planung*

Nach erfolgter Planung werden die Konfigurationseinheiten überarbeitet und die Erzeugnisse nach definierten Buildprozessen im Rahmen des Buildmanagements zusammengebaut (siehe nächstes Unterkapitel und Abbildung 10), getestet, freigegeben (released) und verteilt.

*Abbildung 10:
Änderungsprozess
Grobdarstellung*

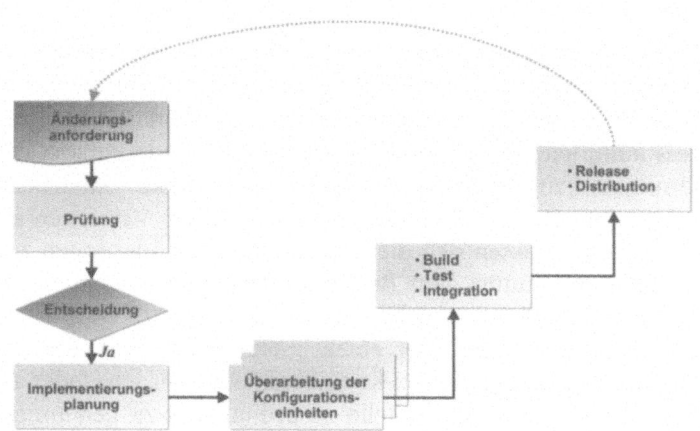

1.2.6 Buildmanagement

Aufgabe des Buildmanagements ist es, mit Hilfe von eindeutig identifizierten Konfigurationseinheiten ein Erzeugnis reproduzierbar herzustellen, wobei die Herstellung durch einen dokumentierten Buildprozesses zum Beispiel in Form eines Makefiles (Bauanleitung) erfolgt. Die zur Herstellung benötigten Werkzeuge wie zum Beispiel Compiler, Linker, etc. sind dabei ebenfalls unter KM zu stellen bzw. zumindest sollte dokumentiert sein, welche Tools in welchen Versionen zur Herstellung verwendet wurden und wie deren Parametereinstellungen waren.

Reproduzierbarkeit von Erzeugnissen

Abbildung 11 zeigt die Zusammenhänge des Buildprozesses. Im Makefile sind mehrere Aktionen dokumentiert (im Beispiel Aktion ① und Aktion ②), die nacheinander abgearbeitet werden. Im ersten Aktionsschritt werden zum Beispiel die Sourcefiles compiliert, im zweiten Aktionsschritt werden die Objektfiles zusammen mit den Libraries zu einem lauffähigen Softwareprogramm (Erzeugnis) gelinkt.

Schrittweise Abarbeitung des Makefiles

Sind auch die verwendeten Werkzeuge unter KM gestellt oder sind diese zumindest dokumentiert, kann das Erzeugnis jederzeit reproduziert werden. Alle benötigten Einheiten bilden dabei eine Konfiguration.

Werkzeuge gehören auch unter KM

Es wird empfohlen, Buildläufe in regelmäßigen Abständen (zum Beispiel Weekly Builds) auf einem separaten Build-PC durchzuführen. Nur dann kann gewährleistet werden, dass die Buildprozesse funktionieren und Erzeugnisse aufgrund der im KM-Tool enthaltenen Informationen auch tatsächlich jederzeit reproduzierbar sind.

Weekly Builds

Buildläufe sollten daher komplett automatisiert erfolgen. Für den Buildprozess ist in einigen Organisationen oft die spezielle Rolle des „Buildmanagers" verantwortlich.

Buildmanager

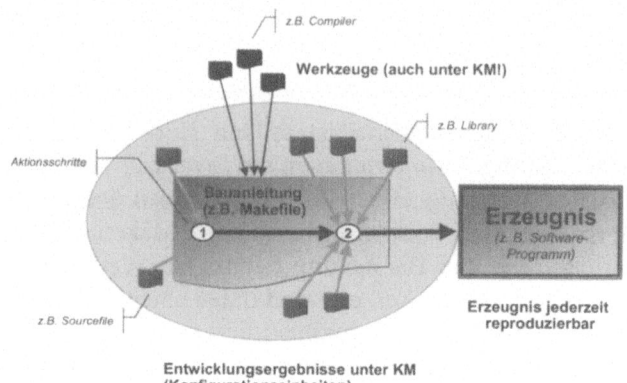

Abbildung 11:
Buildprozess

1.2.7
Distributionsmanagement

Softwareverteilung

Distributionsmanagement wird oft auch als Softwareverteilung bezeichnet. Es soll sicherstellen, dass Softwareprogramme oder auch nur Teile von Softwareprogrammen zum rechten Zeitpunkt an definierte Einsatzorte verteilt und dort aktiviert werden. Bei verteilten Anwendungssystemen die zum Beispiel aus Client-, Server- und Host-Komponenten bestehen, muss im Rahmen des Distributionsmanagements sichergestellt werden, dass die Aktivierung der neuen Releases synchron an allen verteilten Stellen erfolgt.

Wer hat wann was bekommen

In Form von Records sollte aufgezeichnet werden, wer wann welches Release bekommen hat bzw. wer welches Release verwendet. Dies ist nicht ganz einfach – speziell wenn die Kunden die Updates zum Beispiel über das Internet downloaden können.

Zwei Verteilungsarten

Generell gibt es folgende Möglichkeiten der Verteilung:
- Push-Technologie, d.h. die zu verteilenden Einheiten werden aktiv an die Einsatzorte verteilt oder
- Pull-Technologie, indem sich jeder Anwender die zu verteilenden Einheiten holen muss (zum Beispiel durch Download).

1.3
Verteilte Teams

Probleme durch verteilte Teams

Gerade in den letzten Jahren ist die Zahl der verteilt arbeitenden Entwicklungsteams stetig angestiegen. So unterschiedlich die Motivation im Einzelfall auch ist, sie stellen die KM-Verantwortlichen vor nicht unerhebliche zusätzliche Probleme. Nachfolgend sollen die nötigen Schritte aufgezeigt werden, mit denen solche Teams erfolgreich werden.

1.3.1
Die zusätzliche Dimension

Die größte Herausforderung von verteilten Teams liegt in der Tatsache begründet, dass die Kommunikation schwieriger geworden ist. Dies gilt vor allem dann, wenn Teams über mehrere Zeitzonen hinweg verteilt sind. Betrachtet man gescheiterte verteilte Projekte, so lassen sich die Gründe in vier Kategorien einteilen:

- Technische Hürden (Infrastruktur)
- Psychologische Hürden (Einzelne Anwender)
- Kulturelle Hürden (Mentalitätsunterschiede)
- Politische Hürden (Einfluss innerhalb des Projektes)

Vier Kategorien

Auch hier wird deutlich, warum ein KM-Plan nicht nur Sache der KM-Verantwortlichen sein kann. Etliche Ursachen können nur beseitigt werden, wenn alle Beteiligten an einem Strang ziehen.

1.3.1.1
Technische Hürden

Diese Probleme sind in der Regel diejenigen, die am einfachsten zu lösen sind. Die Bereitstellung von zusätzlichen Ressourcen, egal ob Hardware, Telekommunikation oder ähnliches ist zwar mit Kosten verbunden, aber sehr schnell planbar.

Einzig ein Punkt kann sich zu einem echten k.o.-Kriterium entwickeln, nämlich das eingesetzte Werkzeug. Liefert dieses keine oder nur eine unzureichende Unterstützung, so können die Auswirkungen bis zum Scheitern des Projektes führen.

Das Werkzeug kann zum k.o.-Kriterium werden

1.3.1.2
Psychologische Hürden

Dabei handelt es sich um Hürden, die in den Köpfen von Mitarbeitern entstehen. Sie entstehen zumeist in Phasen von Unsicherheit in den Projekten, zum Beispiel nach Firmenzusammenschlüssen oder Übernahmen.

Zahlreiche Unsicherheiten

Auslöser sind Unsicherheiten, da ein Teil der Gesamtverantwortung für das Projekt plötzlich an einen anderen Standort geht. Was, wenn die neue Gruppe erfolgreicher arbeitet? Schneller entwickelt? Mehr Aufgaben übernehmen wird?

Ein weiteres Merkmal solcher Barrieren ist, dass sie nicht offen angesprochen werden und so über lange Zeit unentdeckt bleiben. Es gibt keine Patentrezepte, aber Offenheit des Managements und Proaktivität helfen, dass keine unüberwindbaren Gräben entstehen.

1.3.1.3
Kulturelle Hürden

So ähnlich sich Entwickler in der ganzen Welt auch sind – es sind Menschen, die durch einen Kulturkreis geprägt werden. Dazu ist es nicht einmal notwendig, über Kontinente hinweg zu denken. Selbst innerhalb eines Landes werden Begriffe unterschiedlich interpretiert, sehen Zusagen anders aus und vieles mehr.

Weitreichende Auswirkungen sind möglich

Auch diese Hürden haben mit den technischen Rahmenbedingungen im Projekt nichts zu tun. Sie können dennoch weitreichende Auswirkungen haben.

Gerade auch deshalb ist es wichtig von allen Beteiligten aus den einzelnen Standorten des Projektes ein gemeinsames Commitment zum KM-Plan und den darin definierten Spielregeln zu bekommen. Erfahrungsgemäß wirken sich ungeklärte Aspekte stets zum ungünstigsten Projektzeitpunkt negativ aus.

1.3.1.4
Politische Hürden

Ziel ist stets eine gemeinsame Lösung

Auch diese Punkte sind mit einem rein technischen Ansatz nicht zu lösen. Gerade hier ist die Gefahr sehr groß, sich ohne Karte in einem Minenfeld zu verlieren. Speziell in Streitsituationen, egal ob diese offen oder verdeckt ausgetragen werden, braucht der KM-Verantwortliche die Rückendeckung des *Managements*. Ziel ist stets eine gemeinsame Lösung, im Sinne des Projektes müssen aber irgendwann Entscheidungen getroffen werden, die in der Regel die Kompetenzen des KM-Verantwortlichen übersteigen.

Es sollte allen Beteiligten klar sein, dass es nie nur einen Bereich gibt, der von einer Entscheidung betroffen ist. Änderungen in der Projektstruktur wirken sich auf die KM-Umgebung aus und umgekehrt.

1.3.2
Aller Anfang ist schwer

Es ist für jedes Projekt mehr als sinnvoll, bereits zum Start des Projektes eine stabile KM-Umgebung als Basis für die weiteren Schritte zu haben. Für verteilte Teams gilt dies in noch höherem Maße. Der Grund dafür ist offensichtlich: jede Änderung oder jedes Aufsetzen, die nach dem Start des Projektes durchzuführen ist, kann nicht im Rahmen kurzer Wege durchgeführt werden, sondern muss von langer Hand geplant und koordiniert werden.

Stabile KM-Umgebung von Anfang an sicherstellen

Auch wenn es aufwendig erscheinen mag, sollten zusätzliche Punkte in den KM-Plan aufgenommen, geplant und entschieden werden. Dazu gehören:

- Art der Datenablage (zentral/verteilt)
- Umfang des Zugriffes auf Daten
- Art und Häufigkeit der Synchronisierung
- Aktionen im Fehlerfall
- Verantwortlichkeiten (Artefakte, Metadaten, Prozesse)

Wichtige Inhalte im KM-Plan

Diese Themen sollen jetzt genauer beleuchtet werden.

1.3.2.1
Datenablage

Generell gibt es zwei Grundmuster, wie die Artefakte abgelegt werden können. Entweder arbeiten alle Teammitglieder auf einem zentralen Archiv oder jeder Standort verfügt über lokale Kopien, so genannte Replikas.

Zwei Grundmuster möglich

Die Entscheidung, welches der beiden Muster oder ob eine Mischform eingesetzt wird, sollte genau überlegt werden. Zum einen werden wesentliche Weichen für die Arbeit gestellt, zum anderen hat jede dieser Vorgehensweisen bestimmte Vor- und Nachteile sowie Voraussetzungen, die erfüllt sein müssen.

Beginnen wir mit dem zentralen Ansatz. Einer der Vorteile liegt sicher darin, dass alle an einer Stelle Zugriff auf alle Artefakte haben und auch die aktuellsten Änderungen, sowohl am Artefakt als auch am Prozess, sofort verfügbar sind. Damit ist eine Fehlerquelle ausgeschlossen. Auch die Administration der Infrastruktur (Hardware, Upgrades der Software) ist mit geringerem Aufwand verbunden.

Single-point-of-failure

Auf der Seite der Nachteile ist ein Single-point-of-failure einzuordnen. Ist der zentrale Standort, aus welchem Grund auch immer, nicht verfügbar, so steht die Arbeit im ganzen Projekt. Eine garantierte Verfügbarkeit kann durch Hochverfügbarkeits-Komponenten erhöht werden, auch durch zusätzliche Absprachen mit den System-Administratoren.

Weiterhin müssen zusätzliche Zugriffsbeschränkungen auf dem zentralen System geregelt werden. Gerade bei benutzerbezogenen Einschränkungen und häufigen Änderungen (Fluktuation o.ä.) muss die Absprache zwischen den Standorten sehr gut funktionieren, damit es zu keinen vermeidbaren Behinderungen kommt.

Ausreichende Anbindung der Standorte ist von Bedeutung

Voraussetzungen für eine solche Lösung ist eine ausreichende Anbindung der Standorte (Leitungskapazität, Sicherheitsaspekte, Performance) und eine ausreichend dimensionierte Serverlandschaft.

Nicht zwingend, aber wichtig ist die Möglichkeit einer zentralen Softwareproduktion. Ansonsten müssen die beteiligten Standorte unter Umständen vor der Generierung noch große Datenmengen abgleichen. Kann die Software zentral produziert werden, so muss natürlich das Produktionssystem ausreichend dimensioniert werden.

Eine interessante Entwicklung der vergangenen Jahre sind die Webschnittstellen zu KM-Werkzeugen. Im Gegensatz zu ihren rudimentären Anfängen stellen sie heute bereits eine Alternative dar. Derzeit ist aber noch nicht die gesamte Funktionalität des Gesamtsystems verfügbar. Trotzdem lohnt sich eine Prüfung, ob diese Einschränkungen einem Einsatz im Wege stehen.

Vorteil einer dezentralen Datenhaltung

Wie sieht es jetzt mit dem dezentralen Ansatz der Datenhaltung aus? Die Vorteile liegen hier vor allem darin, dass eine gute Performance auch mit einer nicht so leistungsfähigen Infrastruktur gewährleistet ist. Der Zugriff erfolgt im lokalen Netzwerk, nur zum Abgleich der aufgelaufenen Unterschiede wird auf die WAN-Verbindung zugegriffen; dabei gehen aber geringere Datenmengen über das Netz.

Ebenfalls positiv zu sehen ist der Aspekt einer „natürlichen" Ausfallsicherheit. Selbst wenn ein Standort nicht verfügbar ist, können die anderen zum einen auf ihren lokalen Kopien weiterarbeiten, zum anderen sind selbst im Worst-Case (totaler Datenverlust an einem Standort) nur die letzten, noch nicht synchronisierten Änderungen verloren. Alles andere kann wieder reproduziert werden.

Mehrfache Administration an jedem Standort als Nachteil

Auf der Negativseite steht die mehrfache Administration an jedem Standort (Server, Prozesse usw.), aber auch zusätzliche Merge-Aktivitäten, also dem Zusammenführen von Änderungen, die auf Grund der redundanten Datenhaltung entstehen können. Ansätze zur Minimierung werden noch besprochen.

Es gibt nur eine besondere Voraussetzung: eine Unterstützung durch das KM-Tool für eine verteilte Datenhaltung muss vorhanden sein. Gut ist es, wenn eventuell auftretende Konflikte (ein Artefakt wurde in beiden Replikationen in derselben Version an derselben Stelle geändert) nicht zum Zeitpunkt der Synchronisierung gelöst werden muss, sondern dies später erfolgen kann. Damit ist eine Automatisierung möglich.

Darüber hinaus gibt es aber einige Punkte, die geklärt werden müssen. Wer ist der Administrator? Wie sind die Eskalationswege im Fehlerfall? Wer führt die Änderungen zusammen? Und der größte Streitpunkt: wer ist der führende Standort? Auch diese Punkte werden noch besprochen.

1.3.2.2
Umfang des Zugriffes auf Daten

Ist die Entscheidung für eine dezentrale Datenhaltung gefallen, so muss jetzt noch entschieden werden, welche Daten an welchen Standort repliziert werden müssen.

Einfachster Weg ist, alles an alle Standorte zu bringen. Bei genauerem Hinsehen lässt sich sehr einfach einiges Unnötige einsparen, denn Ziel ist, dass zu einem definierten Zeitpunkt alle Standorte wieder abgeglichen sind.

Zu einem definierten Zeitpunkt müssen alle Standorte abgeglichen sein

Neben der Synchronisierung spielen andere Aspekte eine wichtige Rolle. Was wird benötigt, um lokal Ergebnisse zu produzieren und diese zu testen? Gibt es Artefakte, die an bestimmten Standorten nicht sichtbar sein dürfen (zum Beispiel bei Subauftragnehmern)? Wo müssen Artefakte geändert werden? Wie ist das Projekt geschnitten?

Die Erfahrung hat gezeigt, dass ein minimalistischer Ansatz, also die Beschränkung auf das Nötigste, vorteilhaft ist, da auch hier mögliche Fehlerquellen ausgeschalten werden.

1.3.2.3
Art und Häufigkeit der Synchronisierung

Die Frage, die hier im Vordergrund stehen sollte, ist die nach der Aktualität. Wie schnell müssen Änderungen, die an einem Standort durchgeführt werden, an den übrigen Replikationen zur Verfügung stehen? Nach einem Tag, nach einer Woche, nach 15 Minuten?

Eine pauschale (und damit einfache) Antwort auf diese Frage ist nicht möglich. Die einzige Regel, die abgeleitet werden kann, ist an die Generierung gekoppelt:

Regel für die Synchronisierung

Führt ein Standort Generierungen durch, so sollten vor der Generierung alle Änderungen an Artefakten lokal vorliegen, die in die Generierung einfließen, aber von anderen Standorten geändert werden.

Ansonsten gibt es eine Vielzahl von Parametern, welche die Häufigkeit der Synchronisierung beeinflussen. Neben technischen Gründen (Kapazität der Verbindungen, Serverlast, Wartungsarbeiten usw.) gibt es eine Reihe von projektspezifischen Punkten (Generierungszeitpunkte, Projektphase, Meilensteine, Arbeitsanfang und -ende pro Arbeitstag usw.) die zu berücksichtigen sind. Hilfreich für die Entscheidungsfindung ist das in Abbildung 12 dargestellte Diagramm.

Pro Standort gibt es eine vertikale Linie, die einen Zeitraum von 24 Stunden darstellt. Beginnen sollte man mit dem führenden bzw. falls es einen solchen nicht gibt, mit dem größten Standort.

Das obere Ende stellt 0 Uhr, das untere Ende 24 Uhr dar. Liegt ein Standort in einer anderen Zeitzone, so sollte die Tageszeit relativ zum führenden Standort eingetragen werden.

Abbildung 12: Planung der Synchronisierung

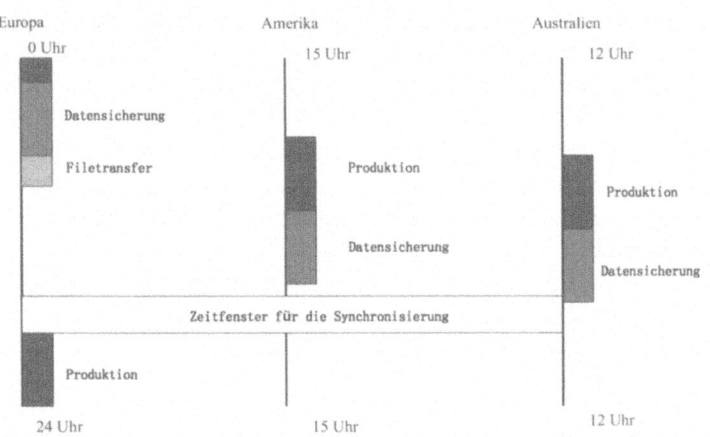

Planung der Synchronisierung

Im nächsten Schritt werden alle Zeiträume markiert, in denen eine Synchronisierung mit diesem Standort ungünstig oder ausgeschlossen ist. Im Beispiel sind dies Produktionsläufe in der Nacht (diese sollten besonders auffällig markiert werden), die automatische Datensicherung der Serversysteme, Abwesenheit von Administratoren, große Filetransfers usw.

Gibt es an einzelnen Tagen einer typischen Arbeitswoche signifikante Unterschiede, so sollten mehrere dieser Diagramme angelegt werden. In vielen Fällen ergeben sich so zwangsläufig Zeitfenster, die geeignet sind und in denen beliebig oft synchronisiert werden kann, auf der anderen Seite aber auch Fixpunkte, zu denen synchronisiert werden muss.

Unter Umständen mehrere Diagramme anlegen

Gleichzeitig hilft dieses Diagramm auch bei der Planung, wie die Änderungen zwischen den Standorten ausgetauscht werden. Grundsätzlich gibt es zwei Grundmuster, die pro zu synchronisierendem Archiv in Frage kommen: den unidirektionalen und den bidirektionalen Abgleich.

Unidirektional bedeutet in diesem Zusammenhang, dass ein Standort stets der Sender, der andere immer Empfänger ist. Beim bidirektionalen Abgleich wechselt dieses. Wichtig in diesem Zusammenhang ist auch, ob das KM Tool Änderungen transitiv weiterreicht, also ob Änderungen, die von Standort A nach Standort B übertragen wurden, von dort mit zu Standort C übergeben werden. Ziel sollte hier sein, dass erkanntermaßen überflüssige Synchronisierungen vermieden werden, da jede Synchronisierung eine kleine Störquelle sein kann, diese sich aber unterschiedlich auswirken.

Standorte als Sender und Empfänger

Ist dies gegeben, so gibt es eine ganze Reihe bewährter Muster, die bei komplexen Projekten beliebig kombiniert werden können. Beide Aspekte, Art und Häufigkeit der Synchronisierung, sollten mit in den KM-Plan aufgenommen werden. Idealerweise als Grafik, denn hier sagt ein Bild wirklich mehr als 1000 Worte.

Überflüssige Synchronisierungen vermeiden

1.3.2.4
Aktionen im Fehlerfall

Schon bei Projekten an einem Standort sind definierte und erprobte Eskalationsmaßnahmen eine wichtige flankierende Unterstützung; bei verteilten Teams gilt dies um so mehr, damit sich kleine Probleme nicht zu einem Alptraum auswachsen können.

Sollten Sie zwei Standorte haben, so sieht es noch relativ einfach aus. Bei dem uns bekannten „Rekordhalter", einem Projekt über 26 Standorte mit mehr als 300 Mitarbeitern, ist dies eminent wichtig, damit nicht eine Störung an einem kleinen Standort den gesamten Ablauf zum Stillstand bringt.

Deshalb nochmals: definieren Sie die Ansprechpartner, den Stellvertreter, die Wege, mit denen diese kontaktiert werden können, dokumentieren Sie diese Angaben und halten Sie diese aktuell. Nichts ist frustrierender als im Fehlerfall herauszufinden, dass

Die Ansprechpartner und ihre Stellvertreter müssen definiert sein

die Kontaktperson das Unternehmen zwischenzeitlich verlassen hat.

Auch hier gilt, dass die definierten Szenarien durchgespielt werden sollten. Und da trotz allem noch etwas daneben gehen kann, sollte zumindest der Remote Zugriff auf die Server möglich sein, über die der Datenabgleich durchgeführt wird.

1.3.2.5
Verantwortlichkeiten

Bei allen in der Vergangenheit begleiteten Projekten war dieser Punkt immer derjenige mit dem höchsten Zeitbedarf und den heißesten Diskussionen.

Risiken aus KM-Sicht

Gleichzeitig ist es auch derjenige Aspekt, der für den weiteren Verlauf des Projektes die größten Risiken aus KM Sicht in sich birgt. Entscheidungen werden häufig nicht auf Grund harter Fakten getroffen; das politische und psychologische Element spielt hier auf allen Ebenen der Projekt- und Unternehmenshierarchie eine gewichtige Rolle.

Betrachten wir jetzt einige zu regelnde Punkte. Was ist bezüglich Artefakten zu regeln? An erster Stelle steht hier, wer wann an welchem Artefakt ändern kann. Welcher Standort kann an einem Branch (einer Seitenentwicklungslinie) ändern? Wird das Artefakt als Ganzes nur an einem Standort bearbeitet? Sehr gut ist es, wenn auch auf einer höheren Abstraktionsebene Regeln getroffen werden können, zum Beispiel auf Ebene einer Komponente oder eines Archives. Gerade dies sorgt dafür, dass echte Erzeuger-Verbraucher-Beziehungen aufgesetzt werden können.

Widerstände rufen Kompromisse hervor

Widerstände sind immer dann zu erwarten, wenn Mitarbeiter entgegen bisheriger Gewohnheiten an Artefakten keine Änderungen mehr vornehmen können. Durch solche Widerstände werden häufig Kompromisse eingegangen, zum Beispiel erlaubt man Änderungen an global genutzten Sources. Dadurch werden allerdings kritische Merges nötig, da die unterschiedlichen Varianten trotzdem irgendwann zu konsolidieren sind, gleichzeitig aber alle Teile der Software gegen das Ergebnis getestet werden müssen. Sinnvoller, wenn es durchsetzbar ist, ist der Weg, solche Artefakte zu einem kleinen Teilprojekt zusammenzufassen und an einer Stelle zentral zu bearbeiten. Dadurch wird zumindest sichergestellt, dass vor der Änderung eine Impact-Analyse durchgeführt werden kann und entsprechende Gegenmaßnahmen möglich sind.

Für jede Metainformation muss es genau einen Verantwortlichen geben

Wie sieht es bei Metainformation, wie zum Beispiel Labels aus? Die Entscheidungen sind zweigeteilt, zum einen dahingehend, wer solche Objekte erzeugen und wer sie vergeben darf. Beides sollte von der Sichtbarkeit und der Bedeutung abhängig gemacht werden. Je sichtbarer eine Metainformation innerhalb (und auch außerhalb) des Projektes ist, umso weniger Beteiligte sollte es geben. Wichtiger als das Objekt sind hier die dahinterliegenden Abläufe. Für jede Metainformation sollte es genau einen Verantwortlichen geben.

Zwei Beispiele: für die Softwareproduktion werden Labels benötigt, welche den Zustand für die Produktion markieren. Diese sollten gemäß definierter Namenskonventionen an jedem Standort erzeugt und auch vergeben werden können. Dies ist relativ unkritisch, da schlimmstenfalls nur eine Produktion betroffen ist.

Ähnliches geschieht zum Releasezeitpunkt. Auch hier wird der Stand, der letztlich an den Kunden ausgeliefert wird, über ein Label eingefroren. Hier muss der Umgang restriktiver sein, da in der Regel Fehler gegen diesen Stand gemeldet werden. Ist es hier möglich, dass viele Mitarbeiter dieses Label vergeben oder nachträglich verschieben können, so ist das Risiko sowohl für das Projekt als auch für den Kunden enorm.

Restriktiver Umgang mit Labels erforderlich

Kommen wir zum letzten Aspekt, nämlich dem KM-Prozess und den damit verbundenen Abläufen. Um ein einheitliches Qualitätsniveau im Projekt zu erreichen, müssen die Abläufe miteinander vergleichbar sein; idealerweise sind diese an allen Standorten identisch. Gerade hier gilt, dass zu viele Köche den Brei verderben. Alle Beteiligten müssen am Entscheidungsprozess beteiligt sein. Ist dieser aber festgelegt, so sollte die Umsetzung über eine zentrale Stelle durchgeführt und der Roll-Out geplant werden.

1.3.3
Änderungen proaktiv planen

An und für sich hat ein KM-System in der Theorie die Aufgabe, einen bestimmten Zustand eines Projektes jederzeit wieder reproduzieren zu können. Damit wird auch eine gewisse Kontinuität im Projekt verbunden. Erkennbar ist dies schon alleine an der Tatsache, dass der Wechsel eines KM-Tools im laufenden Projekt unter allen Umständen vermieden wird, ja selbst der Update eines Tools wesentlich kritischer gesehen wird. Wer würde sich Gedanken bei einer Textverarbeitung machen?

Aufgabe eines KM-Systems aus Theoriesicht

Vergleicht man ein Projekt mit dem menschlichen Organismus, so fällt dem KM-Werkzeug am ehesten die Rolle des Herz-Kreislauf-Systems zu. Es ist für alle Bereiche des Projektes von lebenswichtiger Bedeutung und stellt die Informationen bereit. Spinnt man den Vergleich weiter, so ist ein Update im übertragenen Sinne gleichzusetzen mit einer Herzoperation, ein Wechsel des KM-Tools entspräche dann einer Herztransplantation. Geht dieses daneben, so kann das Projekt sterben.

Optimale Vorbereitung als Schlüssel zum Erfolg

Und genauso ist eine optimale Vorbereitung, wenn es denn notwendig wird, der Schlüssel zum Erfolg.

1.3.3.1
Technologische Änderungen

Bei technologischen Änderungen geht es zum einen um das KM-Werkzeug selbst (neue Patches, neue Releases), aber auch um die für den Betrieb nötige Infrastruktur.

Hier hilft eine enge Zusammenarbeit mit den Verantwortlichen für die Infrastruktur. Wie sehen die Planungen für die kommenden Monate aus? Wie lange ist die Lebensdauer von betroffenen Komponenten angesetzt?

Partnerschaft mit dem Hersteller

Genauso wichtig ist aber eine Partnerschaft mit dem Hersteller des KM-Werkzeuges. Je früher die Informationen über eventuelle Änderungen (zum Beispiel wegfallender Support von Plattformen) und Neuerungen (zum Beispiel Integrationen, Änderungen der Architektur und Oberflächen, nötige 3rd-Party-Produkte, neue Funktionalität) vorliegen, umso mehr Zeit bleibt für die Vorbereitung des Einsatzes oder die Entscheidung, noch auf dem bisherigen Stand zu bleiben. Die meisten Hersteller sind bereit, auf Basis eines Non-Disclosures darüber zu reden.

1.3.3.2
Projektspezifische Änderungen

Projekte ändern sich immer häufiger in Größe und Umfang

Auch hier bleibt die Welt nach dem Start eines Projektes nicht stehen. Projekte ändern sich häufiger als früher in Größe und Umfang. Gerade die iterative Vorgehensweise in der Entwicklung sorgt hier für eine wesentlich höhere Dynamik, da in den einzelnen Iterationen die Schwerpunkte bei den durchzuführenden Änderungen jeweils anders liegen. Damit werden von einzelnen Rollen unterschiedlich viele Mitarbeiter benötigt. Ziel ist generell die bessere Nutzung der knappsten aller Ressourcen, nämlich der Mitarbeiter.

Auch viele äußere Einflüsse wie externe Richtlinien, Audits und anderes schlagen direkt oder indirekt auf die KM-Umgebung durch. Wie vorher sollte es ein Frühwarnsystem im Projekt oder dem Unternehmen geben, da solche Einflüsse in der Regel außerhalb der direkten Sicht der KM-Verantwortlichen liegt.

1.3.3.3
Unternehmensweite Änderungen

Hier geht es um alle Aspekte, von denen nicht ein einzelnes Projekt, sondern alle Projekte betroffen sind. Firmenzusammenschlüsse oder Übernahmen sind dabei nur die sichtbarsten Änderungen. Businesspläne sind ebenfalls häufig Auslöser für Änderungen, wenn beispielsweise neue Niederlassungen geplant bzw. eröffnet werden oder ein Projekt auf Grund der geänderten wirtschaftlichen Lage überlebenswichtig, also unternehmenskritisch wird.

Die Auswirkungen auf das einzelne Projekt wird unterschiedlich sein, jedoch gilt auch hier, dass ein mehr an Zeit hilft, diesen Wechsel zu meistern.

Unterschiedliche Auswirkungen sind möglich

1.3.3.4
Der kritische Blick in die Glaskugel

Planung benötigt Zeit. Jede Änderung, die unerwartet kommt, ist ein erhöhtes Risiko. Wie sollte aber mit Änderungen und Umbrüchen umgegangen werden, die sich bereits andeuten?

Zunächst gilt: die Gegenwart hat immer Vorrang vor der Zukunft. Gibt es also aktuell wichtige Punkte, so sollten diese auch angegangen werden. Ein bewährtes und praktikables Hilfsmittel ist eine Tabelle, die die folgenden Spalten beinhalten sollte:

- Was ändert sich?
- Erwarteter Zeitpunkt des Eintretens
- Wahrscheinlichkeit des Eintretens
- Ansprechpartner/Kontakte
- Verantwortlicher
- Definierte Maßnahmen
- Vorlaufzeit

2 Prozessmodelle in der Software Entwicklung

Gerhard Versteegen, HLMC
Guido Weischedel, GfKM

2.1 Allgemeines zu Prozessmodellen

2.1.1 Einführung

Prozessmodelle beschäftigen seit Jahren ganze Software-Entwicklungsabteilungen. Zum Teil kann man auch von einer Art Glaubenskrieg sprechen. Doch was ist eigentlich ein Prozessmodell? Eigentlich handelt es sich dabei um nichts anderes als ein Kochbuch, wie man Software entwickelt. Böse Zungen jedoch behaupten, dass die Angaben zur Garzeit nicht mit der Realität übereinstimmen.

Glaubenskrieg: Prozessmodelle

Es gibt viele Definitionen über Prozessmodelle. An dieser Stelle sei auf die einschlägige Literatur verwiesen; aussagekräftig und gleichzeitig leicht verständlich ist die folgende [Ver2000]:

Ein Prozessmodell ist eine Beschreibung einer koordinierten Vorgehensweise bei der Abwicklung eines Vorhabens. Es definiert sowohl den Input, der zur Abwicklung der Aktivität notwendig ist, als auch den Output, der als Ergebnis der Aktivität produziert wird. Dabei wird eine feste Zuordnung von Rollen vorgenommen, die die jeweilige Aktivität ausüben.

Definition: Prozessmodell

Man kann sich nun darüber streiten, warum in der Software-Entwicklung immer noch eine Krise herrscht, wenn es doch Vor-

Nur die wichtigen Modelle

gehensmodelle gibt – doch diese Diskussion will ich erst in meinem nächsten Buch führen.

In diesem Buch sollen auch nicht alle Prozessmodelle betrachtet werden. So ist das Wasserfallmodell ebenso wie das Spiralmodell für den Bereich Konfigurationsmanagement nicht weiter von Bedeutung und wird daher hier auch nicht berücksichtigt. Bevor auf die einzelnen Prozessmodelle eingegangen wird, sollen noch die Einsatzbereiche von Prozessmodellen sowie die Vorteile der Verwendung von Vorgehensmodellen untersucht werden.

2.1.2
Einsatzbereiche von Prozessmodellen

Nicht immer notwendig

Prozessmodelle werden nicht für jedes Software-Entwicklungsvorhaben benötigt. Soll zum Beispiel ein Makro für WinWord erstellt werden, so besteht hier sicherlich keine Notwendigkeit, dabei nach einem Prozessmodell vorzugehen.

Auch die Entwicklung einer Applikation eines 2-3-Personenteams, die einen überschaubaren Zeitraum von drei bis vier Wochen umfasst, verlangt noch nicht nach einem Prozessmodell. Hingegen bei der Erstellung umfangreicher Applikationen sollte man ein Prozessmodell hinzuziehen.

Allgemein gibt es die folgenden Kenngrößen, wann ein Prozessmodell einzusetzen ist, wobei dies hier aus dem Blickwinkel des Projektteams (wie setzt sich das Team zusammen) und der Projektart (was wird wie lange entwickelt) vorgenommen wird:

Kenngrößen für den Einsatz von Prozessmodellen

- Blickpunkt Projektteam:

- Großes Projektteam

- Auf unterschiedliche Standorte verteiltes Projektteam

- Heterogenes Projektteam (sowohl sehr erfahrene als auch neue Mitarbeiter)

- Projektteam, das sich aus Mitarbeitern unterschiedlicher Unternehmen zusammensetzt.

- Projektteam, in das Mitarbeiter des Auftraggebers involviert sind.

- Blickpunkt Projektart:
    - Entwicklung einer Standardsoftware (Produkt)
    - Mittleres (oder größeres) Projekt (größer drei Monate)

- Kritisches Projekt[1]
- Hoher Modellierungsaufwand im Vorfeld (trifft zum Beispiel bei Datenbankanwendungen zu)
- Projekte, die einer längeren Gewährleistung unterliegen

Entscheidend dabei ist, dass, wenn einmal ein Prozessmodell eingeführt wurde, ab dann *alle* künftigen Projekte, die die oben aufgeführten Kriterien erfüllen, nach diesem Modell abgewickelt werden sollten. Häufig hört man das Vorurteil, dass die Verwendung von Prozessmodellen teuer sei bzw. teurer, als wenn man ohne Prozessmodell arbeitet. Sicherlich ist der Mehraufwand, der durch die Verwendung eines Prozessmodells entsteht, vorhanden. Setzt man ihn jedoch dem Wartungsaufwand bei einem Projekt entgegen, das ohne Prozessmodell abgewickelt wurde, so sieht das Kosten/Nutzen-Verhältnis schon ganz anders aus.

Generell sollte auch berücksichtigt werden, dass Prozessmodelle nicht von heute auf morgen eingeführt werden können (mehr zu diesem Thema ist Kapitel 8 zu entnehmen). Das bedeutet, dass die Einführung eines Prozessmodells mit Zeitaufwand und damit Kosten verbunden ist. Letztere entstehen zusätzlich durch die Bereitstellung der notwendigen Werkzeugumgebungen, ebenso darf die Zeit, die für die Einführung eines Prozessmodells benötigt wird, nicht unberücksichtigt bleiben.

Die Einführung von Prozessmodellen nimmt Zeit in Anspruch

2.1.3
Vorteile der Verwendung von Prozessmodellen

Die Verwendung von Prozessmodellen birgt eine Reihe von Vorteilen in sich:
- Neue Mitarbeiter können direkt in ein Projekt integriert werden, nachdem sie die notwendigen Schulungsmaßnahmen durchlaufen haben.

Einarbeitung neuer Mitarbeiter

- Die in einem Prozessmodell erstellten Produkte sind klar definiert und eindeutig. Sie vereinfachen den Abnahmeprozess ebenso wie die Aufnahme von Anforderungen. Ferner wird durch das Änderungsmanagement die Handhabung von Än-

Bessere Kommunikation mit dem Auftraggeber

---

[1] Unter einem kritischen Projekt wird ein Projekt verstanden, dessen Funktionstüchtigkeit von großer Bedeutung ist. Im V-Modell wird zum Beispiel unterschieden, ob ein Fehlverhalten Sachschaden oder Personenschaden verursachen oder sogar Menschenleben gefährden kann.

derungswünschen für beide Seiten (Auftraggeber und Auftragnehmer) standardisiert.

Erhöhung der Qualität
- Durch eine konsequente Teststrategie und kontinuierliche Integrationsvorgänge wird eine böse Überraschung am Projektende vermieden.
- Schnelle Fehlerbehebung und Vermeidung von Folgefehlern.
- Verbesserung der Kommunikation im Projekt: Mangelnde Kommunikation ist eine der wesentlichen Ursachen für die Softwarekrise. Ein Prozessmodell regelt den „Informationsfluss" auf eine eindeutige Art und Weise.
- Bessere Planungsmöglichkeiten für den Projektleiter.
- Einheitliche Vorgehensweise (projektübergreifend): Wichtige Projekterfahrungen – ob negative oder positive – werden in neuen Projekten direkt genutzt.

2.1.4
Anpassbarkeit von Prozessmodellen

Eine wesentliche Voraussetzung für Prozessmodelle besteht darin, dass sie sowohl auf verschiedenartige Projekte als auch auf unterschiedliche Unternehmensformen anpassbar sein müssen. Nur so kann sichergestellt werden, dass ein Prozessmodell auch in der Fläche – und nicht nur in einer kleinen Anwendergruppe – zum Einsatz kommt.

Tailoring im V-Modell
Im V-Modell wird dieser Prozess der Anpassbarkeit mit *Tailoring* bezeichnet, das für jedes neue Projekt durchgeführt wird. Dazu werden entsprechende Schlüsseleigenschaften des Projektes untersucht, um anschließend die durchzuführenden Aktivitäten zu bestimmen und die Produkte festzulegen, die erstellt werden müssen. Um das V-Modell für ein konkretes Projekt anwendbar zu machen, muss deshalb zunächst folgendes entschieden werden:
- Welche Aktivitäten sind für die Durchführung des Projektes erforderlich?
- Welche Produkte müssen im Rahmen der Projektabwicklung erzeugt werden?

Im V-Modell existiert somit ein festes Regelwerk, in dem definiert wird, wann und unter welchen Bedingungen welche Aktivität durchgeführt werden muss. Diese Vorgehensweise ist dargestellt in Abbildung 13.

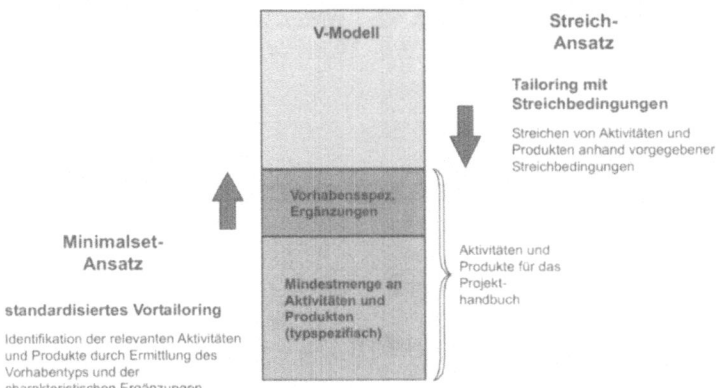

Abbildung 13: Tailoring im V-Modell

Das Hauptanliegen des Tailoring besteht darin, für jedes Projekt zu gewährleisten, dass der eingesetzte Aufwand den Projektzielen dienlich ist. Zu vermeidende Probleme sind:

- übermäßige Papierflut,
- sinnlose Dokumente aber auch
- das Fehlen wichtiger Dokumente!

Dies wird durch die Reduzierung der allgemeingültigen (generischen) Regelungen des V-Modells auf die aus sachlichen Gründen erforderlichen Regelungen erreicht. Die entstehende Teilmenge des V-Modells („projektspezifisches V-Modell") ist neben der Beschreibung des Projektes, seiner Organisation und seiner Ziele Hauptbestandteil des Projekthandbuchs (PHB). Das Tailoring besteht aus folgenden Teilschritten:

- Festlegung der Form des projektspezifischen V-Modells. Hier wird entweder bestimmt, dass das Projekthandbuch die Aktivitäten und Produkte des V-Modells lediglich referenziert oder dass die vollständigen Darstellungen des V-Modells auch in das PHB übernommen werden sollen.
- Selektion von Aktivitäten und Produkten. (Dies geschieht durch Tailoring mit Streichbedingungen oder durch standardisiertes Vortailoring).
- Selektion von Aktivitäten- und Produktklassen, die für das Projekt prinzipiell sinnvoll sind.
- Streichen von Aktivitäten- und zugehörigen Produktklassen, die anderweitig erledigt werden bzw. bereits erledigt wurden.
- Anpassung der Texte der Aktivitäten.

Teilschritte des Tailorings

Deutlich reduziertes V-Modell

Das Ergebnis des Tailorings ist immer ein deutlich reduziertes Vorgehensmodell in Form von Tabellen und den zugehörigen textuellen Beschreibungen.

2.2 Konfigurationsmanagement im V-Modell

2.2.1 Allgemeines zum V-Modell

V-Modell existiert seit 1992

Das V-Modell existiert in seiner ersten Version seit 1992 und wird seitdem im öffentlichen Bereich als Standard für die Software-Entwicklung eingesetzt. Die fortgeschriebene Version V-Modell 97 findet neben dem öffentlichen Bereich auch zunehmend Verbreitung im Banken- und Versicherungsumfeld. Im Auftrag des Bundesverteidigungsministeriums (BMVg) hat die Industrieanlagen Betriebsgesellschaft (IABG) in Ottobrunn dieses Vorgehensmodell entwickelt. Seit 1997 wurde es für Bundesbehörden und deren nachgeordneten Bereichen als verpflichtender Standard festgelegt. Das BMI (Bundes Innenministerium) hat sich dem noch im selben Jahr angeschlossen.

Das V-Modell 97 ist eine Anpassung des Standards V-Modell 92. Im wesentlichen wurden dabei die Erfahrungen, die mit dem Vorgänger gemacht wurden, in das fortgeschriebene V-Modell integriert. Das V-Modell an sich wirkt auf den ersten Blick vom Volumen her erschlagend. Die Originaldokumentation besteht aus drei Bänden:

Drei Bände

- Entwicklungsstandard
- Methodenstandard
- Werkzeuganforderungen

Einige hundert Seiten Handbuchsammlung

Diese so genannte Handbuchsammlung umfasst einige hundert Seiten und ist auf drei Ordner verteilt. Doch der eigentliche Regelungsteil beträgt nur 30 Seiten, der Rest besteht aus Abwicklungstexten, Empfehlungen, Kommentaren uvm.. Das Vorurteil, dass das V-Modell im Gegensatz zu anderen Vorgehensweisen bei der Software-Entwicklung bis zu 50% Mehraufwand erfordert, ist falsch. Der Aufwand ist abhängig vom Ergebnis des Projektzuschnittes (Tailoring). Werden hier Fehler gemacht, so steigt natürlich der Aufwand. Hinzu kommt, dass der Aufwand zwar höher ist, als bei der „Chaos"-Programmierung, sich jedoch die Zeiten für die anschließende Wartung oder für den Änderungsdienst erheblich reduzieren.

2.2.2
Das Submodell Konfigurationsmanagement

Das V-Modell gliedert sich in vier unterschiedliche Bereiche, die eng miteinander verknüpft sind:

- System/Software-Erstellung (SE)
- Projektmanagement (PM)
- Qualitätssicherung (QS)
- Konfigurationsmanagement (KM)

Vier unterschiedliche Bereiche

Diese Bereiche werden auch Submodelle genannt und sind wesentlicher Bestandteil des V-Modells. Abbildung 14 zeigt das Zusammenspiel der Submodelle im V-Modell auf. So liefern gewisse Aktivitäten des einen Submodells als Ergebnis den Input für ein anderes Submodell. Um die Navigation durch die vier Submodelle zu erleichtern, wurden im V-Modell Tabellen integriert, anhand derer erkennbar wird, welche Aktivität welchen Input von welchem Submodell erhält. Im folgenden soll nicht weiter auf die anderen Submodelle eingegangen werden, bei Interesse sei auf [Ver1999] verwiesen. Gegenstand der weiteren Betrachtung ist das Submodell KM.

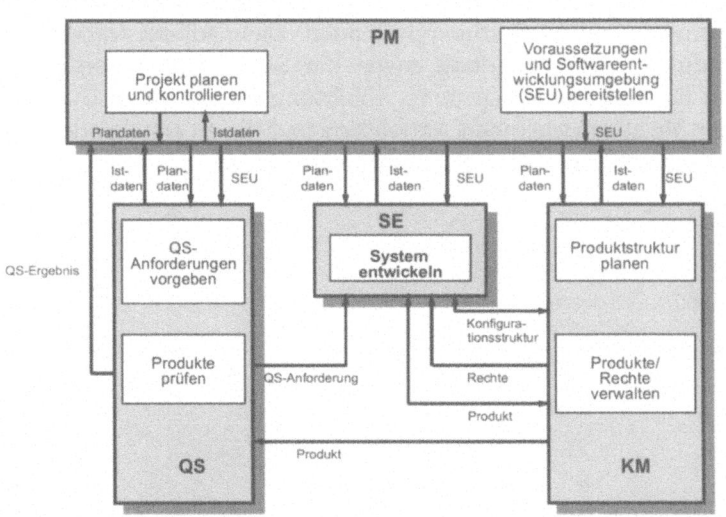

Abbildung 14: Das Zusammenspiel der Submodelle im V-Modell ist von zentraler Bedeutung

Ziel des Konfigurationsmanagements

Das Ziel des Konfigurationsmanagements im V-Modell 97 besteht darin, sicherzustellen, dass ein Produkt bezüglich seiner funktionellen wie auch äußeren Merkmale – wie zum Beispiel ein Dokument – eindeutig identifizierbar ist. Diese Identifikation dient der systematischen Kontrolle von Änderungen und zur Sicherstellung der Integrität.

Das Konfigurationsmanagement überwacht entsprechend ISO12207 die Konfigurationen während der gesamten Entwicklung, so dass die Zusammenhänge und Unterschiede zwischen früheren Konfigurationen und den aktuellen Konfigurationen jederzeit erkennbar sind. Das Konfigurationsmanagement stellt sicher, dass jederzeit auf vorausgegangene Versionen zurückgegriffen werden kann. Dadurch sind Änderungen nachvollziehbar und überprüfbar.

Richtlinien und Verfahren

Über die KM-Planung (KM 1) werden die für das Projekt geltenden Richtlinien und Verfahren verbindlich festgelegt und die Voraussetzungen für ein zuverlässiges Konfigurationsmanagement geschaffen. Die Produkt- und Konfigurationsverwaltung (KM 2) stellt sicher, dass Produkte und Konfigurationen eindeutig identifiziert, zugriffsgesichert und rekonstruierbar gespeichert sind. Das Änderungsmanagment (KM 3) begleitet den gesamten Änderungsprozess vom Änderungsantrag über alle Entscheidungen bis zum Änderungsabschluss und der Rückmeldung.

Die KM-Dienste (KM 4) werden in bestimmten Intervallen bzw. nach Bedarf durchgeführt. Hierzu zählen die Ergebnissicherung und die KM-Dokumentation und die KM-Dienstleistungen zur zentralen und projektübergreifenden Datenadministration und Produktwiederverwendung sowie die Schnittstellenkoordination und das Releasemanagement. Abbildung 15 gibt einen Überblick über die abzuwickelnden Aktivitäten und die zu erstellenden Produkte des Submodells Konfigurationsmanagement:

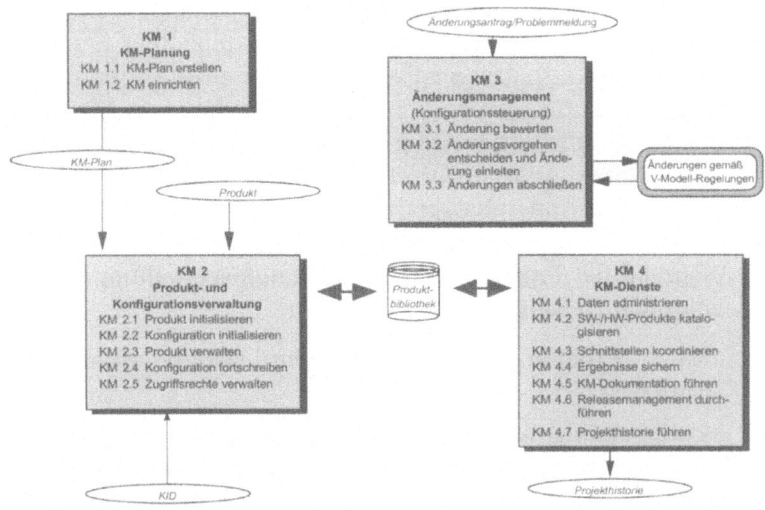

Abbildung 15:
Übersicht über das Submodell KM

Bei der Planung des Konfigurationsmanagements werden die beiden folgenden Teilaktivitäten durchgeführt:

- KM 1.1 Konfigurationsmanagement-Plan erstellen: Als Produkt entsteht hier der Konfigurationsmanagement-Plan. Inhalte sind, anhand welcher Kriterien die Konfigurationseinheiten ausgewählt werden, welche Produktattribute geführt werden, welche Zustände die Produkte durchlaufen und das für alle Produkte geltende Identifikationsschemata.

- KM 1.2 Konfigurationsmanagement einrichten: Hier wird das Konfigurationmanagement auf Basis des Konfigurationsmanagement-Plans eingerichtet. In erster Linie werden hier die Werkzeuge und die Produktbibliothek initialisiert und die künftigen Mitarbeiter des Projektes mit den entsprechenden Zugriffsrechten ausgestattet.

Planung des Konfigurationsmanagements

Abbildung 16 zeigt die Aktivitäten und Produkte in KM 1:

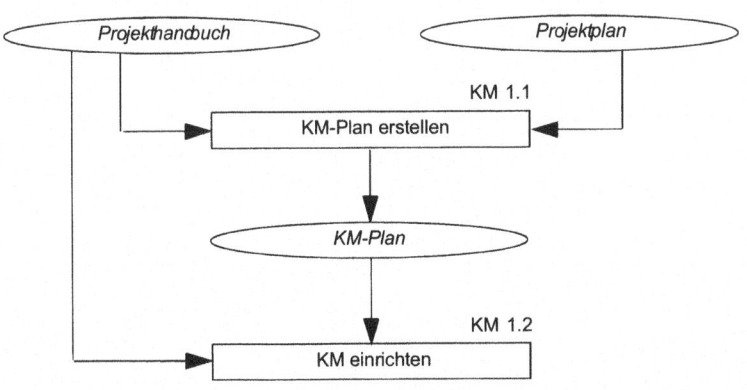

Abbildung 16:
Aktivitäten und Produkte in KM 1

2.2 Konfigurationsmanagement im V-Modell

Durch die Produkt- und Konfigurationsverwaltung werden alle Produkte einer Konfiguration in der Produktbibliothek archiviert und katalogisiert, so dass die Produkte weder absichtlich noch unabsichtlich zerstört werden können. Alle Produkte sind jederzeit eindeutig identifizierbar. Dadurch wird sowohl während des Entwicklungsprozesses als auch während der Nutzung die Nachvollziehbarkeit des Änderungsgeschehens sichergestellt und somit ein definierter Aufsetzpunkt für weitere Änderungen gegeben.

Während der Produkt- und Konfigurationsverwaltung werden die folgenden Teilaktivitäten durchgeführt:

Aktivitäten während der Produkt- und Konfigurationsverwaltung

- KM 2.1 Produkt initialisieren, hier wird das Produkt namentlich erfasst.

- KM 2.2 Konfiguration initialisieren, hier wird das so genannte Konfigurations-Identifikationsdokument (KID) vorbereitet, anhand dessen jedes Produkt – unabhängig ob Hard- oder Software – jederzeit identifizierbar ist.

- KM 2.3 Produkt verwalten – die Verwaltung des Produktes ist zustandsabhängig. Ziel ist es, jederzeit die Änderung des Zustandes eines Produktes durch diese Teilaktivität nachvollziehbar zu machen.

- KM 2.4 Konfiguration fortschreiben, als Produkt entsteht hier das Konfigurations-Identifikationsdokument (KID).

- KM 2.5 Zugriffsrechte verwalten, hier sind diejenigen Zugriffsrechte gemeint, die die Projektmitarbeiter auf die Produktbibliothek haben. Sie orientieren sich an den im Konfigurationsmanagement-Plan festgelegten Regelungen.

Abbildung 17 zeigt die Aktivitäten und Produkte in ihrem Zusammenhang:

Abbildung 17: Aktivitäten und Produkte in KM 2

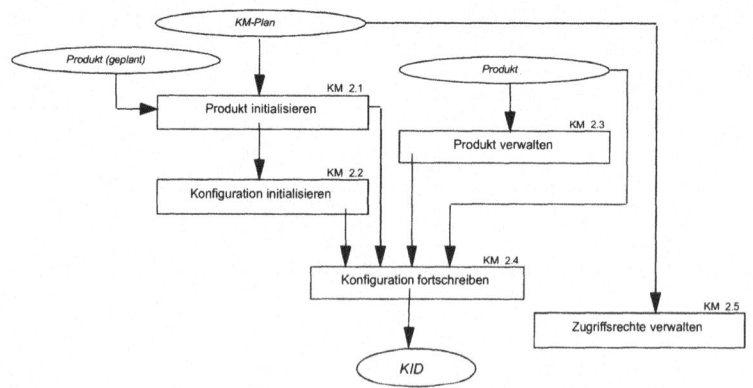

Das Änderungsmanagement wird im V-Modell auch mit Konfigurationssteuerung[2] bezeichnet. In erster Linie werden hier Änderungsanträge, Fehlermeldungen, Problemmeldungen u.ä. verwaltet.

Während des Änderungsmanagements werden die folgenden drei Teilaktivitäten durchgeführt:

Drei Teilaktivitäten im Änderungsmanagement

- KM 3.1 Änderung bewerten, hier findet zunächst eine formale Prüfung statt. Über die Dringlichkeit entscheidet das Projektmanagement. Abhängig davon, zu welchem Submodell das Produkt gehört, entscheiden die jeweiligen Rollen aus dem zugehörigen Submodell. Als Produkt entsteht hier der Änderungsvorschlag.

- KM 3.2 Änderungsvorgehen entscheiden und Änderung einleiten. Wichtigster Inhalt dieser Teilaktivität ist es, das Änderungsvorgehen festzulegen und die Einleitung der Änderung zu veranlassen. Das Konfigurationsmanagement führt hier eine Änderungsstatusliste. Als Produkt entsteht hier der Änderungsauftrag.

- KM 3.3 Änderung abschließen, hier handelt es sich um einen formellen Abschluss der Änderung mit den entsprechenden Eintragungen und dazugehörigen Informationen. Als Produkte entstehen hier die Änderungsmitteilung und die Änderungsstatusliste.

Die eigentliche Durchführung der Änderung wird wieder dem zuständigen Bearbeiter des entsprechenden Submodells übertragen.

Eine Änderung hat je nach Fortschritt immer einen entsprechenden Status, dargestellt in Abbildung 18:

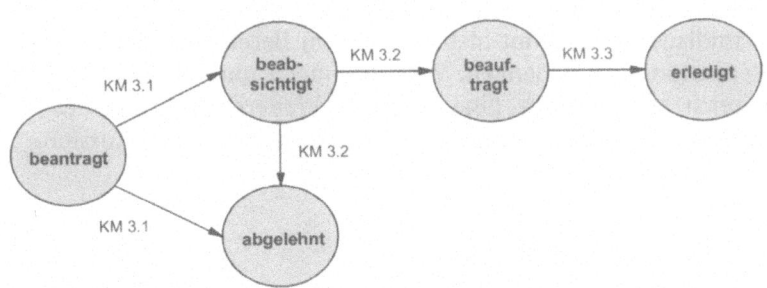

Abbildung 18: Status einer Änderung

Ein ebenfalls relativ eigenwilliger Begriff im V-Modell ist der der Konfigurationsmanagement-Dienste. Darunter werden unterschiedliche Maßnahmen verstanden, die das Konfigurationsmana-

---

[2] Dieser Begriff dürfte mittlerweile völlig veraltet sein und bei einer Anpassung des V-Modells sollte er vermieden werden.

gement unterstützen, die jedoch in keinem Zusammenhang stehen, so dass eine Produktflusstabelle für diese Hauptaktivität entfällt. Die folgenden Teilaktivitäten werden hierbei durchgeführt:

Maßnahmen, die das Konfigurationsmanagement unterstützen

- KM 4.1 Daten administrieren, als Produkt entsteht hier der Datenkatalog, der projektübergreifend zu sehen ist, da hier auch Informationen aus früheren Projekten mit einfließen.
- KM 4.2 SW-/HW-Produkte katalogisieren, im Sinne der Wiederverwendbarkeit werden hier solche Produkte festgehalten, die in zukünftigen Projekten ebenfalls genutzt werden können. Ein typisches Beispiel wäre eine neu erstellte Klassenbibliothek.
- KM 4.3 Schnittstellen koordinieren, hier werden die Änderungen verwaltet, die sich an der Schnittstellenspezifikation im Laufe des Projektes ergeben.

Die folgenden vier Teilaktivitäten sind selbsterklärend:

Selbsterklärende Teilaktivitäten

- KM 4.4 Ergebnisse sichern
- KM 4.5 KM-Dokumentation führen
- KM 4.6 Release-Management durchführen
- KM 4.7 Projekthistorie führen

2.2.3 Fazit

Anpassung notwendig

Das V-Modell 97 bedarf einer Anpassung, um als zeitgemäßes Prozessmodell einsetzbar zu sein. Die meisten Unternehmen haben diese Anpassung auch vorgenommen. Es dient als wesentliche Grundlage und kommt insbesondere im Bereich der öffentlichen Verwaltung sowie Banken, Versicherungen und im militärischen Bereich zum Einsatz. Eine generelle Weiterentwicklung des V-Modells 97 zu einem V-Modell 03 steht derzeit in der Diskussion.

2.3 Konfigurationsmanagement im Rational Unified Process

2.3.1 Allgemeines zum Rational Unified Process

Der Rational Unified Process ist ein Prozessmodell, das im Gegensatz zum V-Modell kostenpflichtig ist. Es wird von der Firma Rational Software vertrieben. Dieses Prozessmodell wird zweimal im Jahr von Rational Software und deren Partnern überarbeitet. Damit ist der Rational Unified Process stets aktuell. Er liegt derzeit nur in englischer Sprache vor, eine Übersetzung unter anderem auch ins Deutsche ist derzeit in der Diskussion.

Kostenpflichtiges Prozessmodell

Die in diesem Buch vorgestellte Version des Rational Unified Process lautet 2002.05.00 und ist damit die aktuell vorliegende. Auch wenn der Rational Unified Process kontinuierlich überarbeitet wird, sind Änderungen im Bereich der unten vorgestellten Disziplin Konfigurationsmanagement im Vergleich zu den anderen Disziplinen eher gering.

RUP wird kontinuierlich überarbeitet

2.3.2 Die Disziplin Konfigurationsmanagement im Rational Unified Process

Wie aus Abbildung 19 hervorgeht, ist die Disziplin[3] Konfigurationsmanagement über den gesamten Lifecycle verteilt. Die benötigten Aufwendungen werden im Laufe des Projektes stetig größer.

---

[3] In älteren Versionen des Rational Unified Process war hier noch von Workflows die Rede.

Abbildung 19:
Überblick über den
Rational Unified
Process

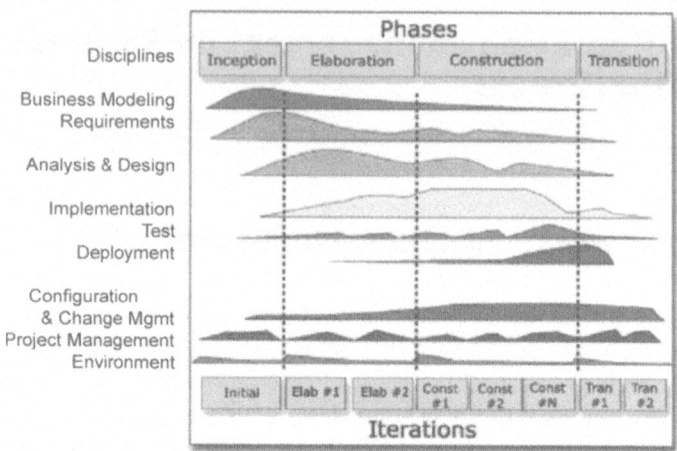

Abbildung 19 zeigt, wie sich die Aufwendungen über die vier wesentlichen Phasen des RUP:

Die Phasen des RUP
- Inception
- Elaboration
- Construction
- Transition

verteilen. Parallel sind die unterschiedlichen Disziplinen, aus denen sich der Rational Unified Process zusammensetzt, dargestellt. Für dieses Buch sei nur die Change & Configuration Management Disziplin (im folgenden der Einfachheit halber Konfigurationsmanagement Disziplin genannt) von Bedeutung. Abbildung 20 zeigt diese Disziplin in einer anderen Darstellung.

Es fällt auf, dass sich die Konfigurationsmanagement Disziplin aus zwei Teilaktivititäten, die zu Projektbeginn sequentiell durchgeführt werden, und fünf weiteren Teilaktivitäten, die im Anschluss parallel abgewickelt werden, zusammensetzt. Der Doppelbalken in der Abbildung deutet auf die parallele Abwicklung hin.

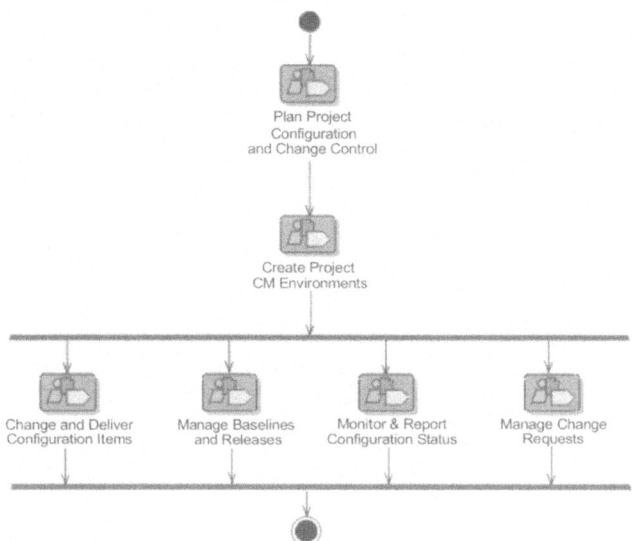

Abbildung 20: Übersicht über die Disziplin Konfigurationsmanagement

Im folgenden werden diese sechs Teilaktivitäten näher betrachtet.

2.3.3
Planen der Projektkonfiguration und der Änderungskontrolle

Die erste Aktivität in der Konfigurationsmanagement Disziplin betrachtet die Planung der Projektkonfiguration und der Änderungskontrolle. Es handelt sich hierbei um eine initialisierende Aktivität. Aktive Rollen[4] dieser Aktivität sind einerseits der Konfigurationsmanager, der die groben Richtlinien festlegt und den Konfigurationsmanagementplan erstellt, und andererseits der Änderungsmanager, der bereits jetzt definiert, wie der Änderungsprozess zu funktionieren hat. Beide Ergebnisse ergeben dann den vollständigen Konfigurationsmanagementplan.

Planung der Projektkonfiguration

Der Projektmanager tritt sozusagen als „externe" Rolle auf, er integriert den Konfigurationsmanagementplan in den gesamten Entwicklungsplan. Abbildung 21 zeigt den Ablauf dieser ersten Aktivität der Konfigurationsmanagement Disziplin.

Externe Rolle Projektmanager

---

[4] In älteren Versionen des Rational Unified Process war hier noch von Workern die Rede.

Abbildung 21: Inhalte der Aktivität „Planen der Projektkonfiguration und der Änderungskontrolle"

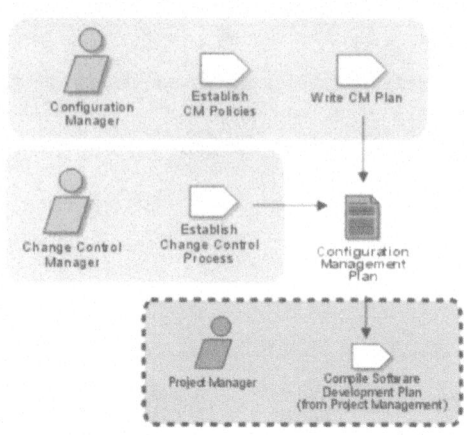

2.3.4
Erstellen der Konfigurationsmanagement-Umgebung

Erstellung der Konfigurationsmanagement-Umgebung

Die nächste Aktivität der Konfigurationsmanagement Disziplin ist die Erstellung der Konfigurationsmanagement-Umgebung. Hier kommt neben dem Konfigurationsmanager noch eine weitere Rolle ins Spiel: Der Integrator. Wie aus Abbildung 22 ersichtlich wird, werden bereits neben dem Konfigurationmanagementplan, der als Input für diese Aktivität dient, eine Reihe von wichtigen Artefakten[5] erstellt, die für den weiteren Projektverlauf wichtig sind.

- Das Implementierungsmodell, dieses umfasst alle Komponenten sowie alle Subsysteme und deren Implementierungen.

Implementierungsmodell

- Das Projektrepository, hier werden alle projektrelevanten Versionen von Daten gespeichert, also Dateien, Meta Daten, Verzeichnisse usw.

Projektrepository Workspace

- Der Workspace, zu unterscheiden sind zwei verschiedene Typen von Workspaces, einmal das private Workspace[6], wo entwickelt und geändert wird, ohne dass die anderen Teammitglieder dies sofort sehen, und auf der anderen Seite das öffentliche Workspace[7], auf das alle Teammitglieder Zugriff haben.

---

[5] Im V-Modell als Produkte bezeichnet.
[6] auch *development workspace* genannt
[7] auch *integration workspace* genannt

Letzteres ist für das Gesamtprodukt und dessen Integration entscheidend.

Als externe Rolle tritt bei dieser Aktivität erstmals der Softwarearchitekt auf, der das Implementierungsmodell strukturiert.

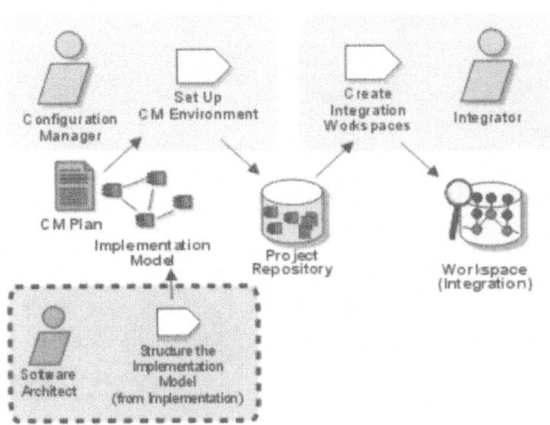

Abbildung 22: Inhalte der Aktivität „Erstellen der Konfigurationsmanagement-Umgebung"

2.3.5
Ändern und Ausliefern der Items

Im folgenden werden die in Abbildung 20 dargestellten parallelen Aktivitäten von links nach rechts besprochen. Die erste Aktivität ist das Ändern und Ausliefern der Konfigurationsitems. Wie aus Abbildung 23 ersichtlich wird, ist das zentrale Artefakt dieser Aktivität der Workspace. Ebenfalls von Bedeutung ist, dass in dieser Aktivität nicht mehr von einer bestimmten Rolle die Rede ist, sondern von „any Role", was soviel bedeutet, dass jeder, der in den Entwicklungsprozess involviert ist, in dieser Aktivität beteiligt ist.

Der Integrator ist in dieser Aktivität für die Erstellung und Pflege der Baselines zuständig. Im Rational Unified Process wird eine Baseline wie folgt definiert:

A reviewed and approved release of artifacts that constitutes an agreed basis for further evolution or development and that can be changed only through a formal procedure, such as change management and configuration control.

Definition: Baseline

Abbildung 23:
Inhalte der Aktivität:
„Ändern und Ausliefern der Konfigurationsitems."

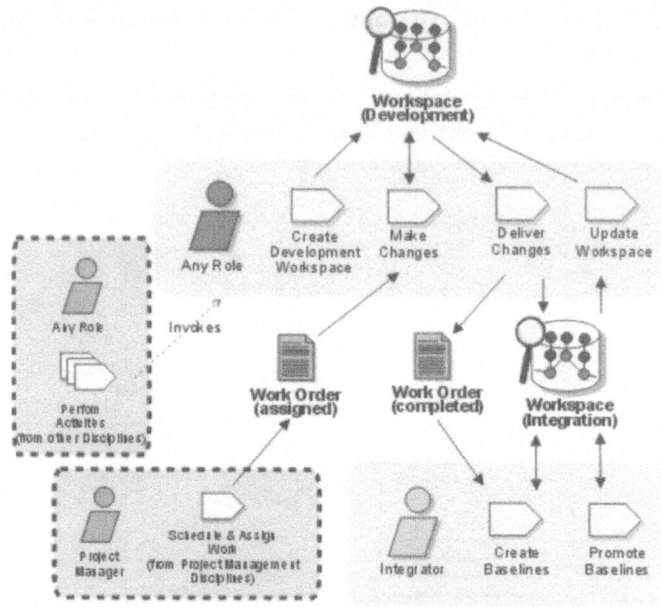

Mehr zu dem Thema Baselines ist dem nächsten Abschnitt zu entnehmen. Auch in diese Aktivität ist der Projektmanager involviert. Er erteilt die „Work Order[8]", auf die dann die jeweiligen Rollen zugreifen.

2.3.6
Handhabung von Baselines und Releases

Die nächste Aktivität innerhalb der Konfigurationsmanagement Disziplin ist die generelle Handhabung von Baseline und Releases. Die Definition von Baselines wurde bereits oben aufgeführt, unter einem Release versteht man im Kontext des Rational Unified Process:

Definition: Release

A subset of the end-product that is the object of evaluation at a major milestone. A release is a stable, executable version of product, together with any artifacts necessary to use this release, such as release notes or installation instructions. A release can be internal or external. An internal release is used only by the development organization, as part of a milestone, or for a demonstration to users or customers. An external release (or delivery) is delivered to end

---

[8] Kann auch als Arbeitsauftrag bezeichnet werden. Der Projektmanager referenziert dabei seinen im Vorfeld erstellten Projektmanagementplan.

users. A release is not necessarily a complete product, but can just be one step along the way, with its usefulness measured only from an engineering perspective. Releases act as a forcing function that drives the development team to get closure at regular intervals, avoiding the "90% done, 90% remaining" syndrome.

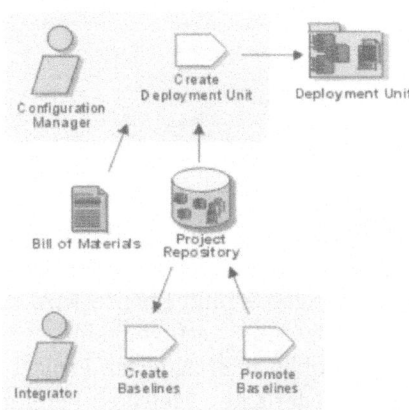

Abbildung 24:
Inhalte der Aktivität „Handhabung von Baselines und Releases"

Zentrales Artefakt der Aktivität Handhabung von Baselines und Releases ist das Projekt Repository, das bereits zuvor erläutert wurde. Hier werden die jeweiligen Baselines und Releases gespeichert. Ebenso wichtig ist das Artefakt Deployment Unit. Hierbei handelt es sich um:

- ein so genanntes Build (ausführbare Sammlung von Komponenten),
- Dokumente (zum Beispiel Release Notes)
- und ein Installationsartefakt.

Eine Deployment Unit wird vom Konfigurationsmanager erzeugt.

2.3.6.1
Überwachung des Status von Konfigurationen

Die nächste Aktivität der Konfigurationsmanagement Disziplin ist die Überwachung des Staus der jeweiligen Konfigurationen. Wie aus Abbildung 25 hervorgeht, kommen hier mit den so genannten „Project Measurements" sowie den „Configuration Audit Findings" zwei neu Artefakte hinzu.

Zwei neue Artefakte

Abbildung 25: Inhalte der Aktivität: „Überwachung des Status von Konfigurationen"

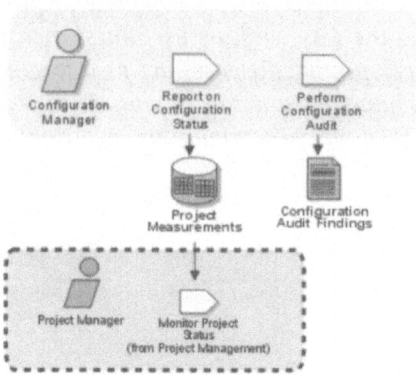

Die wesentlichen Aufgaben dieser Aktivität bestehen in der Sicherstellung, dass das Produkt sowohl die physikalischen, als auch die funktionalen Anforderungen erfüllt. Ebenso wird darauf geachtet, dass alle Artefakte und Baselines verfügbar sind.

Kontrolle erforderlich

Dazu werden in den oben referenzierten Project Measurements alle für das Projekt erforderlichen Metriken bereitgestellt, alle Ergebnisse der im Laufe des Projektes durchgeführten Messungen werden hier gespeichert. Das zweite Artefakt, das in dieser Aktivität erstellt wird – Configuration Audit Findings – dient in erster Linie der Kontrolle, ob:

- alle Anforderungen in der jeweiligen Baseline abgedeckt wurden
- welche Anforderungen noch nicht erfüllt sind
- die entsprechenden Artefakte auch physikalisch vorhanden sind
- alle Artefakte entsprechend getestet wurden

Gesamtkontrolle des Projektstatus

Als externe Rolle tritt hier wieder der Projektmanager auf, dessen Aufgabe in der Gesamtkontrolle des Projektstatus liegt. Dabei greift er direkt auf die während dieser Aktivität erstellten Project Measurements zurück.

2.3.7
Behandlung von Änderungsanforderungen

Die letzte Aktivität, die innerhalb der Konfigurationsmanagement Disziplin durchgeführt wird, ist die in Abbildung 26 dargestellte Behandlung von Änderungsanforderungen.

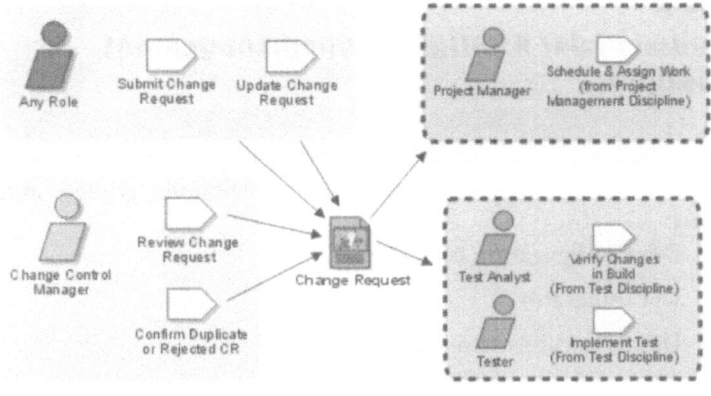

Abbildung 26: Inhalte der Aktivität: „Behandlung von Änderungsanforderungen"

Das zentrale Artefakt dieser Aktivität ist natürlich der Änderungsauftrag, der von außen kommt. Hierbei spielt es keine Rolle, von wem der Änderungsauftrag eingereicht wird. Daher wird in Abbildung 26 auch keine dedizierte Rolle aufgeführt, sondern der Begriff „any Role".

Die entscheidende Rolle, die hier zum Einsatz kommt, ist der Änderungsmanager. Dessen Aufgabe liegt darin, die Änderungsaufträge zu bewerten, also darüber zu entscheiden, ob die Änderungen durchgeführt oder zurückgewiesen werden. Ferner hat er darauf zu achten, dass alle Änderungsanträge nach dem gleichen Schema (Änderungsprozess) behandelt werden und die betroffenen Stakeholder entsprechend über den jeweiligen Status informiert. Ferner kommen bei dieser Aktivität neben dem Projektmanager zwei weitere neue externe Rollen ins Spiel, die leider in vielen Projekten vergessen werden, aber von zentraler Bedeutung sind:

Entscheidende Rolle: Änderungsmanager

- der *Testanalyst*: Seine Aufgabe besteht darin festzustellen, ob die Änderungsanforderung entsprechend getestet (und vor allem die aus der Durchführung des Änderungsauftrages erforderlichen zusätzlichen Tests anderer Komponenten durchgeführt wurden) und entsprechend in dem Build integriert wurde.

Zwei wichtige Rollen

- der *Tester*: Dieser führt den Test nach den entsprechenden Vorgaben durch.

Der Projektmanager benötigt den Input des Änderungsauftrages zur Neuverteilung von Projektressourcen und Zuteilung von Arbeitsaufträgen.

Neuverteilung von Projektressourcen

2.3.8
Rollen in der Konfigurationsmanagement Disziplin

Im bisherigen Abschnitt wurden die folgenden drei Rollen, die innerhalb der Konfigurationsmanagement Disziplin greifen, aufgeführt:

Drei wichtige Teammitglieder

- Der Configuration Manager
- Der Integrator
- Der Änderungsmanager

Abbildung 27 bis Abbildung 29 fassen noch einmal zusammen, welche Aufgaben diese drei Rollen über alle Aktivitäten hinweg innerhalb der Disziplin des Konfigurationsmanagements durchführen.

Abbildung 27: Tätigkeiten des Configuration Manager in der Konfigurationsmanagement Disziplin

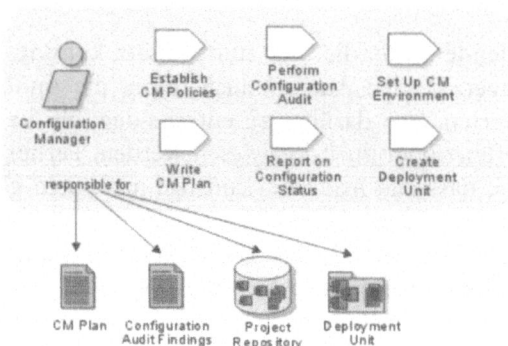

Der Configuration Manager ist sicherlich am meisten in diese Disziplin involviert, er ist für die Erstellung und Pflege der meisten Artefakte verantwortlich. Er führt dabei die folgenden Tätigkeiten durch:

Zahlreiche Tätigkeiten

- Er legt die Richtlinien für das Konfigurationsmanagement fest
- Er definiert den KM-Plan und setzt die KM-Umgebung auf
- Er führt die Audits durch
- Er berichtet den Konfigurationsstatus
- Er ist für das Deployment verantwortlich

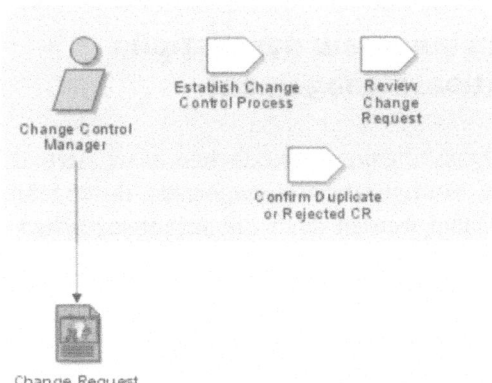

Abbildung 28: Tätigkeiten des Änderungsmanagers in der Konfigurationsmanagement Disziplin

Der Änderungsmanager muss, wie aus Abbildung 28 hervorgeht, nicht zwingend während des Konfigurationsmanagements eingreifen, sieht man mal von der Etablierung des Änderungsmanagementsprozesses ab.

Treffen im weiteren Projektverlauf keine Änderungsaufträge ein – was jedoch eher unwahrscheinlich ist – so kommen keine weiteren Aufgaben auf ihn zu.

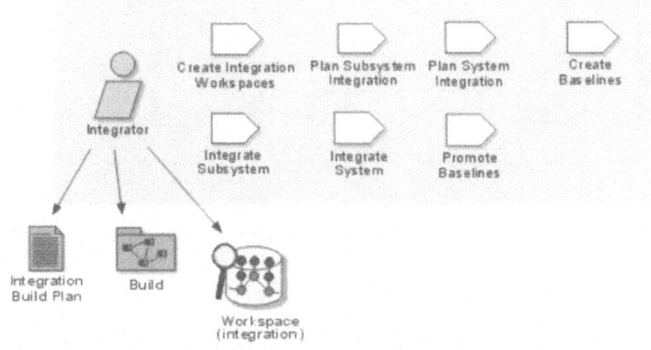

Abbildung 29: Tätigkeiten des Integrators in der Konfigurationsmanagement Disziplin

Wie aus dem Namen dieser Rolle schon hervorgeht, ist der Integrator für die Integration aller Komponenten zu Subsystemen bzw. zu einem System zuständig. Ferner obliegen ihm die folgenden Aufgaben:

- die Erstellung der Baselines
- das Erstellen der Integration Workspaces
- die Planung aller Integrationen

2.3.9
Aktivitäten innerhalb der Disziplin Konfigurationsmanagement

Abbildung 30 fasst die unterschiedlichen Aktivitäten, die innerhalb der Disziplin Konfigurationsmanagement durchgeführt werden, zusammen. Dabei werden auch die verantwortlichen Rollen aufgeführt.

Abbildung 30: Aktivitäten in der Disziplin Konfigurationsmanagement

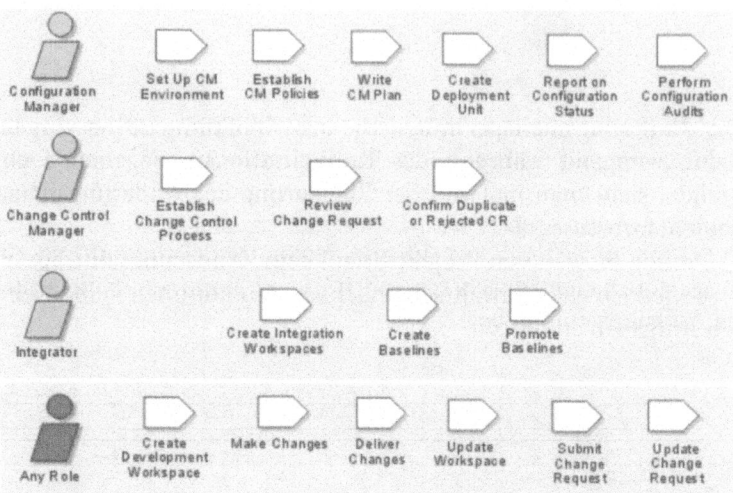

2.3.10
Fazit

Der Rational Unified Process deckt wie das V-Modell 97 ebenfalls den Bereich Konfigurationsmanagement ab. Er bietet zahlreiche Ergänzungen bzw. Anknüpfungen zu den anderen Bereichen:

- Geschäftsprozessmodellierung
- Anforderungsmanagement
- Analyse und Design
- Implementierung
- Test
- Verteilung
- Projektmanagement

2.4 Der Prozess CMII

2.4.1 Umfang und Ziele von CMII

CMII ist die Kurzform von „Configuration Management II". CMII stammt vom Institute of Configuration Management (http://www.icmhq.com) und wird im deutschsprachigen Raum von der Gesellschaft für Konfigurationsmanagement (http://www.gfkm.de) vertreten.

Der Funktionsumfang und die Tragweite des Prozesses CMII gehen weit über die sonstigen Ansätze und Prozesse hinaus. Aktivitäten aus den Bereichen

Durchgängiger Prozess vereint alle Aktivitäten

- Projektmanagement,
- Anforderungsmanagement,
- Versionsverwaltung,
- Änderungsmanagement,
- Releaseplanung,
- Datenmanagement,
- Buildmanagement,
- Distributionsmanagement,
- Dokumentenmanagement und
- Qualitätssicherung

sind zu einer eng verbundenen Einheit verschweißt.

Der Prozess sorgt dafür, dass so genannte Korrekturmaßnahmen vollständig eliminiert werden. Immer wenn eine Tätigkeit nicht gleich im ersten Anlauf richtig durchgeführt wurde, handelt es sich um eine Korrekturmaßnahme, da nachgearbeitet werden muss.

Nacharbeiten sind Korrekturmaßnahmen

Der Aufwand für Korrekturmaßnahmen ist enorm. Viele Unternehmen und deren Mitarbeiter/-innen haben sich daran gewöhnt – Korrekturmaßnahmen gehören zum Alltagsgeschäft. Nicht selten wird ein Softwareprogramm sogar ausgeliefert, obwohl man weiß, dass dieses noch erhebliche Mängel enthält. Bei Rückfragen werden oft Festtermine oder Budgetüberschreitungen als Grund genannt.

Korrekturmaßnahmen sind leider alltäglich

Wartungsprojekte kaschieren Korrekturmaßnahmen

Schon am Tag der Auslieferung werden die ersten Wartungsprojekte aufgesetzt, um die noch vorhandenen Mängel zu beseitigen und das erste „richtige" Release herzustellen. Natürlich werden diese Korrekturmaßnahmen in Form von Wartungsarbeiten auf ein neues Budget gebucht und neue Termine definiert:

Verbrannten Toast will keiner

- Warum ist nie genügend Zeit und Geld vorhanden, um etwas gleich im ersten Anlauf richtig zu machen – aber genügend Zeit und Geld für Nacharbeiten?!

- Warum werfen wir immer wieder verbrannten Toast weg ohne uns Gedanken zu machen, wie wir den Toastprozess verbessern könnten, so dass dieser keinen verbrannten Toast mehr erzeugt?!

Eliminierung von Korrekturmaßnahmen

Die einzige Chance, diesen Korrekturmodus zu verlassen besteht darin, Prozesse so zu definieren, dass die Ergebnisse gleich beim ersten Anlauf „richtig" sind. Dieses hochgesteckte Ziel verfolgt der Prozess CMII, indem er „best practices" enthält, mit denen Korrekturmaßnahmen eliminiert werden.

CMII ist Gesamtprozess

Entgegen den Prozessmodellen der vorigen Kapitel wird bei CMII das Konfigurationsmanagement nicht als ein Teilprozess des Modells gesehen, sondern CMII sieht das Anforderungs-, Konfigurations- und Änderungsmanagement als zentralen Kern aller anderen Prozesse. Nur durch einen durchgängigen, einheitlichen und bereichsübergreifenden Prozess ist es möglich, den Korrekturmodus zu verlassen und ein Unternehmen in einen echten und kontinuierlichen Verbesserungsmodus zu bringen.

Mehr als nur „Configuration and Change Control"

Standards und Prozesse im Bereich Konfigurationsmanagement sind generell sehr dünn gesät. Diese konzentrieren sich im Wesentlichen auf die so genannte „Configuration and Change Control", d.h. die „Sicherung" von Entwicklungsergebnissen, damit diese jederzeit nachvollziehbar sind. Dasselbe gilt auch für die Steuerung von Änderungen. Dadurch kann sichergestellt werden, dass Existierendes wiederhergestellt und wieder verwendet werden kann.

Zur Bewertung von Software Entwicklungsprozessen werden Reifegrade (im Englischen „Capability Level") vergeben. Alle bekannten Reifegradmodelle (zum Beispiel: CMM, SPICE, BOOTSTRAP) fordern von einem optimierten Prozess, dass mögliche Fehlerquellen bewusst eliminiert werden, bevor diese zu Mängeln führen können. Mängel werden vermieden, nur noch echte Verbesserungen sind existent.

Fokus identisch mit höchsten Reifegraden von CMM, SPICE, etc.

Denselben Fokus hat CMII – Eliminierung von Korrekturmaßnahmen (Mängeln) und Konzentration auf kontinuierliche Verbesserungen. Das Institute of Configuration Management als Herausgeber von CMII verfolgt hierbei den Ansatz, dass zuerst Korrekturmaßnahmen eliminiert werden müssen und erst dann der kontinuierliche Verbesserungsprozess gestartet werden kann. Wer „nur" verbessert ohne die Ursachen der Mängel zu erkennen und zu beseitigen, wird nie aus dem Korrekturmodus heraus kommen. Die Praktiken von CMII liefern das „Wie" zum Erreichen dieses Ziels.

Abbildung 31: Hintergrundinfos „Korrekturmaßnahmen" und „Korrekturmodus"

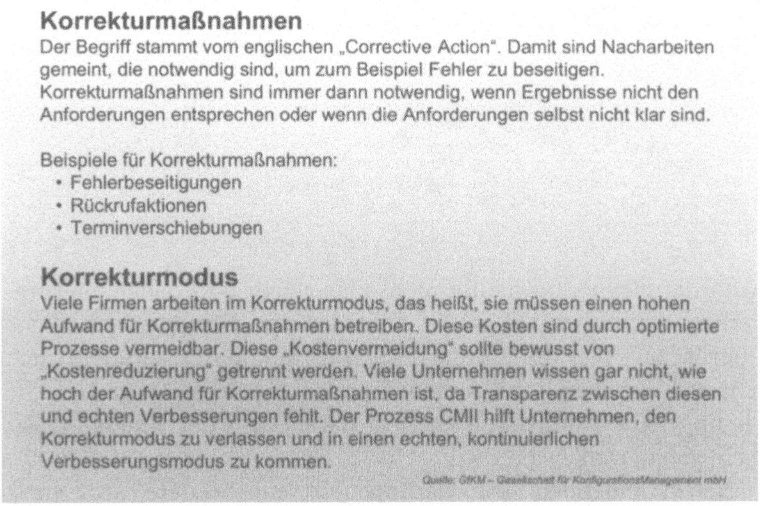

Korrekturmaßnahmen
Der Begriff stammt vom englischen „Corrective Action". Damit sind Nacharbeiten gemeint, die notwendig sind, um zum Beispiel Fehler zu beseitigen. Korrekturmaßnahmen sind immer dann notwendig, wenn Ergebnisse nicht den Anforderungen entsprechen oder wenn die Anforderungen selbst nicht klar sind.

Beispiele für Korrekturmaßnahmen:
- Fehlerbeseitigungen
- Rückrufaktionen
- Terminverschiebungen

Korrekturmodus
Viele Firmen arbeiten im Korrekturmodus, das heißt, sie müssen einen hohen Aufwand für Korrekturmaßnahmen betreiben. Diese Kosten sind durch optimierte Prozesse vermeidbar. Diese „Kostenvermeidung" sollte bewusst von „Kostenreduzierung" getrennt werden. Viele Unternehmen wissen gar nicht, wie hoch der Aufwand für Korrekturmaßnahmen ist, da Transparenz zwischen diesen und echten Verbesserungen fehlt. Der Prozess CMII hilft Unternehmen, den Korrekturmodus zu verlassen und in einen echten, kontinuierlichen Verbesserungsmodus zu kommen.

Quelle: GfKM – Gesellschaft für Konfigurationsmanagement mbH

2.4.2
Ursachen für Mängel

Die Standish Group [TSG2002] veröffentlicht in regelmäßigen Abständen den Chaos Report über den Zustand von IT-Projekten. Demzufolge waren im Jahr 2000 nur ca. 25% aller IT-Projekte erfolgreich, ca. 25% sind gescheitert und ca. 50% sind im Begriff zu scheitern. Erfolgreich heißt, dass das Projekt im geplanten Finanz- und Zeitrahmen lag.

Drei Viertel aller IT-Projekte waren nicht erfolgreich oder sind gescheitert

Laut Standish Group liegen die Hauptursachen für gescheiterte Projekte im Bereich der Anforderungen und Abhängigkeiten sowie im Zusammenhang mit Änderungen an Anforderungen und Abhängigkeiten.

Diese Erkenntnis deckt sich mit der Auffassung des Institute of Configuration Management (ICM). Laut ICM liegen die Ursachen für Mängel im Bereich der Anforderungen.

Anforderungen sind Hauptursache für Mängel

Abbildung 32: Ursachen für Mängel

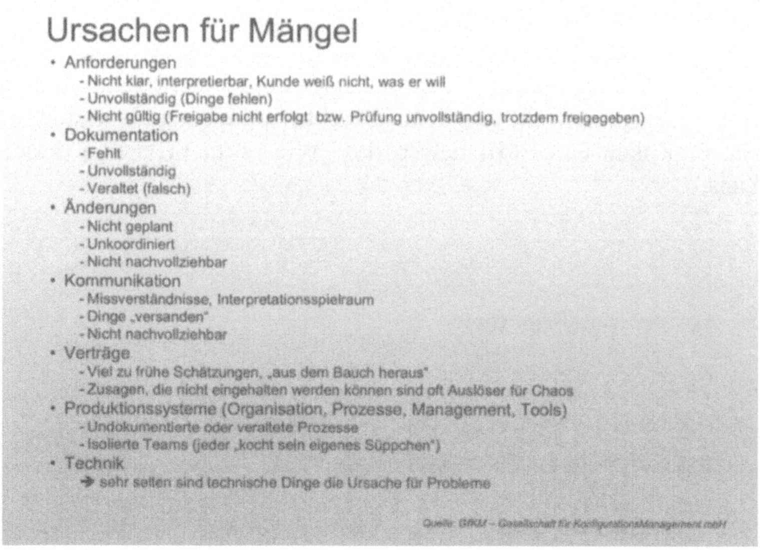

Ursachen für Mängel

- Anforderungen
  - Nicht klar, interpretierbar, Kunde weiß nicht, was er will
  - Unvollständig (Dinge fehlen)
  - Nicht gültig (Freigabe nicht erfolgt bzw. Prüfung unvollständig, trotzdem freigegeben)
- Dokumentation
  - Fehlt
  - Unvollständig
  - Veraltet (falsch)
- Änderungen
  - Nicht geplant
  - Unkoordiniert
  - Nicht nachvollziehbar
- Kommunikation
  - Missverständnisse, Interpretationsspielraum
  - Dinge „versanden"
  - Nicht nachvollziehbar
- Verträge
  - Viel zu frühe Schätzungen, „aus dem Bauch heraus"
  - Zusagen, die nicht eingehalten werden können sind oft Auslöser für Chaos
- Produktionssysteme (Organisation, Prozesse, Management, Tools)
  - Undokumentierte oder veraltete Prozesse
  - Isolierte Teams (jeder „kocht sein eigenes Süppchen")
- Technik
  → sehr selten sind technische Dinge die Ursache für Probleme

Quelle: BRU – Gesellschaft für KonfigurationsManagement mbH

Der Kunde weiß oft nicht, was er will

Anforderungen sind häufig nicht klar genug und daher interpretierbar. Extrembeispiel ist die Anforderung: „Benutzerfreundliche Oberfläche". Wer diese Anforderung nicht konkretisiert, trifft sich sehr wahrscheinlich mit seinem Kunden vor Gericht. Die Ursache für ungenaue Anforderungen liegt daran, dass der Kunde oft gar nicht genau weiß, was er will.

Nicht genügend Zeit für Freigabe

Neben fehlenden Anforderungen ist eine weitere, sehr stark verbreitete Ursache die Verwendung von nicht geprüften und nicht freigegebenen Anforderungen. Freigabeverfahren sind ein „lästiges Übel" jedes Entwicklers. Sie sind zeitaufwendig und stehen immer dann an, wenn die Zeitplanung ohnehin schon überschritten wurde.

„Der Kunde will das Erzeugnis haben – und wir sollen noch eine mehrtägige Freigabeprozedur der Anforderungen durchlaufen? Dann können wir den Liefertermin unmöglich einhalten!"

Freigabeprozess verbessern

Das hat zur Folge, dass nicht freigegebene Anforderungen und auch sonstige Informationen verwendet werden und diese nachträglich in einer Art Pauschalfreigabe akzeptiert werden. Häufig arbeitet man auch mit Vorabfreigaben. Warum wird nicht die Kernursache, der Freigabeprozess selbst, verbessert?

CMII liefert effizienten Freigabeprozess

Bei CMII gibt es nur freigegebene Anforderungen. Alle anderen Informationen sind nicht existent. Keine Ausnahmen. „Bei uns ist das nicht machbar!" ist der häufigste Kommentar dazu. Der „Anforderungs-Freigabeprozess" von CMII wurde so optimiert, dass jedes Unternehmen nur noch mit freigegebenen Anforderungen arbeiten kann.

Zusätzlich zu den Anforderungen ist fehlende, unvollständige oder veraltete Dokumentation ein weiterer Auslöser für Mängel. Dies gilt für alle Branchen und nicht nur für Software. Wer schon einmal versucht hat, einen Bausatz zusammen zu bauen (zum Beispiel einen Geräteschuppen für den Garten), der kennt die Probleme mit veralteten Dokumenten: Die Stücklisten passen nicht zum Erzeugnis, Teile bleiben übrig, die Zeichnung stimmt nicht. Hinzu kommt, dass die Dokumente nicht immer klar verständlich sind. Ein gelernter Handwerker hat da vermutlich weniger Probleme.

Veraltete Dokumentation

Bei der Suche nach Ursachen für Mängel werden vielfach technische Dinge genannt, wie zum Beispiel „die verwendete Programmiersprache ist zu langsam." Bei genauerer Untersuchung stellt sich heraus dass die eigentliche Ursache an anderer Stelle liegt.

Kommunikationsmängel gibt es in jedem Unternehmen, unabhängig von der Zahl der Mitarbeiter und Mitarbeiterinnen. Missverständnisse und Interpretationsspielraum sind die größten Probleme.

Abbildung 32 listet die gängigsten Ursachen für Mängel auf. Der in den folgenden Unterkapiteln genauer erläuterte CMII Prozess sorgt dafür, dass diese Ursachen beseitigt und Mängel „im Keim erstickt" werden.

2.4.3
Gesamtprozess

Der CMII-Prozess sorgt dafür, dass Korrekturmaßnahmen minimiert bzw. idealerweise sogar eliminiert werden. Dieses Ziel entspricht dem Ziel von Qualitätsstandards und Reifgradmodellen: Reduzierung bzw. Eliminierung von Abweichungen und Mängeln.

Eliminierung von Mängeln

Der Prozess erreicht dieses Ziel, indem
- nur auf der Basis von dokumentierten Anforderungen gearbeitet wird,
- diese Anforderung in zentralen Verwahrungsorten strukturiert abgelegt sind,
- dafür gesorgt wird, dass diese Anforderungen stets klar, knapp und gültig sind,
- mit Hilfe von Dokumenten, Daten, Formularen und Aufzeichnungen (Records) nachvollziehbar und interpretationsfrei kommuniziert wird,

- die Erfüllung von Anforderungen mit Hilfe von klar, knapp und umsetzbaren Akzeptanzkriterien nachgewiesen wird und
- Änderungen so eingearbeitet werden, dass die gesamte Integrität stets gewährleistet ist und alle Anforderungen klar, knapp und gültig bleiben.

Durchgängige Konformität zuerst

Wenn diese Vorgaben „gelebt" werden, dann werden Korrekturmaßnahmen zurückgehen und Erzeugnisse stets mit den Anforderungen übereinstimmen (durchgängige Konformität). Erst dann verdient der Begriff „Kontinuierliche Verbesserung" diese Bezeichnung.

Kontinuierliche Verbesserung danach

Solange die Ursachen für Konformitätsmängel nicht beseitigt sind, werden Verbesserungsinitiativen scheitern, da durch die Beseitigung der Mängel nicht genügend Ressourcen für die Kontinuität der Verbesserungen vorhanden sind.

CMII besteht aus vier Teilprozessen

Der CMII Gesamtprozess besteht hauptsächlich aus folgenden vier Teilprozessen:
- Definitions- und Strukturierungsprozess
- Anforderungs-Freigabeprozess
- Anforderungs-Änderungsprozess
- Erzeugnis-Änderungs- und Freigabeprozess

2.4.4
Der Definitions- und Strukturierungsprozess

Was sind Anforderungen?

Im vorherigen Kapitel ist als Hauptursache für Mängel der Bereich der Erzeugnisanforderungen identifiziert. Fehlende, veraltete oder falsche Dokumentation gehört aber ebenfalls zu den Hauptursachen.
- Was ist mit Dokumentation gemeint?
- Was sind überhaupt Anforderungen?

Diese beiden Fragen sind als erstes zu beantworten.

ISO 9000 reicht nicht aus, um den Korrekturmodus zu verlassen

ISO 9000 fordert: „Dokumentieren Sie, was Sie tun und tun Sie nur das, was dokumentiert ist." Dies ist der erste Schritt in die richtige Richtung. Kritiker von ISO 9000 behaupten, dass man sich nach ISO 9000 zertifizieren lassen kann auch wenn man massiv im Korrekturmodus arbeitet – Hauptsache alle Korrekturmaßnahmen sind dokumentiert.

Keine Nachdokumentation

Dokumentation hat oft den Charakter der Nachdokumentation. Jedem ist klar, dass Dokumentation notwendig ist – die Dokumentation erfolgt oft erst gegen Projektende.
- Wie viel „Nachdokumentation" ist nötig?

- Wer liest diese Dokumentation?
- Wer prüft diese Dokumentation?

Man muss genauer definieren, welche Art von Dokumentation gemeint ist:

- „Alle Informationen, die irgendeinen Einfluss auf die Sicherheit, Qualität, Zeitplanung oder die Kosten haben, müssen verwaltet werden." Diese Forderung geht über die des „klassischen" Konfigurationsmanagements – der „Sicherung" von Entwicklungsergebnissen – hinaus.
- „Jede Information ist aus Sicht des Verwenders (Users) eine Anforderung."
- „Eine Anforderung (aus Sicht von CMII) ist nur dann existent, wenn diese geprüft und freigegeben wurde."

Jede Information ist aus Sicht des Verwenders eine Anforderung

Die erste Definition bestimmt die Informationsmenge, die mit Hilfe des CMII Prozesses verwaltet werden muss. Demnach sind alle Informationen, die keinen Einfluss auf die genannten Faktoren haben, uninteressant. Unternehmen müssen mit diesen Informationen genauso sorgfältig umgehen wie eine Bank mit dem Geld ihrer Kunden.

Gerade so viel Dokumentation wie notwendig

Die zweite Definition bestimmt die Blickrichtung auf die Informationen sowie den Informationsinhalt. Wenn etwas dokumentiert wird, dann sollte es mindestens einen User geben, für den diese Information dokumentiert wurde. Gibt es keinen User, wurde das Dokument umsonst erstellt. Bei CMII bezeichnet man den User als „Verwender" der Informationen. Gibt es keinen Verwender, gibt es auch keine Informationen.

Dokumente sind unnötig, wenn es keinen User gibt

Wenn es einen oder mehrere Verwender für eine bestimmte Information gibt, stellt die Information für den oder die Verwender eine Anforderung dar. Dokumente werden erstellt für die Verwender und nicht zum Selbstzweck.

Dokumente werden nicht zum Selbstzweck erstellt

Bei CMII erfolgt die Dokumentation auf der Basis von Anforderungen. Damit sind nicht nur die Benutzeranforderungen gemeint, sondern jegliche Information aus der oben definierten Informationsmenge, die mindestens einen Verwender hat.

Abbildung 33 zeigt den Unternehmenszweck und welche Bereiche auf der Basis von Anforderungen zu dokumentieren sind. Der Kunde definiert seine Bedürfnisse in Form von Anforderungen. Dies ist gängige Praxis. Wie sichergestellt wird, dass diese Anforderungen stets klar, knapp und gültig sind, ist nicht mehr gängige Praxis.

Anforderungen müssen stets klar, knapp und gültig sein

Dokumentation der Erzeugnisanforderungen

Die Erzeugnisse und/oder Dienstleistungen müssen die Bedürfnisse des Kunden erfüllen. Welche Überlegungen während der Entwicklung letztlich zu dem fertigen Erzeugnis geführt haben, sollte auch in der Form von Anforderungen dokumentiert werden. Meistens wird nur nachdokumentiert, welche Fähigkeiten ein Erzeugnis hat. Generell gibt es eine Vielzahl von Möglichkeiten zur Umsetzung derselben Fähigkeiten. Weshalb ein Erzeugnis genau so ist, wie es heute existiert, lässt sich ohne die lückenlose Dokumentation auf der Basis von Anforderungen nicht mehr nachvollziehen.

Abbildung 33: Dokumentation auf der Basis von Anforderungen

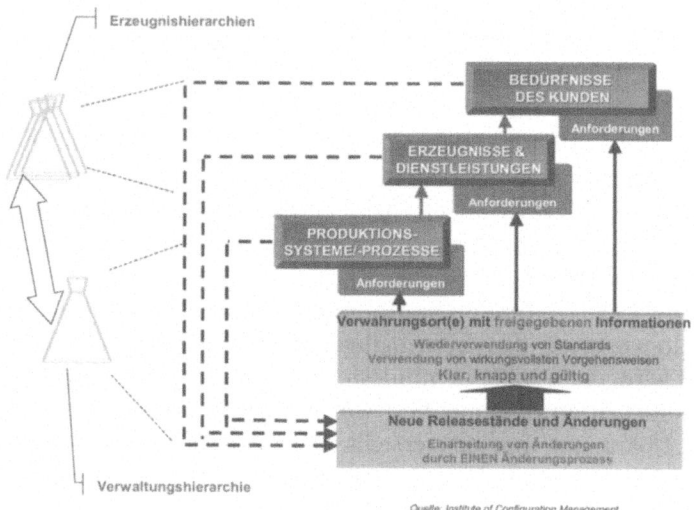

Dokumentation der Gedanken des Programmierers

Diese Art der Dokumentation sollte bis auf die untersten Ebenen herunter gehen.

- Weshalb wurde der Quellcode so und nicht anders geschrieben?
- Welche Gedanken hat sich der Programmierer zu dem Zeitpunkt gemacht, als der Quellcode entstanden ist?

Diese Fragen können nur dann beantwortet werden, wenn auch die Anforderungen an den Quellcode dokumentiert werden, bzw. wenn Anforderungen die Erstellung des Quellcodes treiben.

Bessere Produktionssysteme führen zu besseren Erzeugnissen

Der dritte Bereich sind die so genannten Produktionssysteme und -prozesse, die notwendig sind, um die Erzeugnisse und Dienstleistungen zu entwickeln und zu verbessern. Dazu gehören:

- Tools und sonstige EDV-Systeme,
- Maschinen und Einrichtungen,
- Personen und deren Wissen,

- Prozesse, etc.

Die Dokumentation der Produktionssysteme und -prozesse muss auch auf der Basis von Anforderungen erfolgen.

- Weshalb wurde das Tool xyz angeschafft? Welche Anforderungen muss dieses Tool erfüllen?
- Weshalb ist ein bestimmter Prozess so und nicht anders? Welche Anforderungen gibt es an diesen Prozess?

Prozesse führen, Tools folgen

Klare Antworten auf solche Fragen gibt es sehr selten. Der Wettbewerbsvorteil eines Unternehmens liegt im Bereich der Produktionssysteme und -prozesse. Wer jene Dinge im Griff hat, kann Erzeugnisse besser, schneller und günstiger entwickeln und herstellen.

Ein weiterer Grund, weshalb bei CMII die Dokumentation auf der Basis von freigegebenen Anforderungen erfolgt ist der folgende: Erzeugnisse sollen dokumentierte Anforderungen erfüllen.

Anforderungen führen, Erzeugnisse folgen

Im weiteren Verlauf des Kapitels wird genauer erläutert, wie die Einarbeitung von Änderungen erfolgen muss, damit die Dokumentation auf der Basis von Anforderungen stets zum Erzeugnis passt.

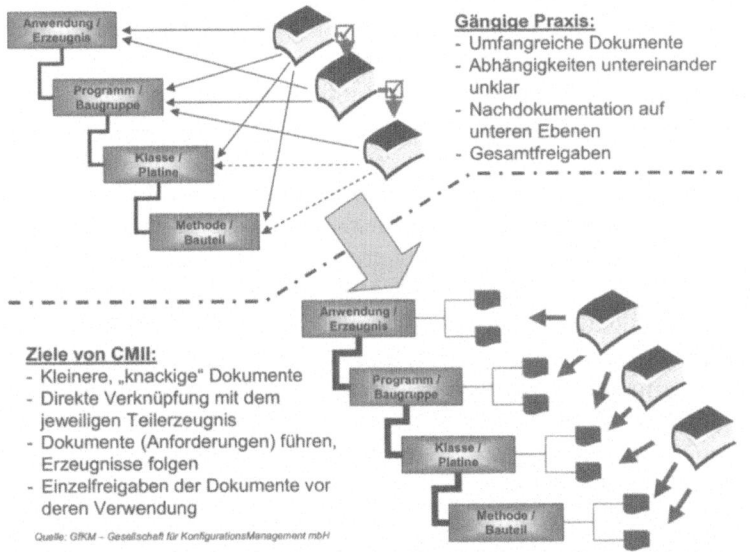

Abbildung 34: Kleinere Dokumente sind besser als umfangreiche Große Dokumente veralten

Dokumente veralten, weil sie zu umfangreich sind. Niemand liest ein mehrere hundert Seiten starkes Dokument (zum Beispiel Pflichtenheft) bei jeder kleinen Änderung wieder komplett durch. Freigaben erfolgen erst ganz am Ende. Aus dem Gesamtdokument „Fachkonzept" wird zum Beispiel das DV-Konzept abgeleitet. Das

DV-Konzept wird weiter verfeinert. In diesen umfangreichen Dokumenten sind Dinge beschrieben, die sich auf die unterschiedlichsten Ebenen in der Erzeugnisstruktur beziehen. Welche Abhängigkeiten es gibt, ist aufgrund der großen Dokumentationseinheiten nicht transparent.

CMII liefert ein Framework zur Verwaltung und Verlinkung von kleineren Informationseinheiten

CMII fordert kleinere, „knackige" Informationseinheiten, die mit dem jeweiligen Teilerzeugnis direkt verknüpft sind. Dazu stellt der Prozess ein Framework zur Ablage und Strukturierung von Dokumenten bereit. Dokumente werden vor der Verwendung freigegeben. Da es sich um kleinere Einheiten handelt, sind solche Freigaben ohne allzu großen Zeitaufwand machbar. Wie das Freigabeverfahren aussieht, ist im nächsten Unterkapitel erläutert.

2.4.5
Der Anforderungs-Freigabeprozess

Nur freigegebene Dokumente sind existent

„Eine Anforderung ist nur dann existent, wenn diese geprüft und freigegeben wurde." Niemand bezweifelt, dass dies sinnvoll ist. Die Frage ist, wann darf eine Anforderung oder eine Sammlung von Anforderungen freigegeben werden? Wenn diese vom Inhalt her klar, knapp und gültig ist bzw. sind!

Dokumente sind erst freizugeben, wenn sie diesen Status auch „verdienen"

Oft werden Dokumente freigegeben obwohl jedem Beteiligten klar ist, dass diese noch nicht einmal fertig und schon gar nicht gültig sind. „Wir haben das Dokument freigegeben, damit wir überhaupt ein Dokument haben. Es ist noch nicht fertig. Wir haben auch schon ein Projekt aufgesetzt, mit dem dieses Dokument dann verbessert wird." Diese Aussagen hört man recht oft.

Problematisch wird es, wenn ein solches freigegebenes Dokument verwendet wird und davon weitere Dokumente abgeleitet werden. Die Verwender wissen nicht, dass der Freigabestatus diesen gar nicht „verdient" hat – dass die Freigabe nicht aufgrund von gültigem Dokumentinhalt erfolgt ist. Die Folgen sind fatal: Von dem vermeintlich gültigen Dokument werden weitere, ebenfalls ungültige Dokumente abgeleitet. Die notwendigen Korrekturmaßnahmen breiten sich rasch auf alle abgeleiteten Dokumente aus. Aufwände steigen enorm.

Zeit für Korrekturen gibt es immer – der Gesamtaufwand steigt dadurch enorm

„Warum ist nie genügend Zeit um etwas gleich beim ersten Mal richtig zu machen aber genügend Zeit um nachzuarbeiten?"

Bevor eine Freigabe erfolgt, finden Review-Sitzungen statt. Die Mitglieder der Review-Teams sind zum Teil sehr gut, zum Teil überhaupt nicht vorbereitet. Manche Teammitglieder bereiten sich nur auf die Dinge vor, die ihnen besonders am Herzen liegen.

„Je mehr Unterschriften ein Dokument hat, desto besser ist es!" Dieses Paradigma kursiert leider immer noch in den meisten Unternehmen. Das Institute of Configuration Management hat hier ein einfaches und geniales Verfahren entwickelt:

- Dokumente auf oberen Ebenen (zum Beispiel Kundenanforderungen, Grobspezifikationen, etc.) werden von einem so genannten „funktionsübergreifenden Team" geprüft und freigegeben.
- Auf unteren Ebenen ist es optimal, wenn Dokumente von Zweierteams geprüft und freigegeben werden.

Dokumentprüfung durch echte Verwender

Die Definition und/oder Prüfung und Freigabe der Kundenbedürfnisse sowie die Definition, Prüfung und Freigabe der Grobanforderungen an das zu entwickelnde Erzeugnis erfolgt bei CMII von einem Team bestehend aus Vertretern aller Lebenszyklusphasen des Erzeugnisses.

Prüfung durch funktionsübergreifendes Team

Indem Vertreter aus der Entwicklung, Herstellung, Vertrieb/Marketing, Support, Einkauf, etc. einschließlich Kunde gemeinsam die Anforderungsdokumente auf den obersten Ebenen der Erzeugnisstruktur entwickeln und freigeben wird sichergestellt, dass möglichst alle Anforderungen dokumentiert werden. Selbst solche, die erst lange nach der Entwicklung relevant sind (zum Beispiel „Wie soll die Supportabteilung die Kundenkonfiguration ermitteln können?"), werden durch diesen Ansatz des "Concurrent Engineering" frühzeitigst erfasst.

Anforderungen aus späteren Lebenszyklusphasen vorziehen

Erst wenn sich die Teammitglieder einig sind, dass alle Grobanforderungen klar, knapp und gültig sind, werden diese freigegeben.

Unterhalb der Ebene des Verkaufserzeugnisses genügen pro Anforderungsdokument genau zwei Personen zur Prüfung – es müssen allerdings die beiden „richtigen" Personen sein.

Meist genügen zwei Unterschriften

Eine Person ist der Ersteller bzw. Besitzer des jeweiligen Dokuments. Die zweite Person ist ein so genannter „ausgewählter Verwender", ein Stellvertreter für alle tatsächlichen Verwender dieses Dokuments. Da der Verwender das Dokument tatsächlich verwendet, und nicht nur zu Reviewzwecken prüfen muss, hat diese Person das größte Interesse daran, dass das Dokument vom Inhalt her klar, knapp und gültig ist.

Abbildung 35: Prüfung von Anforderungen

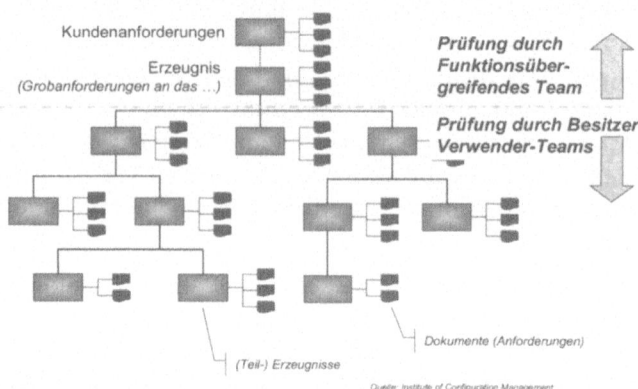

Autor und Prüfer teilen sich die Verantwortung zur Hälfte

Wichtige Feinheit des „Prüfprozesses" ist, dass die Verantwortung für ein Dokument nicht beim Ersteller/Besitzer alleine liegt und der Verwender lediglich prüft. Bei CMII teilen sich der Ersteller/Besitzer und der ausgewählte Verwender die Verantwortung zu je 50%.

Durch diese Technik werden viele Korrekturmaßnahmen von Anfang an vermieden bzw. im Vorfeld, vor der Freigabe, eliminiert.

2.4.6
Der Anforderungs-Änderungsprozess

Komplexer Geschäftsprozess

Anforderungen werden sich stets ändern, Erzeugnisse werden sich stets ändern. Das Änderungsaufkommen ist selten konstant. Die Herausforderung besteht darin, Änderungen so einzuarbeiten, dass die Dokumente zu den Erzeugnissen passen und dass die eingearbeiteten Änderungen zueinander passen.

Ohne Änderungsprozess kommt die Rechnung später

Manche Unternehmen verwenden einen sehr einfachen Änderungsprozess, bei dem jeder ändern kann, was er will. Nachteile dieser Vorgehensweise (streng genommen ist es kein definierter Prozess) mit vermeintlich großer Flexibilität und Schnelligkeit sind:

- Änderungen passen nicht zusammen, da unkoordiniert.
- Bis zur Auslieferung ist unklar, welche Änderungen im neuen Release enthalten sein werden.
- Dokumente passen nicht immer zu den Erzeugnissen.
- Entscheidungen für die Umsetzung oder Ablehnung einer Änderung sind nicht nachvollziehbar.

- Entscheidungen werden selten nach kaufmännischen Gesichtspunkten gefällt.
- Manche Änderungen „bleiben auf der Strecke".

Unternehmen im militärischen oder sicherheitskritischen zivilen Umfeld verfügen über definierte Änderungsprozesse, bei denen jede Änderung einem Gremium vorgelegt wird. Das Gremium entscheidet darüber, ob die Änderung umgesetzt wird und bis wann dies mit welcher Priorität zu erfolgen hat.

Komplizierte Änderungsprozesse sind sehr aufwendig

Durch solche Prozesse werden Änderungen geplant und koordiniert eingearbeitet – leider ist der Verwaltungsaufwand groß. Die Durchlaufzeit pro Änderung steigt deshalb an und viele fragen sich zu Recht: Gibt es nicht eine einfachere Lösung?!

Der CMII Änderungsprozess liefert diese Lösung. Er ist so ausgelegt, dass Änderungen so schnell wie nur möglich eingearbeitet werden können und die Anforderungen im militärischen und sicherheitskritischen Bereich trotzdem erfüllt werden.

„Change Faster and Document Better"

Zentraler Kern des in sich geschlossenen Änderungsprozesses ist das KM-Repository, d.h. der Verwahrungsort, in dem alle freigegebenen Informationen abgelegt sind. Wer Informationen aus dem KM-Repository entnehmen möchte, benötigt dafür eine entsprechende Berechtigung. Zwei Arten von Berechtigungen existieren:

- Berechtigung zur Aktualisierung oder Erstellung von Dokumenten inklusive deren Freigabe
- Berechtigung zur Verwendung von Dokumenten um Erzeugnisse zu bearbeiten

Dokumente werden zuerst geändert

Die Berechtigungen und die Steuerung des Workflows erfolgen durch Formulare, wobei es sich dabei nicht um Papierformulare handeln muss – idealerweise erfolgt diese Steuerung innerhalb von Tools.

Kommunikation mit Dokumenten, Steuerung durch Formulare

Der Änderungsprozess ist so ausgelegt, dass bei einer Änderung immer zuerst die Dokumente geändert werden, da diese Anforderungen an das danach zu ändernde Erzeugnis enthalten. Dadurch wird gewährleistet, dass das Erzeugnis später mit den bereits aktualisierten Anforderungen konform ist. Wird das Erzeugnis zuerst aktualisiert entspricht, die Dokumentation einer Nachdokumentation mit den bekannten Problemen.

Entscheidung nach kaufmännischen Kriterien auf der Basis technischer Empfehlungen

Auslöser von Änderungen werden in Form von Problemberichten und/oder Änderungsanträgen erfasst. Diese werden zunächst einem Review aus technischer Sicht unterzogen und danach einem kaufmännisch orientierten Ausschuss vorgelegt. Dieser entscheidet, ob die Änderung eingearbeitet werden soll oder nicht.

Danach wird die Implementierung der Änderung von einem zweiten Gremium geplant, die notwendigen Ressourcen werden verpflichtet, die Wirksamkeit der Änderung fixiert. Jetzt werden die betroffenen Dokumente überarbeitet bzw. neue erstellt. Nach Fertigstellung werden diese entsprechend dem Anforderungs-Freigabeprozess als neue Version im KM-Repository abgelegt.

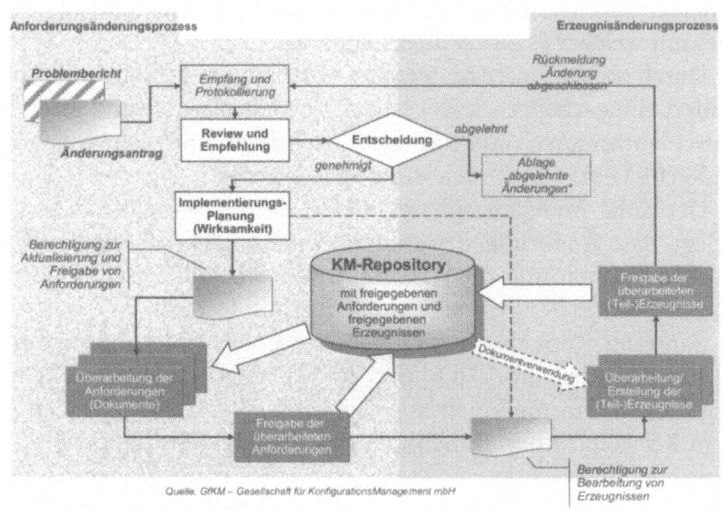

Abbildung 36: Der Änderungsprozess

Entscheidung nach kaufmännischen Kriterien auf der Basis technischer Empfehlungen

Einfache Änderungen durch beschleunigtes Verfahren

Zur Verkürzung der Durchlaufzeiten gibt es für einfache Änderungen ein beschleunigtes Verfahren, indem die Entscheidungen der Gremien durch Einzelpersonen getroffen werden. Dieses beschleunigte Verfahren kann in der Regel bei 75 bis 85% aller Änderungen angewendet werden. Einfache Änderungen können so in wenigen Stunden einfließen – inklusive aller notwendigen Formulare, Entscheidungen und Dokumente.

Der Einfachheit halber enthält die Grafik nicht alle Prozesselemente und Rückkopplungen. Der CMII-Prozess selbst enthält diese ganzen Details einschließlich den notwendigen Rollen, Entscheidungsfindungen, Formularinhalten, Planungsprozessen etc.

Bessere Planung durch bessere Transparenz

Der Prozess geht unter anderem detailliert darauf ein, wie Termine auf der Basis von tatsächlich verfügbaren Ressourcen realistisch geplant werden und wie für jede Änderung definiert wird, wann diese wirksam sein wird (Release- und Projektplanung). Terminänderungen sind auch Korrekturmaßnahmen und werden daher vom Prozess minimiert.

2.4.7
Der Erzeugnis-Änderungs- und Freigabeprozess

Nach erfolgter Änderung oder Neuerstellung von Anforderungen werden die Erzeugnisse geändert bzw. hergestellt. Die Berechtigung zur Erstellung oder Bearbeitung eines Erzeugnisses liefert in CMII der so genannte „Arbeitsauftrag". Arbeitsaufträge erfüllen unterschiedliche Zwecke, wie zum Beispiel:

Berechtigung zur Verwendung von Dokumenten

- Codierauftrag
- Integrationsauftrag
- Testauftrag
- Buildauftrag
- Distributionsauftrag („Auslieferung")
- usw.

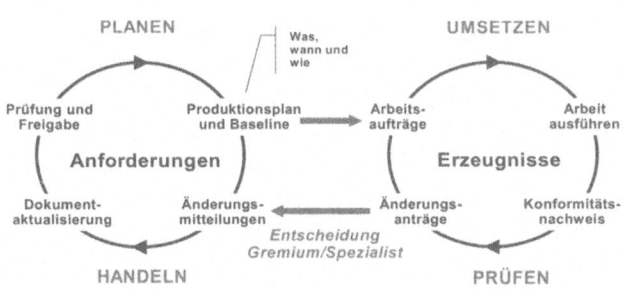

Abbildung 37: Zweigeteilter Änderungs- und Freigabeprozess

Im jeweiligen Arbeitsauftrag wird auf die zu verwendenden Dokumente verwiesen. Die Dokumente enthalten die Anforderungen, die das Erzeugnis nach Abarbeitung des Arbeitsauftrags erfüllen muss. Ob die Anforderungen tatsächlich erfüllt sind, wird durch Akzeptanzkriterien nachgewiesen. Wenn das Erzeugnis konform ist mit den Anforderungen, d.h. wenn die Akzeptanzkriterien erfüllt sind, wird das Erzeugnis freigegeben und in das KM-Repository gestellt.

Verweis auf die zu verwendenden Dokumentversionen

Durch diesen zweigeteilten Änderungs- und Freigabeprozess wird gewährleistet, dass die Dokumente zuerst aktualisiert werden und die Erzeugnisse mit diesen aktualisierten Dokumenten übereinstimmen müssen.

2.4.8
CMII als Kernprozess

Einsatz in allen Branchen – auch für Hardware

Der CMII-Prozess wurde von Anfang an so entwickelt, dass dieser in allen Branchen verwendet werden kann, auch für reine Hardware-Erzeugnisse und für kombinierte Systeme.

Wer weg will von bereichs- oder projektspezifischen Prozessen und Insellösungen, bekommt mit CMII einen bewährten und durchgängigen Prozess zur unternehmensweiten Verwendung. CMII sieht das Konfigurations- und Änderungsmanagement nicht als eine Sammlung von Tätigkeiten, die jedes Projekt im Rahmen der Entwicklung durchzuführen hat. Diese veraltete Denkweise stammt aus der Zeit, als man der Meinung war, Konfigurationsmanagement sei dazu da, um Entwicklungsergebnisse zu „sichern".

Konfigurationsmanagement zieht sich durch alle Bereiche

Unternehmen erkennen immer mehr, dass dies nicht ausreicht. Konfigurationsmanagement zieht sich durch alle Unternehmensbereiche – alle Informationen die irgendeinen Einfluss auf die Sicherheit, Qualität, Planung, Kosten und/oder die Umwelt haben können, sind betroffen. Konfigurationsmanagement kann dann nicht mehr als ein Teilprozess der Entwicklung gesehen werden.

Die Entwicklung von Erzeugnissen ist, unabhängig davon ob es sich um reine Software oder kombinierte Systeme aus Hardware, Software und Mechanik handelt, nicht Sache der Entwicklung, sondern die Aktivität eines funktionsübergreifenden Teams mit Vertretern aller Lebenszyklusphasen. Nur wenn alle Beteiligten:

Einheitliche Geschäftsprozessinfrastruktur

- an einem Strang ziehen,
- gültige Informationen zentral ablegen und verwalten,
- sicherstellen, dass diese Informationen stets klar, knapp und gültig sind,
- mit diesen Informationen kommunizieren,
- Änderungen an diesen Informationen über einen durchgängigen und einheitlichen Prozess einarbeiten,
- Ressourcen zentral planen und Aktivitäten einheitlich priorisieren, d.h.
- eine einheitliche Geschäftsprozessinfrastruktur in Form von „Betrieblichen Standards" und Verfahren verwenden,

können Korrekturmaßnahmen eliminiert werden. CMII enthält alle notwendigen Prozesse dazu.

Bei einer unternehmensweiten Verwendung wird sich CMII als Kernprozess im Unternehmen platzieren, mit der entsprechenden

Wichtigkeit, die ihm zusteht: Ein Prozess, der dafür sorgt, dass Korrekturmaßnahmen reduziert werden und dadurch der Gewinn des Unternehmens steigt, ist für jedes Unternehmen früher oder später lebensnotwendig.

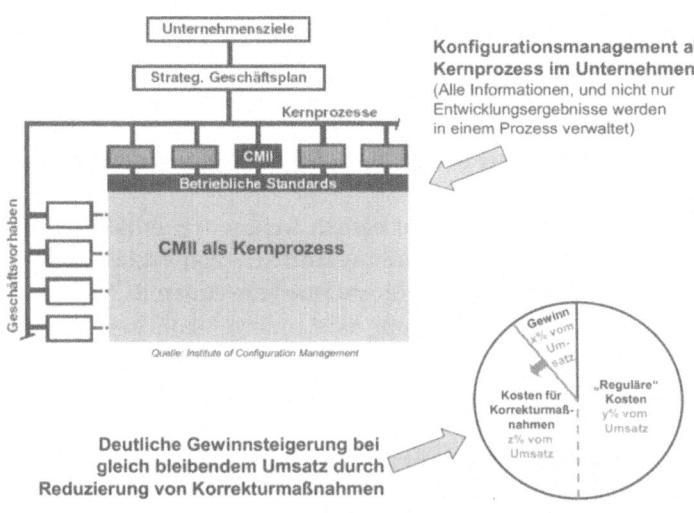

Abbildung 38: Gewinnsteigerung durch Kostenvermeidung

2.5 Marktübersicht

2.5.1 Blick in die Vergangenheit

Der Ursprung der Konfigurationsmanagement-Werkzeuge geht bis in die 70er Jahre zurück. Damals entwickelte Marc Rochkind das Source Code Control System (SCCS) an den Bell Labs. SCCS wurde als Bestandteil des UNIX Betriebssystems ausgeliefert.

Tools seit mehr als 30 Jahren

Im Jahr 1976 kam dann das erste kommerziell erhältliche Werkzeug zur Versionierung von Dateien auf den Markt: PVCS Version Manager. PVCS steht für Polytron Version Control System und wurde ursprünglich von der Firma Polytron entwickelt und vertrieben. PVCS Version Manager hat sich in den folgenden Jahrzehnten weltweit sehr stark verbreitet. Noch bis vor dem Jahrtausendwechsel sprach man von ca. einer halben Million weltweit verkaufter Lizenzen.

PVCS war eines der ersten kommerziellen Tools

Die Firma wurde 1989 von Sage Software übernommen, zwei Jahre später ging durch einen Zusammenschluss mit Index Technologies die Firma Intersolv hervor. Heute wird PVCS unter der Bezeichnung PVCS Professional von MERANT weiterentwickelt und vertrieben.

MERANT hat 1999 das Tool PCMS von SQL Software übernommen. Diese zweite Schiene von Konfigurationsmanagement-Tools aus dem Hause MERANT wird heute unter dem Namen PVCS Dimensions vertrieben.

Neben kommerziellen Tools gibt es auch frei erhältliche

Abbildung 39 zeigt die wichtigsten Meilensteine der Entwicklung von Werkzeugen für das Software-Konfigurationsmanagement.

In den letzten Jahrzehnten kamen weitere frei erhältliche Tools dazu. In den frühen 80er Jahren wurde RCS von Walter Tichy entwickelt. Manche kommerzielle Systeme verwenden RCS auch heute noch als Basis zur Speicherung von unterschiedlichen Versionen von Dateiinhalten.

RCS und CVS sind die gängigsten Vertreter von frei erhältlichen Tools

Ende der 80er Jahre kam CVS (Concurrent Versions System) dazu. CVS ist weit verbreitet, da es auch oft zur Versionierung von Open Source Projekten verwendet wird. Im vergangenen Jahrzehnt wurden auch die frei erhältlichen Tools mit grafischen Oberflächen versehen. WinCVS stellt eine grafische Oberfläche für CVS zur Verfügung. Walter Tichy hat 1993 sein RCS komplett überarbeitet und als Revision Control Engine veröffentlicht.

Am Anfang waren grafische Oberflächen alles andere als benutzerfreundlich

Auch bei den kommerziellen Tools hat in den 90er Jahren ein Wandel hin zu grafischen Benutzeroberflächen statt gefunden. Bei den meisten Tools war die Benutzeroberfläche trotzdem nicht besonders benutzerfreundlich. Viele GUIs (Grafical User Interfaces) waren zum Beispiel nicht konform zu reinen Windowsanwendungen. Zum Beispiel konnten Daten nicht über die Zwischenablage ausgetauscht werden.

Erst in den letzten Jahren hat sich diese Situation verbessert – die meisten Hersteller haben ihre GUIs benutzerfreundlicher und mehr Windowskonform gemacht. Viele Tools wurden auch komplett auf Java umgeschrieben.

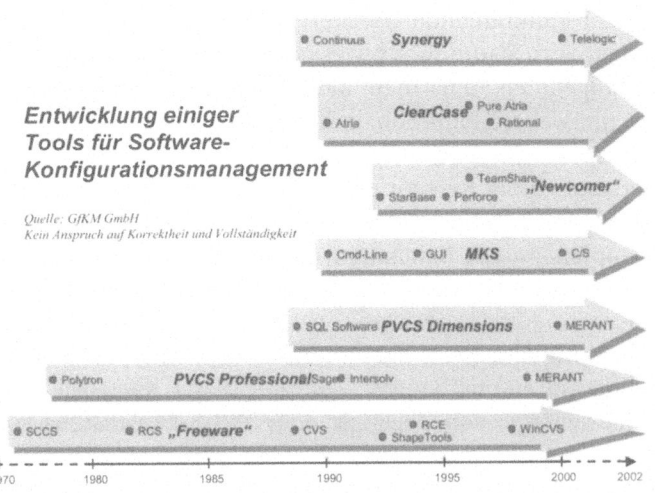

Abbildung 39: Historie der Tools für Software-KM

Mortice Kern Systems (abgekürzt MKS) ist einer der wenigen Hersteller von Werkzeugen für Software-KM, die noch keine Firmenfusion hinter sich haben. Im Jahr 2000 hat man zwar den Firmennamen und die Namen der Produkte komplett geändert, der damals verwendete Name Vertical Sky verschwand jedoch in 2001 wieder und seitdem ist MKS wieder die gültige Bezeichnung.

Seit 1997 ist das Produkt ClearCase bei Rational Software ansässig. Davor wurde es von ATRIA Software entwickelt und vermarktet. 1996 wurde ClearCase von dem fusionierten Unternehmen Pure Atria vertrieben.

ClearCase CM Synergy und MKS sind in den 90er Jahren entstanden

Continuus wurde im Jahre 2000 von Telelogic übernommen. Die Produktbezeichnung wurde in CMSynergy geändert.

In den letzten 10 Jahren sind einige neue Produkte entstanden. Dazu gehören zum Beispiel die Produkte von StarBase, Perforce und TeamShare.

Auch wenn manches Tool schon mehrmals den Inhaber gewechselt hat – vom Markt verschwunden ist bisher noch keines.

2.5.2
Werkzeugkategorien

Man kann die Konfigurationsmanagementwerkzeuge in folgende Kategorien einteilen:

Einteilung in drei Kategorien

- Versionierungstools,
- KM-Komplettsysteme und
- Entwicklungswerkzeuge mit KM-Funktionalität.

Reine Versionierungstools wurden in den letzten Jahren um immer mehr Funktionalität erweitert – die Abgrenzung zu Komplettsystemen wird dadurch schwieriger. Diese Tools werden oft modular angeboten, d.h. man kann das reine Versionierungstool später um weitere Funktionalität, wie zum Beispiel Änderungsmanagement, erweitern.

Tools enthalten immer mehr Funktionalität

Vertreter dieser Kategorie sind zum Beispiel Rational ClearCase, Microsoft Visual SourceSafe oder PVCS Professional von Merant.

Komplettsysteme beinhalten die ganze Palette an Funktionalität. Um etwas finanziellen Spielraum zu haben, bieten einige Hersteller ein modulares Kostenkonzept an. D.h. auch wenn es sich um ein Komplettsystem handelt, muss man nicht die ganze Funktionalität auf einmal kaufen. Vertreter dieser Kategorie sind zum Beispiel Synergie von Telelogic oder PVCS Dimensions von Merant.

Manche Entwicklungswerkzeuge, wie zum Beispiel IBM Visual Age for Java enthalten selbst KM-Funktionalität. Entweder durch ein eigenes Konfigurationsmanagement-System oder durch Integration von Fremdsystemen der ersten beiden Kategorien.

Abbildung 40 illustriert die drei unterschiedlichen Toolkategorien. Bei Versionierungstools mit Erweiterungen gibt es Schnittstellen zu Zusatzsystemen, die mehr oder weniger komplett sind. Innerhalb eines KM-Komplettsystems sind die Schnittstellen besser. Im unteren Bereich der Abbildung sind die zwei möglichen Varianten von Entwicklungswerkzeugen mit KM-Erweiterungen gezeigt. Links ist ein System mit eigenem, internem KM dargestellt. Rechts ist nur eine Schnittstelle zu einem externen KM-System vorhanden.

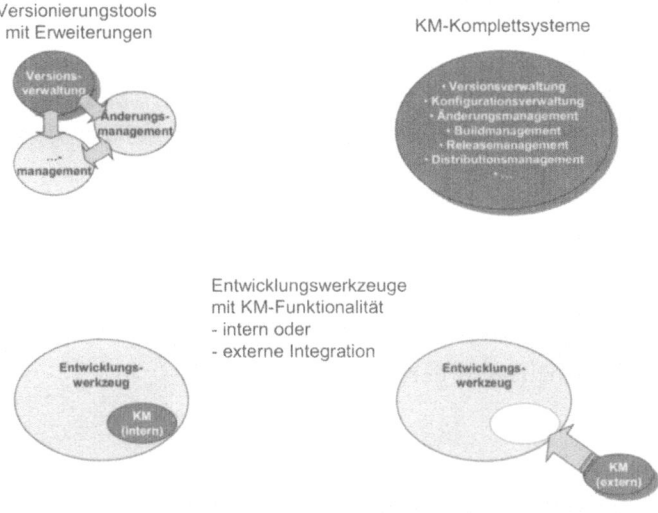

Abbildung 40:
Toolkategorien
Tools werden immer leistungsfähiger und ähnlicher

Generell ähneln sich die erhältlichen Tools in Bezug auf die Funktionalität immer mehr. Die gängigen Anforderungen (siehe Kapitel 2.5.3) werden nahezu von allen Tools erfüllt. Bei den künftigen Anforderungen (siehe Kapitel 2.5.9) sieht es dann schon dünner aus.

2.5.3
Anforderungen an KM-Werkzeuge

Die Wahl des „richtigen" Werkzeugs ist nicht einfach. Viele unterschiedliche Anforderungen sind zu berücksichtigen. Wurde ein Werkzeug jedoch gewählt, beschafft und eingeführt, gibt es für die kommenden Jahre kein Zurück mehr.

Häufig werden Werkzeuge aufgrund von Features ausgewählt. Werden die Beteiligten befragt, weshalb ein gewünschtes Feature benötigt wird, lautet die Antwort: „Wir dachten, diese Funktionalität sei wichtig!"

Jede Organisationseinheit verfügt über Prozesse. Diese werden dann während der Einführung und Verwendung des gewählten Werkzeugs an dieses angepasst. Was tun, wenn man feststellt, dass bestimmte Prozesse mit dem gewählten Werkzeug gar nicht umsetzbar sind? Prozesse werden dem Werkzeug angepasst oder ein neues Werkzeug wird ausgewählt.

Prozesse sind wichtig

Ein Werkzeug sollte aufgrund von dokumentierten Prozessen und nicht aufgrund von Features ausgewählt werden. Abgeleitet von den Prozessen ergeben sich Anforderungen an das Werkzeug.

Ideen für die Definition von Prozessen liefert der Anfang von Kapitel 2.

In diesem Kapitel sind die wichtigsten Anforderungen an KM-Werkzeuge aufgelistet. Bei einer konkreten Toolauswahl müssen diese je nach Bedarf gewichtet werden. Die Anforderungen sind folgendermaßen kategorisiert:

Anforderungen an KM-Werkzeuge

- Herstelleranforderungen
- Funktionalitätsanforderungen
- Integrationsanforderungen
- Wirtschaftlichkeitsanforderungen
- Sicherheitsanforderungen

2.5.4 Herstelleranforderungen

Zu dieser Kategorie gehören alle Anforderungen, die an den Lieferanten des künftigen Werkzeugs gestellt werden.

Qualität und Release-Politik

- Der Hersteller sollte ein transparentes Qualitätsmanagement haben.
- Der Hersteller sollte die Anforderungen von gängigen Qualitätsstandards und/oder Reifegradmodellen erfüllen (wie zum Beispiel ISO 9000 [ISO2002] oder CMMI [SEI2002]).
- Der Hersteller sollte sein KM-Werkzeug selbst einsetzen.
- Änderungen am Werkzeug selbst sollten über einen definierten Änderungsprozess eingearbeitet werden.
- Der Kunde sollte Mängel und Änderungswünsche über ein Problemverfolgungs- und Änderungssystem selbst einbringen und jederzeit den Status der Änderung erfragen können.
- Der Hersteller sollte über eine transparente und realistische Releaseplanung verfügen.
- Die Updatepolitik sollte klar und nachvollziehbar sein.
- Bei neuen Releases bzw. bei Updates oder Patches sollte veröffentlicht werden, was sich alles geändert hat – welche Mängel beseitigt wurden und welche neue Funktionalität eingebaut wurde.
- Geplante Änderungen sollten auch tatsächlich in die geplanten Releases eingeflossen sein.

- Deutschsprachiger Support sollte während der Standard-Arbeitszeiten erreichbar sein. *Service und Support*
- Kunden sollten in Form eines Service-Rundschreibens über beseitigte Fehler informiert werden.
- Die Beseitigung von Fehlern sollte vom Hersteller geplant erfolgen – der Kunde sollte vorab informiert werden, wann welcher Fehler beseitigt sein wird.
- Reaktions- und Antwortzeiten sollten garantiert werden. Zumindest sollte transparent sein, wie Mängel intern behandelt werden und wie Rückmeldungen zum Kunden erfolgen.
- Im deutschsprachigen Raum sollten deutschsprachige Schulungen und Beratung angeboten werden.

2.5.5 Funktionalitätsanforderungen

Nachfolgend sind die wichtigsten funktionalen Anforderungen aufgeführt. Ob tatsächlich alle Anforderungen erfüllt sein müssen, hängt von den definierten Prozessen ab, die es mit Hilfe des KM-Werkzeugs zu automatisieren gilt.

- Das Repository des KM-Werkzeugs (KM-Repository) sollte erweiterbar sein, d.h. es sollte möglich sein, zusätzliche Felder aufzunehmen und mit Werten zu füllen (zum Beispiel Aufnahme kundenspezifischer Attribute). *KM-Repository*
- Das KM-Repository sollte physisch auf mehrere Standorte und/oder Server verteilt werden können.
- Zwischen den verteilten KM-Repository sollte es einen entsprechenden Abgleich (Synchronisation oder Replizierung) geben.
- Das KM-Werkzeug sollte beliebige Dateiformate verwalten können. *Versionsverwaltung*
- Konfigurationselemente sollten eindeutig identifiziert werden können.
- Die Evolution von Konfigurationselementen sollte grafisch darstellbar sein (Visualisierung, wie sich jedes Konfigurationselement weiterentwickelt hat).
- Unterschiede zwischen zwei Versionen sollten auch für die gängigsten Nicht-ASCII-Dateien visualisiert werden (zum Beispiel Word-Dokumente).

- Der Zugriff/Abruf sollte auch durch Web-Clients möglich sein.
- Varianten (Branches) von Konfigurationselementen sollten verwaltet werden können.
- Branches sollten gesperrt werden können bzw. nur durch bestimmte Berechtigungen möglich sein, so dass nicht jeder Benutzer beliebige Branches erzeugen kann.

Abbildung 41: Evolution eines Konfigurationselements

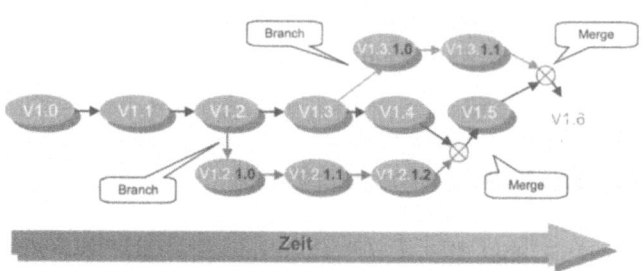

- Das KM-Werkzeug sollte die Zusammenführung von Varianten unterstützen (Merge), indem es die Unterschiede zwischen zwei oder mehreren Versionen von Konfigurationselementen transparent macht (siehe Abbildung 41).

Konfigurationsverwaltung
- Konfigurationselemente sollten zu „Konfigurationen" gruppiert werden können.
- Konfigurationen sollten hierarchisch strukturiert werden können, d.h. eine Konfiguration kann zum Beispiel weitere Konfigurationen beinhalten (Abbildung 42 zeigt, wie ein Erzeugnis aus mehreren Teilerzeugnissen besteht, wobei jedes Teilerzeugnis weitere Konfigurationselemente enthält).
- Konfigurationen sollten eindeutig identifiziert sein. Für die Identifizierung sollten an Kundenbedürfnisse anpassbare Konventionen verwendet werden.

Bezugskonfigurationen
- Konfigurationen sollten als Bezugskonfigurationen für künftige Änderungen eingefroren werden können.
- Änderungen an Bezugskonfigurationen sollten nur über einen definierten Änderungsprozess möglich sein.

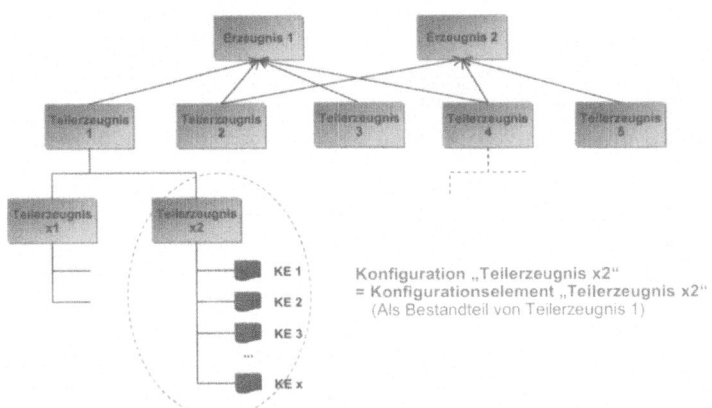

Abbildung 42: Strukturierung von Konfigurationen

- Das KM-Werkzeug sollte über einen Prozess zur Einarbeitung von Änderungen verfügen.
- Der Änderungsprozess sollte an eigene Bedürfnisse und Rollen anpassbar sein.
- Die im Änderungsprozess verwendeten Formulare sollten frei konfigurier- und erweiterbar sein.
- Die Bezeichnungen der Formulare sollten frei wählbar sein.
- Formulare sollten gruppiert werden können.
- Das KM-Werkzeug sollte beliebige Workflows abbilden können. *Workflowabbildung wichtig*
- Das KM-Werkzeug sollte komplett an Kundenbedürfnisse anpassbar sein.
- Es sollte ein zentrales Rollenkonzept enthalten.
- Sämtliche Aktivitäten sollten rollengesteuert sein.
- Das KM-Werkzeug sollte über Funktionalität zur Reproduktion von Herstellungsprozessen (Builds) verfügen. *Buildmanagement*
- Erzeugnisse sollten unter Kontrolle des Werkzeugs auf den jeweiligen Zielplattformen gebildet werden können.
- Sämtliche bei der Herstellung von Erzeugnissen verwendeten Einstellungen sollten eingefroren werden, damit sichergestellt wird, dass die Herstellung zu einem späteren Zeitpunkt reproduziert werden kann.
- Bei der Herstellung sollten bereits hergestellte Erzeugnisse nicht erneut gebaut werden, sondern nur die geänderten.

Architektur und Technologie
- Es sollte sich um eine Client/Server-Architektur handeln.
- Das KM-Werkzeug sollte auf allen benötigten Plattformen eine grafische Oberfläche haben. Die grafische Oberfläche sollte vom Stil und von der Handhabung her der grafischen Oberfläche einer nativen Anwendung auf der jeweiligen Plattform entsprechen.
- Das KM-Werkzeug sollte jedem Benutzer seinen eigenen Arbeitsbereich zur Verfügung stellen und diesen entsprechend verwalten.
- Der Abgleich zwischen Arbeitsbereichen und zentralem Repository sollte kontrolliert erfolgen. Hierbei sollte man wählen können, welche Konfigurationselemente in allen Arbeitsbereichen automatisch aktualisiert werden („Push"-Technologie) und welche explizit mit dem Server synchronisiert werden („Pull"-Technologie).
- Im Arbeitsbereich sollte auch „offline" gearbeitet werden können, d.h. ohne Verbindung zum Server können Änderungen vorgenommen werden. Sobald wieder Verbindung zum Server besteht, sollte der notwendige Abgleich stattfinden.

Administration
- Die Werkzeug-Administration sollte von zentraler Stelle aus möglich sein.
- Alle Administrationsaufgaben sollten mittels grafischer Benutzeroberfläche oder durch einen Web-Client durchgeführt werden können.
- Es sollte beliebige Auswertemöglichkeiten geben.
- Die Auswertungen (Reports) sollten vom Format her anpassbar sein.

Dokumentation und Benutzerfreundlichkeit
- Die Dokumentation sollte vollständig, klar verständlich und aktuell sein.
- Die Dokumentation sollte sowohl in gedruckter Form als auch Online existieren.
- Es sollte ein Tutorial mit Beispielszenarien für Endanwender und für Administratoren existieren.

Benutzerfreundlichkeit
- Das KM-Werkzeug sollte benutzerfreundlich und von den Endanwendern akzeptiert sein.
- Die Bedienung sollte weitestgehend intuitiv sein, so dass für die täglichen Arbeiten auf das Benutzerhandbuch verzichtet werden kann.

2.5.6
Integrationsanforderungen

- Das KM-Werkzeug sollte über eine:
  - grafische Schnittstelle,
  - eine Schnittstelle auf Kommandozeilenebene und
  - eine Programmierschnittstelle verfügen.
- Die internen Informationen des KM-Repository können in Fremdformate exportiert werden.
- Daten können aus Fremdformaten in das KM-Repository übernommen werden.
- Das KM-Werkzeug lässt sich in Werkzeuge von Drittanbietern und Entwicklungsumgebungen integrieren bzw. ist bereits integriert.

Drei Schnittstellen erforderlich

2.5.7
Wirtschaftlichkeitsanforderungen

- Der Nutzen durch Verwendung des Werkzeugs ist größer als die notwendigen Investitionen.
- Kosten für Testinstallationen sind fair und akzeptabel.
- Kosten für Serviceleistungen sind nachvollziehbar und akzeptabel.
- Die Lizenzierung ist flexibel und erweiterbar.
- Der administrative Aufwand des Werkzeugs ist gering.

Die Kosten im Blick

2.5.8
Sicherheitsanforderungen

- Das Werkzeug findet auch bei der Entwicklung von sicherheitskritischer Software Verwendung.
- Das Werkzeug ist gemäß sicherheitsrelevanter Zertifizierung zertifiziert.
- Das Werkzeug verfügt über Sperr- und Zugriffsmechanismen.
- Zugriffe auf die Daten des KM-Repository sollten durch entsprechende Zugriffsmechanismen vor unbefugtem Zugriff geschützt sein.

Zertifizierung muss vorliegen

Verschlüsselte Daten-
übertragungen
- Datenübertragungen zwischen mehreren Standorten sollten verschlüsselt sein.
- Zugriffsberechtigungen sollten konfigurierbar sein.

2.5.9
Künftige Anforderungen

Tools für das Software Konfigurationsmanagement haben sich in den letzten 30 Jahren von reinen Versionierungstools über Konfigurationsmanagementtools zur Verwaltung von Konfigurationen und Änderungen hin zu integrierten Systemen mit Prozesssteuerung entwickelt.

CMII findet immer mehr Verbreitung

Das weiterentwickelte, moderne und durchgängige Konfigurationsmanagement gemäß Standardprozess CMII findet immer mehr Verbreitung (siehe Kapitel 2.4). Toolhersteller haben diesen Trend erkannt und ihre Werkzeuge entsprechend angepasst und/oder erweitert.

Tools erhalten vom Institute of Configuration Management die Bezeichnung „CMII certified", wenn sie die wichtigsten Teile des CMII Prozesses automatisieren können, d.h. in den wichtigsten Teilen CMII konform sind [ICM2002].

Hardware Konfigurationsmanagement

Von den ungefähr 10 zertifizierten Tools kommen die meisten aus dem Bereich Hardware Konfigurationsmanagement. Diese so genannten PDM (Product Data Management) oder PLM (Product Lifecycle Management) Tools bieten die geforderte Funktionalität zur Strukturierung von Erzeugnissen und zur Verknüpfung von Dokumenten mit Erzeugnissen sowie zur Verknüpfung von Dokumenten mit Dokumenten oder Artikeln mit Artikeln.

Die meisten Hersteller von Tools für das Software Konfigurationsmanagement haben noch nicht erkannt, dass Verknüpfungen zwischen Erzeugnissen (zum Beispiel Source oder lauffähiges Programm) und Dokumenten (zum Beispiel Anforderung an Source oder an lauffähiges Programm) auch in diesen Tools abgebildet werden sollten. Bei dieser Art von Verknüpfungen und Strukturierungen geht es um Verzeichnisstrukturen hinaus. Viele Software KM Tools ermöglichen noch keine freien Verknüpfungen, wie im Falle der PDM oder PLM Tools.

Tools für das Software Konfigurationsmanagement werden in den nächsten Jahren die nachfolgend aufgeführten, künftigen Anforderungen erfüllen:

- Das KM-Tool sollte eine Trennung zwischen Erzeugnissen und Dokumenten ermöglichen – Dokumente beinhalten alle Anforderungen an das jeweilige Erzeugnis und sind mit diesem verknüpft (siehe auch Abbildung 43).
- Der Workflow für die Bearbeitung von Erzeugnissen sollte getrennt von dem Workflow für Dokumente konfigurierbar sein.

Übergreifendes KM-Repository mit beliebigen Strukturierungsmöglichkeiten.

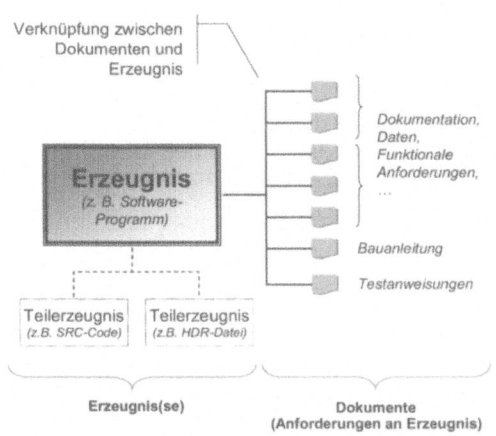

Abbildung 43: Trennung zwischen Erzeugnis und Dokumenten

- Das KM-Repository sollte erzeugnis- und projektübergreifend, als zentraler Verwahrungspool für alle Erzeugnisse verwendbar sein.
- Elemente (Erzeugnisse oder Dokumente) innerhalb des KM-Repository sollten in beliebigen anderen Erzeugnissen wieder verwendet werden können, unabhängig von Projektgrenzen.
- Erzeugnisse sollten hierarchisch strukturiert werden können, unabhängig von Verzeichnisstrukturen, d.h. Erzeugnisse sollten mit Erzeugnissen verknüpft werden können.
- Dokumente sollten mit Erzeugnissen verknüpft werden können.
- Dokumente sollten mit Dokumenten verknüpft werden können.
- Sämtliche Verknüpfungen sollten grafisch visualisierbar sein (zum Beispiel durch eine Baumstruktur, wie im Beispiel Abbildung 44).
- Sämtliche Verknüpfungen sollten bi-direktional darstellbar und auswertbar sein. Mögliche Auswirkungen von Änderungen können dadurch frühzeitig erkannt werden.

Verknüpfungen von Dokumenten

Abbildung 44:
Visualisierung von
Verknüpfungen

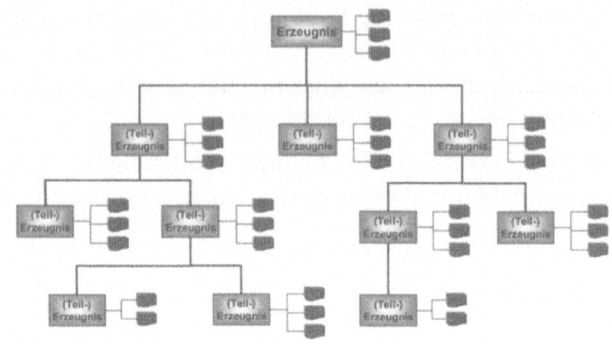

Änderungen
- Änderungen sollten nur über einen definierten Änderungsprozess eingearbeitet werden können.
- Änderungen an Dokumenten oder Erzeugnissen sollten nur mit Hilfe von entsprechenden Berechtigungen in Form von Formularen möglich sein.
- Das Tool sollte die Zuweisung von Wirksamkeiten ermöglichen, das heißt, dass für jede Änderung definiert wird, wann diese wirksam sein wird (zum Beispiel nach Datum oder Releasebezeichnung).
- Sämtliche Änderungsaktivitäten sollten, mit Prioritäten versehen, an die jeweiligen Personen zur Durchführung verteilt werden können (Aktivitätenlisten).

Rückmeldungen
- Rückmeldungen über abgeschlossene Aktivitäten können im KM-Tool erfasst werden.
- Für die Planung von Ressourcen, die für die Implementierung von Änderungen notwendig sind, sollte es entsprechende Schnittstellen zu Projekt- und/oder Ressourcenmanagementtools geben (inklusive von Rückmeldungen über tatsächliche Aufwände).

2.5.10
Fazit

Die Anforderungen an Konfigurationsmanagementwerkzeuge sind im Gegensatz zu Anforderungen an andere Werkzeuge im Bereich Software-Engineering konkret und nicht vage gehalten. Die Kunden wissen genau was sie benötigen. Zu unterscheiden sind:
- Herstelleranforderungen
- Funktionale Anforderungen

- Sicherheitsanforderungen
- Wirtschaftliche Anforderungen
- Integrationsanforderungen

Die in diesem Abschnitt aufgeführten künftigen Anforderungen geben eine Art Ausblick, wie sich die Konfigurationsmanagementwerkzeuge künftig entwickeln werden bzw. welchen Herausforderungen sich die Toolhersteller künftig stellen müssen.

2.6 Wirtschaftliche Entwicklung der Werkzeuganbieter

2.6.1 Allgemeines zu Wirtschaftlichkeitsbetrachtungen

Wirtschaftlichkeitsbetrachtungen sind immer eine Momentaufnahme, daher basiert dieses Kapitel auf den Wirtschaftsdaten, die zum Zeitpunkt aktuell waren, als dieses Buch geschrieben wurde (Mitte 2002). Es ist zwar nicht zu erwarten, dass einer der hier aufgeführten Anbieter vom Markt verschwinden wird – trotz aller derzeitigen Turbulenzen – trotzdem sind zum Beispiel Merger nicht auszuschließen. In diesem Bereich haben sich die beiden Unternehmen Telelogic und Rational in den vergangenen Jahren besonders hervorgetan und sich durch intelligente Zukäufe verstärkt.

Nur Momentaufnahme möglich

In den folgenden Abschnitten werden die folgenden wirtschaftlichen Aspekte näher untersucht:

- die Entwicklung an den Börsen
- die Akzeptanz auf dem deutschen Markt
- die Möglichkeit von Übernahmen (feindlich oder nicht)
- die Prognose für die nächsten Jahre

Zu untersuchende Aspekte

2.6.2 Die Entwicklung an den Börsen

Die meisten Anbieter sind an unterschiedlichen Börsen notiert. So ist Telelogic als schwedisches Unternehmen an der schwedischen Börse wieder zu finden, Merant und Rational als amerikanische

Unterschiedliche Börsen

Unternehmen an der NASDAQ und MKS als kanadisches Unternehmen an der TSE.

Turbolente Entwicklung

Natürlich sind alle vier Werkzeuganbieter durch den im Jahre 2001 stattgefundenen Sog nach unten gezogen worden und meilenweit von dem so genannten All Time High – also dem historischen Höchstwert – entfernt. Dabei hatte es Rational Software besonders hart erwischt. Dies ist jedoch keineswegs ein Aspekt, der Grund zur Sorge gibt, da Rational Software in den zwei Jahren zuvor um über 1.000% gestiegen war. Man könnte in diesem Zusammenhang auch von einer gesunden Marktbereinigung überbewerteter Aktien sprechen.

2.6.3
Die Akzeptanz auf dem deutschen Markt

Kritischste Markt für Anbieter von Tools

Der deutsche Markt ist derzeit der kritischste Markt für Anbieter von Tools[9] für die Software-Entwicklung in Europa. Zu groß ist hierzulande noch die Angst wieder zu investieren. Man spart sich derzeit zu Tode. Die wirtschaftlichen Auswirkungen, die dies im europäischen Kontext haben kann, sind noch nicht zu übersehen. Festzustellen bleibt, dass sich die übrigen Industrienationen wie zum Beispiel England und Frankreich hier intelligenter verhalten.

Dementsprechend schwer haben es derzeit auch die Anbieter im Bereich Konfigurationsmanagement. Doch liegt dies weder an der Technologie Konfigurationsmanagement noch an den Produkten und Dienstleistungen, die die Hersteller auf dem Markt offerieren.

Aufschwung im Konfigurationsmanagementmarkt

Somit ist also davon auszugehen, dass der von der IDC prognostizierte Aufschwung im Konfigurationsmanagementmarkt auch stattfinden wird. Wenn auch nicht in dem von den Herstellern gewünschten Maße. Im übernächsten Abschnitt wird auf die wirtschaftliche Prognose der nächsten Jahre eingegangen.

2.6.4
Mögliche Übernahmen
oder Aufkäufe der Hersteller

Alle vier in diesem Buch betrachteten Konfigurationsmanagementhersteller sind an der Börse notiert und aus dieser Sicht po-

---

[9] Dies gilt für sämtliche Tools im Umfeld des Software-Engineerings, also nicht nur für die Hersteller von Konfigurationsmanagementwerkzeugen.

tentielle Kandidaten für eine Übernahme durch ein anderes Unternehmen, sei es eine feindliche Übernahme oder eine gewollte.

Die folgenden Arten von Übernahmen sind generell zu unterscheiden:

- Aufkauf durch ein anderes Unternehmen durch Aktienkauf (freiwillig). Bestes Beispiel ist der im Spätsommer des Jahres 2001 vorgenommene Aufkauf von Compaq durch HP.[10]
- Aufkauf durch ein anderes Unternehmen durch Aktienkauf (feindliche Übernahme). Zu Beginn des Jahres 2001 hatte hier Mannesmann unter einer solchen feindlichen Übernahme zu leiden.
- Aufkauf durch ein anderes Unternehmen – durch Barzahlung.
- Merger von zwei Unternehmen, bekanntestes Beispiel dürfte hier AOL und Time Warner sein.

Arten von Übernahmen

Einer der bekanntesten „Aufkäufer" im Software Engineering Bereich ist sicherlich immer noch Computer Associated (allgemein auch als CA bekannt, jedoch nicht zu verwechseln mit C&A). CA verfügt derzeit geradezu über einen Bauchladen an Software-Engineering Werkzeugen.

Aufkäufer Computer Associated

Auch im Bereich Konfigurationsmanagement hat CA hier schon zugeschlagen. Mit der Übernahme von CCC Harvest konnte diese Technologie in das Produktportfolio integriert werden. Der neue Produktname lautet nun *AllFusion Harvest Change Manager*. Der wirtschaftliche Erfolg blieb allerdings zumindest auf dem deutschen Markt aus.[11]

Die Tatsache, dass CA nicht bereit war, an diesem Buch teilzunehmen, spricht Bände und verdeutlicht den eigentlichen Zweck einer Übernahme, auf den im folgenden näher eingegangen werden soll.

Eine typische Kenngröße, ab wann ein Unternehmen ein Übernahmekandidat wird, ist der prozentuale Anteil an Wartungseinnahmen verglichen mit dem Gesamtumsatz. Dieser liegt norma-

Typische Kenngröße

---

[10] Bei diesem Aufkauf war ein interessantes Phänomen zu beobachten. In der Vergangenheit war an der Börse das Unternehmen, das aufgekauft wurde, immer im Wert signifikant gestiegen (bestes Beispiel Mannesmann). Das aufkaufende Unternehmen hingegen war gefallen. Bei HP war dem auch so, der Aktienkurs fiel deutlich. Hingegen war bei Compaq lediglich im Vorhandel und während der ersten Minuten im offenen Handel ein Aufwärtstrend festzustellen, danach fiel auch der Aktienkurs von Compaq deutlich.

[11] „Was auch nicht besonders überraschend war."

lerweise bei ca. 15%. Sobald hier eine signifikante Änderung stattfindet, also deutlich über 20% Anteil, wird der Hersteller automatisch zu einem Übernahmekandidaten. Das aufkaufende Unternehmen hat dann nur geringes Interesse an dem Produktportfolio – viel interessanter sind die Wartungsverträge. Diese versprechen einen kontinuierlichen Umsatz für das nächste Jahr.

Wartungsumsätze sind entscheidend

Gehen die Wartungsumsätze zurück, wird das aufgekaufte Unternehmen wieder veräußert. Leidtragender bei einer derartigen Vorgehensweise sind in erster Linie die Kunden, da sie zwar eine Wartungsgebühr bezahlen, letztlich aber wenig davon haben.

2.6.5
Wirtschaftliche Prognose für die nächsten Jahre

2.6.5.1
Vorbemerkung

Lesen im Kaffeesatz

Die Erstellung einer wirtschaftlichen Prognose ist sicherlich leicht verwandt mit dem Lesen im Kaffeesatz oder auch der berühmt berüchtigten Glaskugel. Ich möchte betonen, dass ich als Herausgeber dieses Buches hier meine persönliche Meinung widergebe, die in erster Linie aus meiner über 10-jährigen Erfahrung in dieser Branche rührt. Es handelt sich also um eine persönliche Meinung und nicht um eine analytische, auf fundiertem Datenmaterial basierende Untersuchung.

Derartige Untersuchungen werden von Analysten (meist für viel Geld) durchgeführt und enden meist mit der Bewertung der Hersteller in Form eines Aktienziels. Nachdem im Jahre 2001 sämtliche Analysten hier kräftig daneben gelegen haben, würde ich mich in guter Gesellschaft befinden, falls meine persönliche Prognose sich in einigen Jahren als falsch herausstellen sollte☺.

2.6.5.2
Einschätzung des Marktpotentials für Konfigurationsmanagement

Im ersten Schritt der Prognose soll der Markt näher analysiert werden, auf dem die Hersteller von Konfigurationsmanagementwerkzeugen derzeit tätig sind.

Keine Exklusivität

Für alle vier Hersteller gilt dabei, dass sie sich die Märkte teilen. Das heißt, es gibt weder Hersteller, die **exklusiv** auf einem einzelnen Markt tätig ist, noch gibt es Hersteller, die für eine bestimmte Branche **nicht** tätig sind.

Diese Situation hat sowohl Vor- als auch Nachteile, wobei die Vorteile deutlich überwiegen. Großer Vorteil ist, dass die Hersteller branchenübergreifend ihre Produkte anbieten. Somit würde der Einbruch einer bestimmten Branche (zum Beispiel der Automobilindustrie) zwar Auswirkungen[12] auf die vier Hersteller haben, aber sie würden nicht im Sog der Branche mit untergehen.

Dies würde passieren, wenn ein Hersteller seine Produkte ausschließlich für eine bestimmte Branche anbietet. Der Hersteller hätte zwar den Vorteil, dass er sich als Branchenspezialist darstellen könnte, doch das oben beschriebene Risiko ist recht hoch.

2.6.5.3
Einschätzung des Angebotsportfolios der Hersteller im Bereich Konfigurationsmanagement

Im zweiten Schritt soll das Angebotsportfolio der Hersteller im Bereich Konfigurationsmanagement näher untersucht werden. Hier steht jedoch nicht die Qualität der Produkte im Vordergrund, sondern vielmehr das gesamte Angebotsportfolio, das der Hersteller anbietet. Die Qualität der Produkte kann den folgenden Kapiteln entnommen werden.[13]

Was alles bietet der Hersteller an?

Für die vier in diesem Buch behandelten Hersteller lassen sich drei unterschiedliche Gruppierungen bilden, die im folgenden näher besprochen werden sollen:

- **Single-Point-Solution-Anbieter**: Hierunter werden die Hersteller zusammen gefasst, die sich auf den Markt des Konfigurationsmanagements konzentriert haben. Sie bieten neben dem Produkt entsprechende Dienstleistungen an. In diese Gruppe fallen die Hersteller MKS und Merant.

Single-Point-Solution-Anbieter

- **Komplettlösung-Anbieter**: Hierunter werden Hersteller verstanden, die sich nicht nur auf den Bereich Konfigurationsmanagement beschränken, sondern auch noch Werkzeuge für die angrenzenden Bereiche wie Visuelle Modellierung, Software-Testen, Dokumentationsmanagement oder Anforde-

Komplettlösung-Anbieter

---

[12] Die monetären Auswirkungen können dabei jedoch sehr signifikant sein, wenn sich ein Hersteller einen Schwerpunkt auf diese Branche gesetzt hat.
[13] Vorausschauend kann jedoch bereits hier schon festgehalten werden, dass alle Produkte sehr ausgereift und damit konkurrenzfähig sind.

rungsmanagement anbieten. In diese Gruppe fallen die Hersteller Telelogic und Rational Software.

Global Player
- **Global Player:** Die dritte Gruppe setzt sich aus Herstellern zusammen, die nicht nur Produkte im Software-Engineering anbieten, sondern auch Projektgeschäft im Angebotsportfolio haben. Unter Projektgeschäft wird jedoch in diesem Kontext nicht die Einführungsberatung verstanden – diese gehört zum normalen Dienstleistungsportfolio eines jeden Herstellers – unter Projektgeschäft wird hier vielmehr die Abwicklung von Großprojekten im konkreten Kundenauftrag verstanden. Zu dieser Gruppe gehört als einziger Hersteller Telelogic.

Distributoren
Die vierte Gruppe von Anbietern wären Distributoren[14], die hier nicht weiter betrachtet werden sollen. Es liegt auf der Hand, dass die Gruppe der Global Player die besten Zukunftschancen hat.

Aber auch die ausschließliche Konzentration auf einen bestimmten Zielmarkt, wie zum Beispiel Konfigurationsmanagement, hat durchaus seine Vorteile. So kann sich ein Hersteller einen Namen als „Spezialist" erwerben, wobei ein Global Player oder ein Komplettlösung-Anbieter immer wieder verargumentieren muss, warum sein Produkt das so genannte „Kerngeschäft" ist.[15]

Keine Marktübersättigung zu erwarten
Großer Nachteil einer derartigen Konzentration ist natürlich die Gefahr, dass wenn der Markt übersättigt ist, der Hersteller keine Überlebenschance mehr hat. Im Bereich Konfigurationsmanagement ist allerdings eine Marktübersättigung in den nächsten Jahren nicht zu erwarten.

2.6.5.4
Abschließende Beurteilung

Aus den beiden oben aufgeführten Betrachtungen lassen sich die folgenden Schlussfolgerungen ziehen:

Lukrativer Markt
- Der Markt für Konfigurationsmanagement ist weiterhin ein lukrativer Markt. Insbesondere der Trend in Richtung verteilte Entwicklung, der von immer mehr Unternehmen wahrgenommen wird, erfordert den Einsatz von hochqualifizierten Konfigurationsmanagement-Systemen.

---

[14] Distributoren verkaufen Produkte, die sie nicht selbst entwickelt haben.
[15] Auch wenn es NICHT das Kerngeschäft ist. Viele Kunden legen darauf Wert, dass die angebotene Software-Lösung das Kerngeschäft des Lieferanten ist.

- Die jeweiligen Produkte der vier Hersteller Merant, MKS, Rational Software und Telelogic sind allesamt ausgereift und stehen damit in einem gesunden Wettbewerb. Dies tut sowohl den Kunden als auch der Branche gut. Denn, je größer der Wettbewerb, desto höher ist die Qualität der Produkte.

    Gesunder Wettbewerb

- Telelogic und Rational Software, die beide über das Konfigurationsmanagement hinausgehende Produkte anbieten, sind nicht so abhängig von der Entwicklung des Konfigurationsmanagementmarktes, wie das bei Merant und MKS der Fall ist. Darüber hinaus ist Telelogic auch noch im Projektgeschäft tätig und hat somit die besten Chancen, diverse Krisen und Einbrüche zu „überleben".

- Das Risiko, von größeren Unternehmen aufgekauft zu werden, ist derzeit gering[16]. Wie sich dies jedoch in den nächsten Jahren entwickelt, ist sehr schwer zu prognostizieren. Es ist durchaus denkbar, dass hier eine Übernahme stattfindet. Am meisten gefährdet sind dabei die Single-Point-Solution Anbieter.

    Geringes Übernahmerisiko

2.7 Zusammenfassung

In diesem Kapitel wurde zunächst auf die Grundlagen von Konfigurationsmanagement eingegangen. Hierbei war einer der Schwerpunkte die Notwendigkeit der Unterstützung einer verteilten Entwicklung, da diese Art der Software-Erstellung immer häufiger verwendet wird.[17]

Im Anschluss wurde das Thema Prozessmodelle behandelt. Hier wurde aufgezeigt, wie wichtig es ist, dass Konfigurationsmanagement Bestandteil eines Software-Entwicklungsprozesses ist. Die folgenden Prozessmodelle waren dabei Gegenstand der Betrachtung:

- Das V-Modell 97
- Der Rational Unified Process
- CMII

Drei Prozessmodelle

---

[16] Dies liegt in erster Linie daran, dass derzeit die meisten potentiellen Aufkäufer genügend Schwierigkeiten mit sich selber bzw. mit der eigenen Umsatzentwicklung haben und sich somit nicht auf den Kauf lukrativer Kandidaten konzentrieren können.

[17] Und das nicht nur, weil sich die Green Card hierzulande nicht bewährt hat.

Der letzte Abschnitt dieses Kapitels stellte eine Übersicht dar, in wie weit sich die Produkte auf dem Markt entwickelt haben und welche Anforderungen an sie gestellt werden müssen. Dabei wurde ebenfalls auf die künftigen Anforderungen eingegangen.

Abschließend wurde eine wirtschaftliche Betrachtung der einzelnen Hersteller vorgenommen, die natürlich nur einen „Snapshot" auf den Zeitpunkt vornehmen konnte, als dieses Buch geschrieben wurde.

Vier Keyplayer

In den nächsten vier Kapiteln werden die vier Keyplayer, die sich derzeit im Bereich Konfigurationsmanagement auf dem deutschen Markt einen Namen machen konnten, näher untersucht:

- Merant
- MKS
- Rational Software
- Telelogic

Dabei wird detailliert sowohl auf die Hersteller als auch auf die Produkte eingegangen.

3 Telelogic CM Synergy von Telelogic®

Dominik Jergus, Telelogic GmbH

3.1 Allgemeines über das Unternehmen Telelogic®

Telelogic® ist der führende Hersteller von Technologien und Lösungen im Bereich Software-Engineering und Software-Entwicklung. Konfigurationsmanagement gehört zum Kerngeschäft des schwedischen Toolherstellers. Dem nächsten Kapitel ist zu entnehmen, wie sich diesbezüglich die Historie gestaltet.

Neben dem Hauptsitz in Schweden (Malmö) ist Telelogic® international mit einer Vielzahl von Niederlassungen vertreten, in Deutschland gibt es drei Geschäftsstellen:

Hauptsitz in Schweden

- München
- Halbergmoos
- Bielefeld

Insgesamt verfügt Telelogic® über 41 Offices in 18 Ländern sowie einige Distributoren. Damit gehört Telelogic® zu den so genannten Global Playern der Branche. Die Umsatzverteilung von Telelogic® ist Abbildung 45 zu entnehmen.

Gegründet wurde Telelogic® bereits im Jahre 1983 und ist seit dieser Zeit kontinuierlich gewachsen. Durch gezieltes Know-how und Tooleinkauf hat sich Telelogic® in einigen Bereichen mittlerweile zum Marktführer entwickeln können. Somit gehört Telelogic® zu den etablierten und renommierten Softwareunternehmen

1983 gegründet

und nicht zu den in letzter Zeit mehr oder weniger in die Kritik geratenen Start-Ups.

Telelogic® ist seit dem 8. März 1999 unter dem Kürzel TLOG.ST an der Stockholm Stock Exchange gelistet.

Abbildung 45: Weltweite Umsatzverteilung von Telelogic®

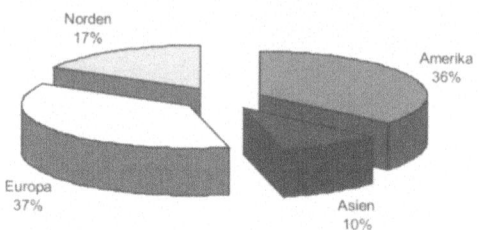

3.2 Wichtige Meilensteine und Geschäftsfelder von Telelogic®

In den Jahren 2000 und 2001 konnte Telelogic® durch den Zukauf verschiedener Firmen sowohl den Umsatz als auch die Mitarbeiterzahl erheblich steigern[18]. Die beiden wichtigsten Akquisitionen waren dabei:

Die beiden wichtigsten Akquisitionen

- QSS
- Continuus

Mit Continuus hat sich der Bereich Konfigurationsmanagement mit dem gleichnamigen Produkt Continuus[19] bei Telelogic® etabliert. Der Yphise Report 2000 hat bestätigt, dass es sich bei Telelogic CM Synergy® um das „most powerful tool" handelt, das derzeit auf dem Markt verfügbar ist.

Das Unternehmen Continuus wurde im Jahre 1989 in den USA gegründet und wagte den Schritt über den großen Teich im Jahre 1993 mit der Gründung des europäischen Headquarters in England. Ein Jahr später wurde in München die deutsche Niederlassung eröffnet.

---

[18] So konnte zum Beispiel vom Jahre 1999 auf das Jahr 2000 ein Wachstum von über 177% erzielt werden.

[19] Kurz nach der Übernahme von Continuus durch Telelogic wurde das Konfigurationsmanagement Werkzeug Continuus umbenannt in Synergy®.

Durch die Akquisition von QSS wurde eine weitere Disziplin des Software-Engineerings in das Unternehmensportfolio integriert: Anforderungsmanagement. Mit dem Produkt Doors wurde laut der Standish Group der Marktführer in diesem Bereich akquiriert, wie aus Abbildung 46 hervorgeht:

Anforderungsmanagement als weitere Disziplin

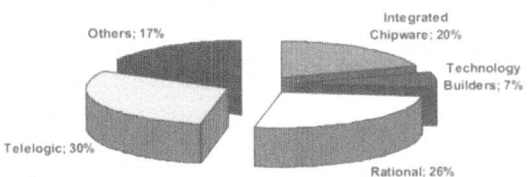

Abbildung 46: Telelogic Doors ist unumstrittener Marktführer im Anforderungsmanagement

Der dritte Schwerpunkt von Telelogic® umfasst die Modellierung und Codegenerierung. Hier steht mit Telelogic® Tau ein Produkt zur Verfügung, das besonders auch hierzulande im Automotive- und Telekommunikationsbereich Zeichen setzt.

Nach einer Untersuchung von VDC ist Telelogic® Marktführer im Bereich Software-Modellierung für Embedded Systeme. Wie deutlich hier der Vorsprung von Telelogic® ist, kommt durch Abbildung 47 zum Ausdruck.

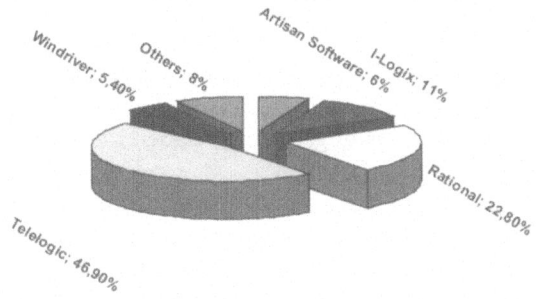

Abbildung 47: Telelogic® Tau ist Marktführer im Modellierungsbereich

Abgerundet wird diese Produktpalette durch die entsprechenden Professional Services, also das umfangreiche Dienstleistungsportfolio, siehe auch Abbildung 48 und Kapitel 4.3.

Abbildung 48:
Der Customer Success basiert auf der Kombination der Telelogic® Produkte und Dienstleistungen

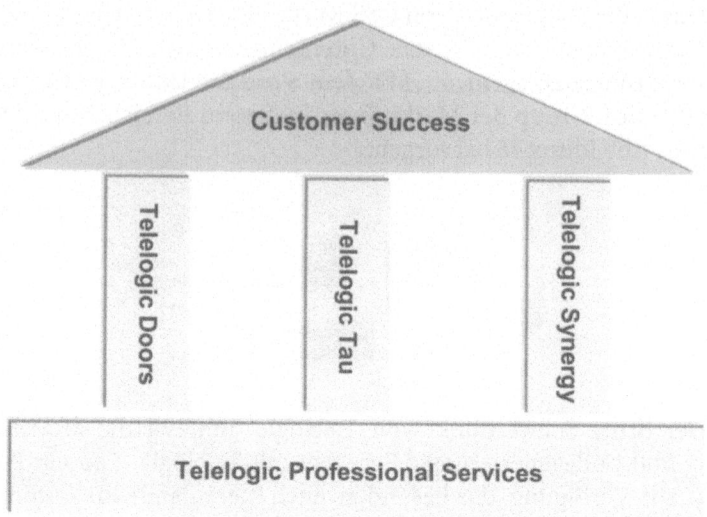

3.3 Schulungs- und Dienstleistungsangebot von Telelogic®

Telelogic® bietet seinen Kunden in Deutschland ein umfangreiches Schulungs- und Consultingprogramm an. Je nach Kenntnisstand der Teilnehmer und Trainingsinhalten haben die Schulungen eine Dauer zwischen 1 und 5 Tagen.

Für den Bereich des Konfigurationsmanagements mit Telelogic CM Synergy® bietet Telelogic® insgesamt acht verschiedene Trainings an, die im folgenden kurz aufgeführt sind:

Acht verschiedene Trainings

- CM01: CM Synergy Developer: In diesem 2-tägigen Kurs lernen die Teilnehmer den Einsatz von Telelogic CM Synergy® in der Software Entwicklung.

- CM02: CM Synergy Build Manager: Dieses 2-tägige Training vermittelt Kenntnisse, die für die Rolle des Build Managers in Telelogic CM Synergy® notwendig sind und verdeutlicht das Workflow-Modell in praktischen Übungen.

- CM03: CM Synergy System Administrator: Dieses 1-tägige Training ermöglicht den System Administratoren eine optimale Konfiguration und anschließende Pflege der Telelogic CM Synergy® Installation.

- CM04: Distributed Change Management: Dieses 1-tägige Training zeigt die Grundlagen des Distributed Change Management (DCM) und bereitet die Teilnehmer auf die späteren Arbeiten im Änderungsmanagement vor.

- CM05: CM Synergy Implementor: Dieses 1-tägige Training vermittelt den Teilnehmern das notwendige Wissen, um bestehende Daten nach Telelogic CM Synergy® zu migrieren. *Bestehende Daten nach Telelogic CM Synergy® migrieren*

- CM06: CM Synergy ObjectMake: In diesem 2-tägigen Training lernen die Teilnehmer die wesentlichen Grundlagen der Verwendung des Make-Befehls sowie die Handhabung des ObjectMake-Tools.

- CM07: Change Synergy User: Die Teilnehmer werden in diesem 1-tägigen Kurs mit dem Aufbau und der Funktionsweise von Change Synergy vertraut gemacht.

- CM08: Change Synergy Customization: Das 2-tägige Training vermittelt die notwendigen Kenntnisse, um den Lifecycle und die Benutzeroberfläche von Change Synergy den firmenspezifischen Vorgaben anzupassen.

Alle hier aufgeführten Trainings werden sowohl als offene Kurse als auch Inhouse beim Kunden vor Ort angeboten.

Ein besonderes Angebot bietet Telelogic® Studenten an, die bei noch freien Plätzen in den Kursen für einen extrem günstigen Preis an den Ausbildungsmaßnahmen teilnehmen können. Dies betrifft nicht nur die Telelogic CM Synergy® Schulungen, sondern auch alle anderen Produktschulungen. *Besonderes Angebot*

3.4
Das Produkt Telelogic CM Synergy®

3.4.1
Einführung

Software-Entwicklung ohne Konfigurationsmanagement oder Änderungsmanagement ist heutzutage nur noch in Kleinstprojekten möglich. Alle anderen Projekte zeichnen sich derzeit durch die folgenden Eigenschaften aus:

- Die Entwicklung findet nicht mehr an einem einzelnen Standort statt, sondern ist häufig verteilt auf mehrere Standorte. Im Extremfall unterliegen diese Standorte nicht nur unterschiedlichen Zeitzonen, sondern auch noch anderen Kulturen, was sich erschwerend auf die Software-Entwicklung auswirkt. *Eigenschaften heutiger Projekte*

- Die Entwicklung wird nicht mehr von einem einzelnen Team, sondern von unterschiedlichen Teams mit unterschiedlichen Größen zu unterschiedlichen Zeitpunkten vorgenommen. Die Codebasis ist dabei immer dieselbe.
- Unterschiedliche Releases eines gleichen Produktes werden zum gleichen Zeitpunkt für unterschiedliche Plattformen in unterschiedlichen Sprachen entwickelt, freigegeben und verteilt.
- In immer kürzerer Zeit müssen immer komplexere Projekte mit immer höherer Qualität entwickelt werden.
- Änderungswünsche werden in letzter Zeit immer häufiger zu Änderungsanforderungen – Projektleiter und Projektmitarbeiter müssen immer flexibler werden, bedingt durch die IT Krise steht der Kunde mehr und mehr im Vordergrund.

Diese Liste lässt sich beliebig fortsetzen – sie soll in erster Linie aufzeigen, dass Software-Entwicklung heutzutage nur noch unter Verwendung professioneller Werkzeuge möglich ist. Dabei spielen Konfigurations- und Änderungsmanagement eine entscheidende Rolle.

Telelogic® hat in seinem Konfigurationswerkzeug Telelogic CM Synergy® die folgenden Technologien integriert:

Integrierte Technologien

- Versionskontrolle
- Buildmanagement
- Änderungsmanagement
- Releasemanagement

Umgesetzt wird dies durch einen aufgabenorientierten, automatisierten Workflow, der die folgenden Prinzipen und zugleich auch Vorteile aufweist:

Vorteile des aufgabenorientierten, automatisierten Workflows

- Änderungen und die Gründe für die Änderung lassen sich einfach, schnell und plausibel nachvollziehen
- Wertvolle Unterstützung bei der verteilten Entwicklung von Softwareprojekten
- Einfaches Aufsetzen verschiedener Entwicklungsworkflows für unterschiedliche Entwicklungsteams
- Wertvolle Unterstützung bei der parallelen Entwicklung von Softwareprojekten
- Bereitstellung von automatisierten Mechanismen für das Build Management
- Schnelles Auffinden von Fehlern in der Konfiguration, parallelen Versionen und fehlenden Änderungen

- Entwicklung qualitativ hochwertiger Software

Telelogic® bietet also seinen Kunden hier ein umfassendes Produktportfolio an, was auf den folgenden Seiten näher dargestellt werden soll. Bevor auf das Konfigurationsmanagement Werkzeug näher eingegangen wird, sollen zunächst die erforderlichen Randbedingungen betrachtet werden.

3.4.2
Unterstützte Plattformen

3.4.2.1
Vorbemerkung

Telelogic CM Synergy® unterstützt eine Vielzahl von Plattformen, unter anderem auch die Mainframewelt (mehr dazu ist Kapitel 3.5 Besonderheiten von Synergy® zu entnehmen). Im folgenden werden die unterschiedlichen Plattformen (sortiert nach Betriebssystemen) aufgelistet.

3.4.2.2
Unterstützte UNIX/LINUX-Plattformen

Im einzelnen werden die folgenden UNIX/LINUX-Plattformen von Telelogic CM Synergy® unterstützt:

- IBM AIX
- Compaq Tru64
- HP UX
- Redhat Linux
- SGI IRIX
- Solaris

Unterstützte UNIX/LINUX-Plattformen

Auf allen Betriebssystemen kann sowohl der Client als auch der Server installiert werden.

3.4.2.3
Unterstützte Windows-Plattformen

Im einzelnen werden die folgenden Windows-Plattformen von Telelogic CM Synergy® unterstützt:

Unterstützte Windows-Plattformen

- Windows 98
- Windows NT
- Windows 2000
- Windows XP Professional

Mit Ausnahme von Windows 98 – nur Client – werden hier sowohl Client als auch Server unterstützt.

3.4.2.4
Sonstige unterstützte Plattformen

Unterstützung von OS/390

Neben den oben aufgeführten UNIX/LINUX/Windows-Plattformen wird zusätzlich noch IBM OS/390 unterstützt (als passiver Client, siehe auch Kapitel 3.5). Damit bietet Telelogic CM Synergy® für alle derzeit aktuellen Betriebssystemplattformen eine entsprechende Unterstützung an.

3.4.3
Anforderungen an Hard- und Software

Unterscheidung zwischen Client und Server

Bei den Anforderungen an die Hardware ist generell zu entscheiden, ob es sich um den Client oder den Server handelt. Bei letzterem muss auch berücksichtigt werden, wie viele Clients der Server „bedienen" soll. Im folgenden wird von einer Microsoft Windows Umgebung ausgegangen.

Für den Client sollte ein Pentium III 800 Mhz mit mindestens 256 MB Arbeitsspeicher ausreichen. Der Server sollte etwas großzügiger gestaltet sein, hier sollte je Engine-Prozess mindestens 10 MB zusätzlicher Arbeitsspeicher einkalkuliert werden. Wird neben Telelogic CM Synergy® auch noch Telelogic Change Synergy® eingesetzt, so empfiehlt sich ein Multi-Prozessor Server.

Anforderungen an die Software sind lediglich in soweit vorhanden, dass TCP/IP installiert sein muss, im Falle von Telelogic Change Synergy® auch ein üblicher Browser von Microsoft oder von Netscape.

3.4.4
Architektur von Telelogic CM Synergy®

Dreistufige prozessgetriebene Architektur

Telelogic CM Synergy® basiert auf einer dreistufigen prozessgetriebenen Architektur. Auf dem Server läuft ein Datenbankprozess, es können dabei beliebig viele Datenbankserver eingerichtet werden.

Die Schnittstelle zwischen der/den Datenbanken und den Endbenutzern (also den Clients) wird über den so genannten Engineprozess geregelt. Dieser kann sowohl auf dem Client, als auch auf dem Server installiert werden.

Für den Endanwender steht der Userinterfaceprozess zur Verfügung, er regelt die gesamte Kommunikation mit dem Benutzer. Als Transportprotokoll wird dabei TCP/IP verwendet.

Die Metadaten von Telelogic CM Synergy® werden von einer relationalen Datenbank verwaltet, wobei der direkte Zugriff auf die Metadaten über eine SQL-Schnittstelle möglich ist. Die Dateiinhalte werden im RCS-Format gespeichert, sofern es sich um ASCII-Dateien handelt, ansonsten in komprimierter Form. Diejenigen Daten, die sich gerade aktuell in Bearbeitung finden, werden auf dem Server im Cache-Bereich gehalten, was die Performance von Telelogic CM Synergy® erheblich steigert. Erst nach einem „Check In" werden die Daten aus dem Cache Bereich dauerhaft auf dem Server abgelegt.

Metadaten

Die Anwender von Telelogic CM Synergy® arbeiten auf dem Client und haben dort ihre individuelle Workarea, die auf dem Server gespiegelt wird. Generell spricht man in Synergy® von Projekten[20]. Diese wiederum haben eine bestimmte Sicht auf das Repository, was im weiteren Verlauf dieses Kapitels noch näher vorgestellt wird. Zu unterscheiden sind in Telelogic CM Synergy® die folgenden Projekttypen:

- working project: Hierbei handelt es sich um ein in Bearbeitung befindliches Projekt, in dem die Entwickler arbeiten.

working project

- prep project: Ein solches Projekt wird vom Buildmanager für den Test und das zu erstellende Release vorbereitet.

prep project

- released project: Diese Projekte liegen als Release vor oder haben einen wichtigen Meilenstein erreicht.

released project

- variant project: Hierbei handelt es sich um Projekte, die parallel für verschiedene Plattformen (zum Beispiel UNIX und Windows) entwickelt werden.

variant project

3.4.5
Allgemeines zum Handling von Telelogic CM Synergy®

Telelogic CM Synergy® zeichnet sich durch ein hohes Maß an Benutzerfreundlichkeit und Intuität aus. Bereits nach einer kurzen

---

[20] Wobei jeder Benutzer sein eigenes Projekt hat.

Schulung sind die künftigen Benutzer in der Lage, das Konfigurationsmanagementwerkzeug effizient zu nutzen. Dies gilt insbesondere für das in Kapitel 3.7 vorgestellte neue Produkt Telelogic ActiveCM®.

umfangreiche Hilfestellungen

Des weiteren stehen dem Anwender umfangreiche Hilfestellungen zur Verfügung, sei es als umfassendes PDF-File oder im jeweiligen Menü in Form einer kontextsensitiven Onlinehilfe. Im Jahr 2001 wurde die grafische Oberfläche komplett überarbeitet und auf den neuesten Stand der Technik gebracht.

Nach wie vor steht neben der grafischen Oberfläche auch eine alternative Benutzerkommunikation über das Comand Line Interface (CLI) zur Verfügung.

Abbildung 49: Neuer plattformunabhänger CM Synergy® Developer Client

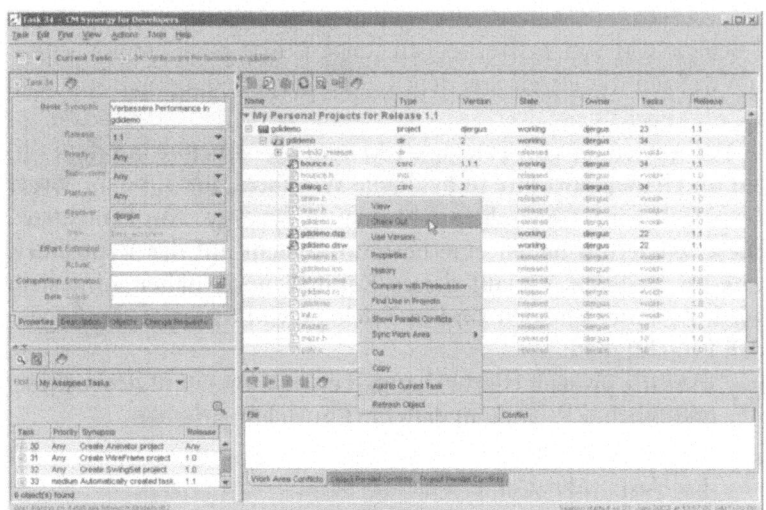

3.4.6
Erste Schritte mit Telelogic CM Synergy®

3.4.6.1
Aufruf von Telelogic CM Synergy®

Unter einer Windowsumgebung wird Synergy® aus dem Start-Menü heraus aufgerufen. In der erscheinenden Dialogbox muss der Anwender die folgenden Eingaben hinsichtlich des Servers tätigen:

- seinen Benutzernamen
- sein Passwort
- den Engine Host
- den Datenbankpfad

Benutzereingaben

Für den Client müssen ebenfalls der Datenbankpfad sowie das Home Directory angegeben werden. Abbildung 50 zeigt den Startdialog von Telelogic CM Synergy®.

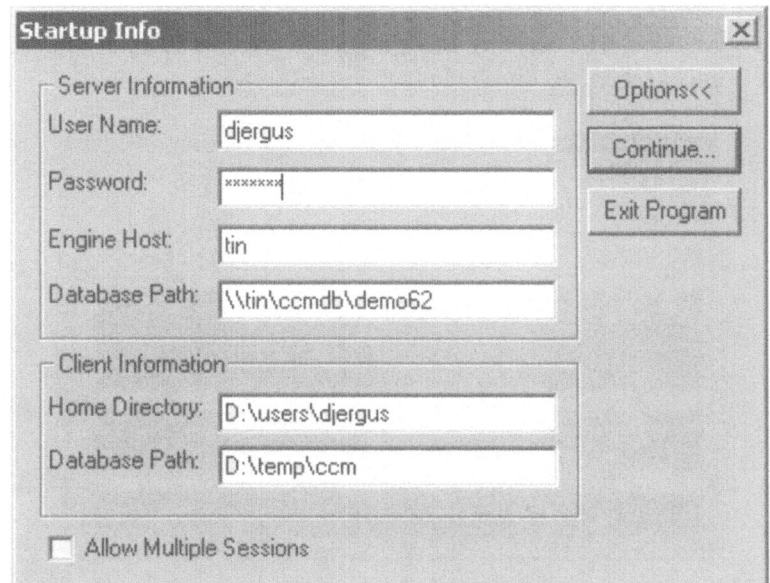

Abbildung 50: Startdialog von Telelogic CM Synergy®

3.4.6.2
Das Projektsichtfenster

Im Anschluss an obige Eingaben wird die Synergy Engine gestartet und es öffnet sich das Projektsichtfenster. Hierbei handelt es sich um das zentrale Element von Telelogic CM Synergy®. Der Anwender hat einen Überblick über das gesamte Projekt und alle Mitglieder und Objekte des Projektes. Das Projektsichtfenster ist vergleichbar mit dem Windows Explorer.

Zentrales Element von Telelogic CM Synergy®

Abbildung 51 zeigt das Projektsichtfenster in Telelogic CM Synergy®. Im folgenden soll auf die wesentlichen Elemente dieses Fensters eingegangen werden. Der Anwender erhält Informationen über:

Informationen aus dem Projektsichtfenster

- den Projektnamen
- die Version des Projektes
- den Namen der Datenbank
- die gerade in Arbeit befindliche Tätigkeit
- die Rolle (zum Beispiel Entwickler) desjenigen Anwenders, der das Projektfenster geöffnet hat[21]
- die Namen der Objekte des Projektes
- den Typ der Objekte (visualisiert durch entsprechende Icons)
- Statusangabe, welches Projekt gerade geöffnet ist und welches nicht (ebenfalls durch ein Icon visualisiert)

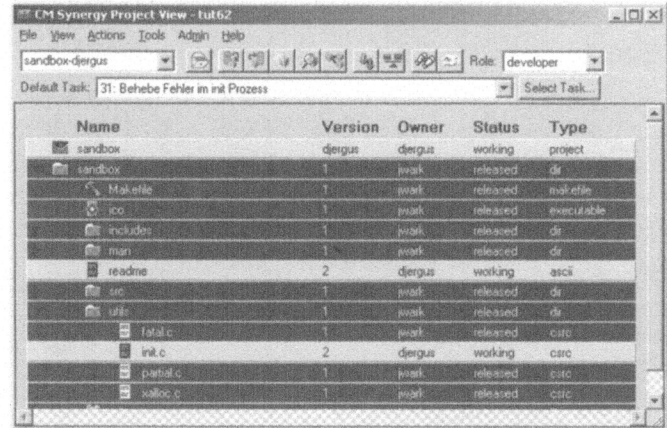

Abbildung 51: Das Projektsichtfenster im Telelogic CM Synergy® Classic Client

Sobald ein Projekt ausgecheckt ist, kann der Anwender es in seine so genannte Workarea übernehmen. Dabei werden alle Dateien, die im Projektsichtfenster aufgelistet sind, auch in das Dateisystem auf dem Client übertragen.

Die folgenden Aktivitäten können aus dem Projektsichtfenster getätigt werden:

Aufrufbare Aktivitäten

- Öffnen eines Projektes
- Check Out eines Projektes
- Check In eines Projektes
- Anzeigen der Eigenschaften eines Objektes
- Anzeigen der Historie eines Objektes
- Updaten des Projektes

---

[21] Der Anwender hat die Möglichkeit, seine Rolle im Projekt zu verändern, sofern die neue Rolle in der Datenbank für ihn auch vorgesehen ist.

- Allgemeine Suche innerhalb des Projektes (Query)
- Migration eines Projektes
- uvm.

3.4.6.3
Eigenschaften von Objekten

In Telelogic CM Synergy® spielen Objekte eine zentrale Rolle. Objekte können sein:

Mögliche Objekte

- Sourcecode-Dateien
- Dokumente
- Directories
- Testergebnisse
- Makefiles

Die Eigenschaften von Objekten beschreiben die jeweilige Charakteristik. In Telelogic CM Synergy® werden von einem Objekt die folgenden Eigenschaften festgehalten:

Eigenschaften von Objekten

- Name des Objektes
- Eigentümer des Objektes
- Status des Objektes
- Typ des Objektes
- Version des Objektes
- Erstellungsdatum des Objektes
- Änderungsdatum des Objektes
- Kommentar des Entwicklers, der die letzte Änderung an dem Objekt vorgenommen hat

Abbildung 52: Dialogbox, die die Eigenschaften eines Objektes beschreibt

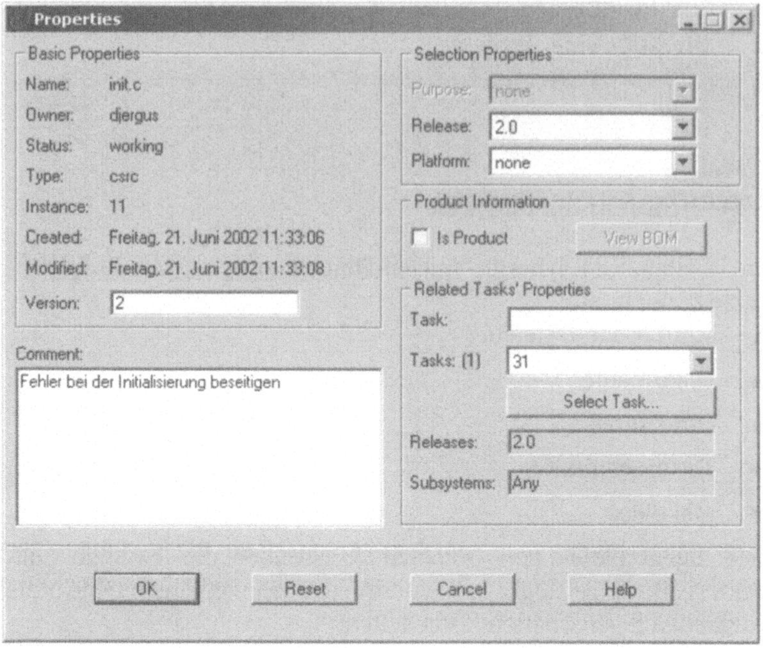

[Screenshot der Properties-Dialogbox]

Abbildung 52 zeigt die Dialogbox, die die Eigenschaften eines Objektes darstellt.

Objekte unterliegen in Telelogic CM Synergy® einem Lifecycle. Sie haben immer einen der folgenden drei Zustände, der ihre Position innerhalb des Lifecycles beschreibt:

Drei unterschiedliche Zustände

- Working: Dieser Status bringt zum Ausdruck, dass das Objekt in Bearbeitung ist. Sobald ein Objekt erzeugt bzw. ausgecheckt wurde, erhält das Objekt diesen Status. Objekte im working Zustand können bearbeitet werden, allerdings nur von ihrem Owner.

- Integrate: Ein Objekt erhält den Status integrate, wenn es für das Build Management zur Integration bereitgestellt ist. Sobald ein Objekt in diesem Zustand ist, kann es nicht mehr bearbeitet werden.

- Released: Objekte mit dem Status released sind entweder Bestandteil eines Releases oder haben einen bestimmten Meilenstein erreicht. Auch im Zustand released darf das Objekt nicht mehr bearbeitet werden.

3.4.6.4
Ausblick

Im folgenden wird näher auf die Versionierungsmöglichkeiten mit Hilfe von Telelogic CM Synergy® eingegangen. Dabei wird auf die folgenden zentralen Bestandteile des Konfigurationsmanagements eingegangen:

- Check In und Check Out
- Use
- Unuse und Delete
- Build
- Merge
- Historie von Objekten

Zentrale Bestandteile des Konfigurationsmanagements

3.4.7
Versionierung mit Telelogic CM Synergy®

3.4.7.1
Einführung in die Thematik

Generell kann Telelogic CM Synergy® sämtliche Dateitypen versionieren. Um hier den Verwaltungsaufwand zu minimieren, wurde von Telelogic® ein modernes Vererbungsprinzip eingeführt. So können neue Dateitypen aus bereits existierenden Dateitypen abgeleitet werden. Die entsprechenden Attribute werden vererbt.

Sämtliche Dateitypen können versioniert werden

Die Erstellung von Versionen wird von Telelogic CM Synergy® automatisch vorgenommen, was die Fehlerquelle „Mensch" vermeidet. Jedes mal, wenn vom Anwender ein „Check Out" vorgenommen wird, wird eine Version angelegt. Diese kann dann vom Benutzer noch entsprechend modifiziert werden. Die Versionsnummer kann bis zu 32 Zeichen lang sein.

3.4.7.2
Tasks

Bevor auf die einzelnen Mechanismen in Telelogic CM Synergy® näher eingegangen wird, soll noch der Begriff der Task erläutert werden. Eine Task repräsentiert dabei alle notwendigen Aktivitäten, um eine Änderung an einer Software Applikation vorzunehmen[22]. Die Task umfasst dabei:

Inhalte einer Task
- alle Aktivitäten, die notwendig sind, um die Änderungen durchzuführen
- eine Beschreibung der durchzuführenden Arbeiten
- die Zuordnung der Task zu einer bestimmten Person im Projektteam

Sobald in Telelogic CM Synergy® eine neue Task angelegt wird, wird dieser vom Konfigurationsmanagement-System automatisch eine Nummer zugeordnet. Ferner wird die Zuständigkeit festgehalten. Telelogic CM Synergy® bietet dabei eine automatische Email-Benachrichtigung an. Das heißt, sobald die Task einer konkreten Person zugeteilt wurde, erhält diese eine Email, die wie folgt aussehen könnte:

Mögliche Email Meldung

Task Assignment Notification

```
You have been assigned Task 33 by ccm_root
in database /users/lynn/ccm_nt/db.
PRIORITY: Medium
SYNOPSIS: Fix scrolling problem in guilib
```

Jedes Objekt, das nun von dem zuständigen Projektmitarbeiter während der Bearbeitung dieser Task erzeugt oder geändert wird, wird ebenfalls der Task zugeordnet.

Eine Task ist die kleinste abzuwickelnde Einheit, das heißt, sie hat keine Subtasks. Ferner hat eine Task keine Versionen, sie befindet sich aber immer in einem gewissen Status. Zu unterscheiden sind die folgenden Zustände:

Unterschiedliche Zustände
- registered: Diesen Status erhält die Task wenn sie angelegt, aber noch nicht zugeordnet wurde.
- task_assigned: Diesen Status erhält die Task, wenn sie einem Entwickler zugeordnet wurde.
- completed: Diesen Status hat die Task, wenn sie vollständig abgearbeitet ist.

Folder Logisch zusammengehörige[23] Tasks können in einem so genannten Folder zusammengefasst werden. Dies kann entweder manuell vorgenommen werden (also jede einzelne Task in den Folder

---

[22] Eine Änderung bedeutet in diesem Fall auch eine Erweiterung in einer neu zu entwickelnden Software.
[23] Zum Beispiel alle Tasks, die einem bestimmten Entwickler zugeordnet sind.

schieben) oder über eine Datenbankabfrage. Hierbei sucht man zum Beispiel alle Tasks, die einem bestimmten Release zugeordnet sind und verschiebt sie anschließend in den Folder.

Die Task, die sich aktuell in Bearbeitung befindet, wird in Telelogic CM Synergy® als Default Task bezeichnet. Jedes Objekt, das ein Anwender auscheckt, wird dieser Task zugeordnet. Dies hat den Vorteil, dass, wenn eine Task eingecheckt wird, alle damit verbundenen Objekte ebenfalls mit eingecheckt werden[24]. Mehr dazu in den nächsten beiden Abschnitten.

Doch wie kann der Anwender eine Task zur Default Task bestimmen? Die Auswahl einer Task zu einer Default Task ist in Abbildung 53 visualisiert. In dem unteren Fenster der Dialogmaske werden alle dem Anwender bereits zugeordneten Tasks aufgelistet. Sofern der Anwender über eine große Anzahl von Tasks verfügt, kann er sich diese in der Dialogmaske auch nach Priorität sortieren lassen, um die entsprechende Task schneller zu finden.

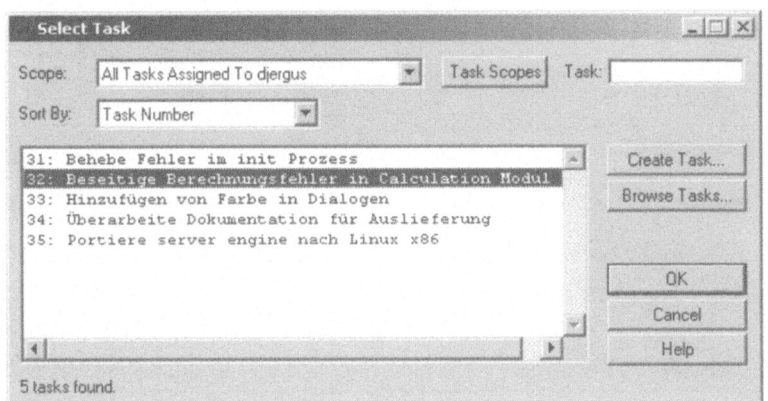

Abbildung 53: Auswahl einer Task über die Dialogmaske in Telelogic CM Synergy

Nach der Auswahl zur Default Task wird im Projektsichtfenster die Default Task angezeigt.

Die Default Task ist projektübergreifend, betrifft also nicht nur das aktuell im Projektsichtfenster aufgelistete Projekt. Ändert man das Projekt im Projektsichtfenster, bleibt die Default Task immer noch die selbe.

---

[24] Telelogic empfiehlt, dass Anwender immer nur an einer Task zu einem Zeitpunkt arbeiten, da ansonsten ständig die Default Task geändert werden muss. (Ansonsten funktioniert die automatische Zuordnung der Objekte nicht mehr korrekt.)

3.4.7.3
Check Out

Änderungen können nur bei Check Out vorgenommen werden

Um ein Objekt bearbeiten zu können, muss es vom Anwender ausgecheckt werden. Es befindet sich dann in der zuvor beschriebenen Workarea und es können Änderungen vorgenommen werden. Erst mit dem unten beschriebenen Check In wird das Objekt dann wieder allen Projektmitarbeitern zur Verfügung gestellt.

Abbildung 54: Dialog zum Auschecken eines Projektes in Telelogic CM Synergy®

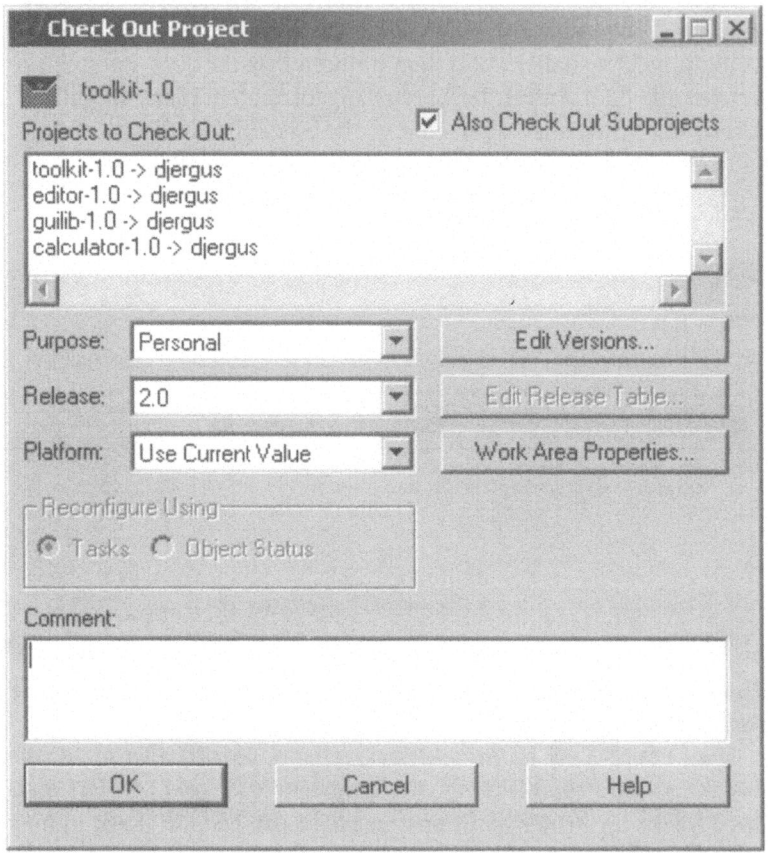

Abbildung 54 zeigt den Dialog zum Auschecken eines Projektes in Telelogic CM Synergy®. Dieses wird über ein entsprechendes Icon in der Menüleiste des Projektsichtfensters aufgerufen. Der Anwender kann entscheiden, ob er auch die in dieser Dialogbox aufgelisteten Subprojekte auschecken möchte oder ob er darauf verzichten will. Standardmäßig ist das Auschecken aller Subprojekte vorgesehen.

Einzelne Objekte eines Projektes können nur dann ausgecheckt werden, wenn zuvor das gesamte Projekt ausgecheckt wurde. Ein Objekt wird dann ausgecheckt, wenn entweder das Objekt selber oder seine Eigenschaften verändert werden sollen.

Die folgenden Aktivitäten werden von Telelogic CM Synergy® beim Check Out eines Objektes automatisch durchgeführt:

- Durch den Check Out wird von einem existierenden Objekt eine Kopie erstellt. Diese Kopie erbt alle Eigenschaften, die das Original hat.
- Telelogic CM Synergy® ordnet dem ausgecheckten Objekt die entsprechende Task zu.
- Die Workarea wird automatisch mit dem Objekt upgedated.
- Der Status des ausgecheckten Objektes wird für alle anderen Projektmitglieder sichtbar auf „working" gesetzt.
- Derjenige Projektmitarbeiter, der das Objekt ausgecheckt hat, wird automatisch Owner des Objektes. Damit kann nur er Änderungen an dem Objekt vornehmen und den Status verändern.

Automatisch durchgeführte Aktivitäten

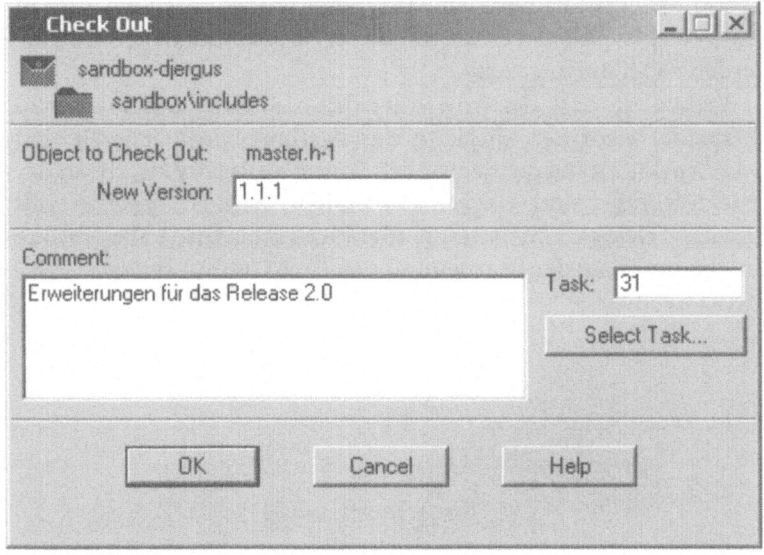

Abbildung 55: Dialogbox zum Auschecken von Objekten in Telelogic CM Synergy®

Abbildung 55 zeigt die Dialogbox für das Auschecken von Objekten in Telelogic CM Synergy®. Hier wird automatisch angegeben, in welches Zieldirectory das Objekt ausgecheckt wird.

Mit Telelogic CM Synergy® ist es nicht notwendig, eine Directory auszuchecken, wenn zum Beispiel ein Objekt gelöscht werden soll.

Dies wird von Synergy® beim Löschen des Objektes automatisch vorgenommen.

3.4.7.4
Check In

Ein Check In kann vorgenommen werden für

Ein Check In kann vorgenommen werden für:

- Eine Task
- Ein Projekt
- Eine Projekthierarchie
- Ein Objekt
- Projektmitarbeiter

Im folgenden wird beschrieben, wie ein Check In für eine Task vorgenommen wird. Dabei ist es unwesentlich, ob die Task nur drei oder einige hundert Objekte betrifft, es werden immer zuerst die Objekte und dann die Task eingecheckt. Sobald die Task eingecheckt ist, kann der Build Manager mit dem Build beginnen.

Abbildung 56 zeigt den Check In Dialog für eine Task in Telelogic CM Synergy®. Aufgerufen wird dieser Dialog durch ein Icon in dem Projektsichtfenster. Alle mit dieser Task verbundenen Objekte werden dabei mit angezeigt.

Überprüfung der Objekte ist wichtig

Wichtig ist, dass der Anwender diese Liste der Objekte genau überprüft, bevor der Check In durchgeführt wird. Generell sind zwei Aspekte zu überprüfen: Sollen wirklich alle Objekte, die in der Liste aufgeführt sind, eingecheckt werden[25] bzw. ist die Liste vollständig? Telelogic CM Synergy® fügt hier automatisch alle Objekte ein, die im Laufe der Bearbeitung der Task vom Anwender ausgecheckt wurden.

---

[25] Dies kann zum Beispiel dadurch passieren, wenn der Anwender außerhalb seiner Task weitere Objekte auscheckt.

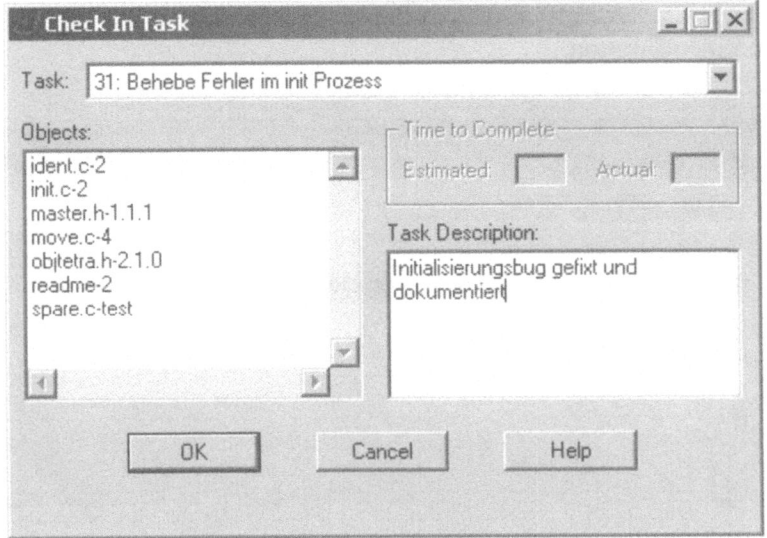

*Abbildung 56:
Der Check In Dialog für eine Task in Telelogic CM Synergy®*

3.4.7.5
Use

Die Philosophie von Telelogic CM Synergy® sieht vor, dass der Unit Test von den Entwicklern in ihrer separaten Workarea vorgenommen wird. Dabei kann es vorkommen, dass der Entwickler seinen Test mit einer anderen Version eines Objektes vornehmen möchte, als er sie derzeit aktuell in seiner Workarea in Bearbeitung hat.

Philosophie von Telelogic®

Um dies zu ermöglichen, gibt es die Use-Funktion in Telelogic CM Synergy®. Abbildung 57 zeigt die entsprechende Dialogmaske für die Use-Funktion. Diese zeigt im oberen Bereich den Projektnamen, in dem das Objekt liegt und die entsprechende Directory an. Im Auswahlfenster sind dann die einzelnen Objekte wie folgt aufgelistet[26]:

- Name des Objektes
- Version des Objektes
- Besitzer des Objektes
- Status des Objektes
- die Task, der das Objekt zugeordnet wurde

Auflistung der Objekte

Neben dem Use-Button, der die sofortige Aktivierung des Objektes bewirkt, kann der Anwender sich auch eine Objektversion von Te-

---

[26] Aufgelistet werden dabei alle Versionen des Objektes.

lelogic CM Synergy® empfehlen lassen. Hierzu klickt er auf den Recommend-Button.

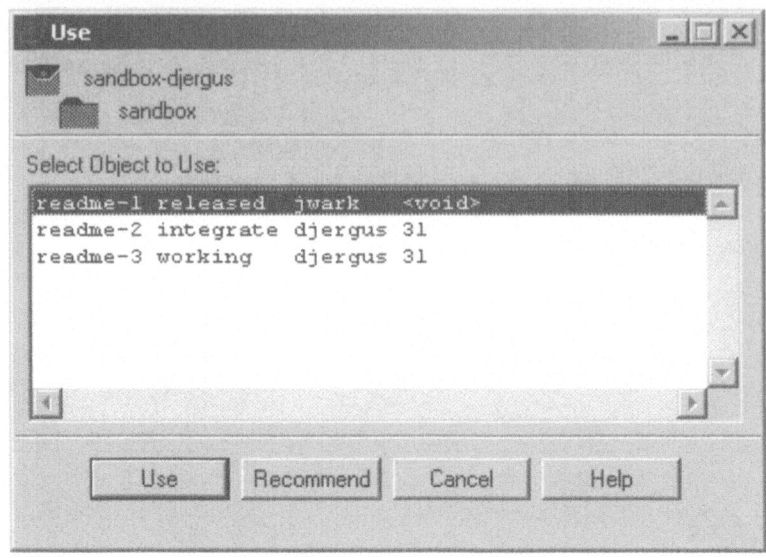

Abbildung 57:
Dialogmaske in
Telelogic CM Synergy®
für die Use-Funktion

3.4.7.6
Unuse und Delete

Um ein Objekt zwar aus dem Projekt, nicht jedoch aus der Datenbank zu löschen, steht dem Anwender die Funktion Unuse zur Verfügung. Abbildung 58 zeigt die zugehörige Dialogmaske. Wie schon bei der Use-Funktion wird im oberen Bereich die Lokalisierung des Objektes – also Projekt und Directory – angegeben.

Der Anwender hat nun drei Möglichkeiten zu entscheiden, was mit dem Objekt passieren soll:

Drei Möglichkeiten

- *Unuse*: Wie bereits oben erwähnt, wird das Objekt lediglich aus dem Projekt, nicht jedoch aus der Datenbank gelöscht.

- *Unuse* und *Delete*: Das Objekt wird sowohl aus dem Projekt als auch aus der Datenbank gelöscht. Hierfür steht jedoch eine detailliertere Funktion zur Verfügung, die weiter unten besprochen wird.

- *Delete* und *Replace*: Das Objekt wird sowohl aus dem Projekt als auch aus der Datenbank gelöscht und durch ein anderes Objekt ersetzt.

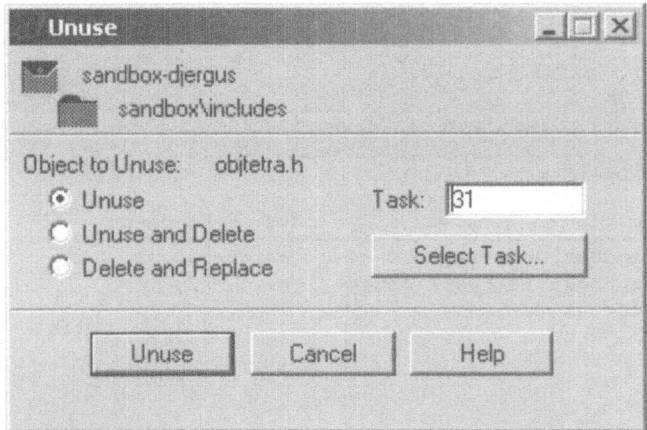

Abbildung 58: Dialogmaske zum Unuse eines Objektes in Telelogic CM Synergy®

Will der Anwender das Objekt sowohl aus dem Projekt als auch aus der Datenbank löschen, so steht ihm hier die Delete-Funktion zur Verfügung. Die entsprechende Dialogmaske ist dargestellt in Abbildung 59.[27] Hier wird zunächst der Umfang des Löschens dargestellt (*scope*). Normalerweise wird hier: „*Object Version only*" ausgewählt.

Eine wichtige Funktion in der Dialogmaske ist der „*Find Use*" Button. Wird dieser ausgewählt, erhält der Anwender eine Übersicht, wo überall in welchem Projekt das Objekt benutzt wird. Dies verhindert ein versehentliches Löschen eines Objektes, das vielleicht noch in einem anderen Projekt benötigt wird.

Find Use

---

[27] Der Anwender kann nur Objekte löschen, für die er der Owner ist und die nicht in einem anderen Projekt sind. Ferner muss das Objekt im *working state* sein.

3.4 Das Produkt Telelogic CM Synergy®

*Abbildung 59:
Die Dialogmaske der
Delete-Funktion in
Telelogic CM Synergy®*

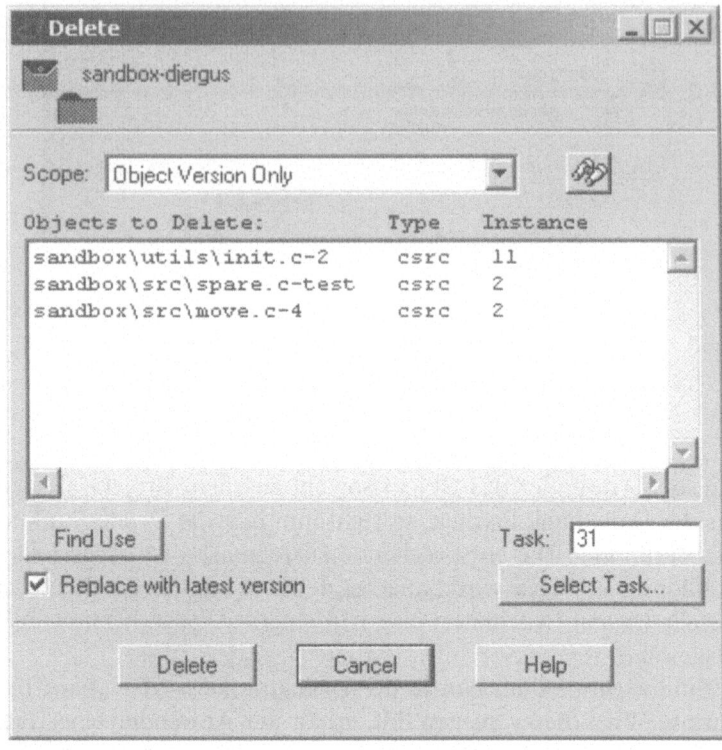

3.4.7.7
Merge

Parallele Bearbeitung einer Datei

Die Philosophie von Telelogic CM Synergy® erlaubt es, dass zwei unterschiedliche Benutzer ein und dieselbe Datei parallel bearbeiten können. Dabei wird jeweils eine Kopie von der auf dem Server befindlichen Datei erstellt. Beim Check In werden dann zwei parallele Versionen dieser Datei (oder auch von einem Objekt) gehalten.

Zusammenführung zu einem Objekt

Sofern also zwei parallele Versionen eines Objektes existieren, muss ein Konfigurationsmanagement-System in der Lage sein, diese miteinander zu vergleichen. Ebenso muss das Produkt fähig sein, die beiden parallelen Objekte zu einem einzigen Objekt zusammen zu führen. In Telelogic CM Synergy® wird dies über die Merge Funktion geregelt. Diese lässt sich direkt aus dem Projektsichtfenster über ein entsprechendes Icon aufrufen.

Abbildung 60 zeigt die Dialogmaske für einen Merge in Telelogic CM Synergy®. Die beiden zu vergleichenden Objekte sind einschließlich ihrer Versionsnummer aufgeführt. Die Option „Create

New Task" ist standardmäßig eingeschaltet. Der Anwender hat
ferner die Möglichkeit, die folgenden Optionen auszuwählen:
- Soll ein interaktiver Merge ausgeführt werden oder ein automatischer Merge?
- Soll bei eventuell auftretenden Mergekonflikten in den interaktiven Modus gewechselt werden?
- Die Auswahl der dem Merge zugeordneten Task

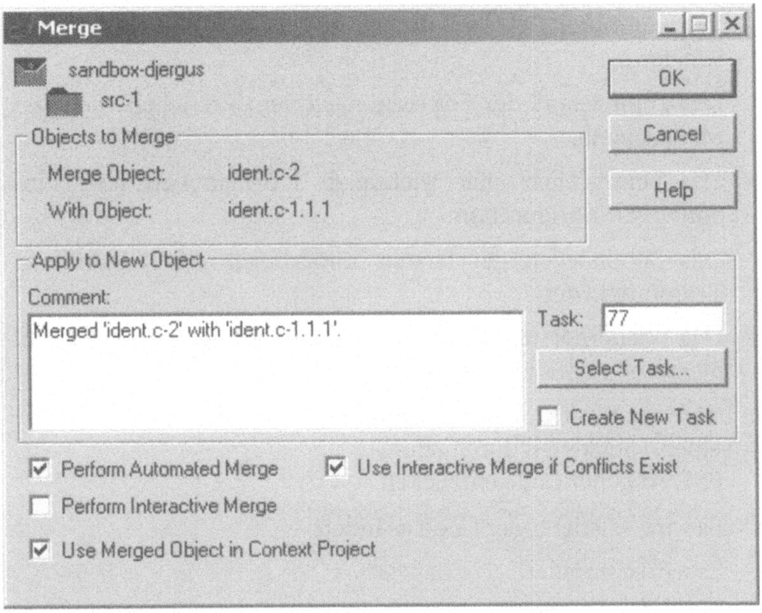

Auswahl verschiedener Operationen

Abbildung 60: Dialogmaske für einen Merge in Telelogic CM Synergy®

Nach der Durchführung des Merge wird automatisch der in Kapitel 3.4.7.9 beschriebene Historyview aufgerufen. Dort wird grafisch dargestellt, dass die beiden Objekte durch einen Merge zusammengeführt wurden.

Historyview

Diese durch das Merge erzeugte neue Version ist dann die dritte Kopie der zuerst erstellten Datei (Die ersten beiden Kopien waren die beiden parallelen Versionen).

3.4.7.8
Build und Buildmanagement

Der Build einer Software ist der wesentliche Bestandteil des Buildmanagements. Dieses wiederum beschreibt den Prozess, wie ein Unternehmen Softwareprodukte erstellt und managed. Beim Einsatz des Konfigurationsmanagementwerkzeuges Telelogic CM Synergy®, wird dieser Prozess auf die Rolle des Build Managers übertragen. Dieser hat die im folgenden beschriebenen Aufgaben:

Aufgaben des Build Managers

- Erste Versionen und Baselines der zu erstellenden Software in CM Synergy zu erstellen.
- Die Organisation und die Verfeinerung der Software-Struktur.
- Den Aufbau der Testbereiche.
- Das Aufsetzen und Warten der Reconfigure Templates (siehe nächster Abschnitt) und der folder templates.
- Die Sammlung der Änderungen in der Software von den Entwicklern.
- Das „Einfrieren" der Software nach dem Erreichen wichtiger Meilensteine.
- Das Bereitstellen aller wichtigen Informationen über eine Software-Konfiguration.
- Das Bereitstellen der letzten Änderungen für die anderen Teammitglieder.
- Das Wiederherstellen von älteren Software-Releases, um Probleme zu identifizieren.

Im Laufe des Projektes werden von den Entwicklern immer wieder die selben Tätigkeiten durchgeführt:

Immer wieder durchgeführte Tätigkeiten

- Es wird neuer Code entwickelt
- Es wird existierender Code geändert
- Es wird compiliert
- Es wird debugged

Workareas

Um hier die Entwickler nicht mit ständigen Änderungen zu behindern, ermöglicht Telelogic CM Synergy® die Verwendung so genannter isolierter Workareas. Erst wenn die Entwickler dazu bereit sind, können sie die bis dahin im Projektverlauf aufgetretenen Änderungen durch das oben beschriebene Check In integrieren, so dass sie vom Buildmanager bearbeitet werden können.

Für den Buildprozess stehen drei verschiedene Möglichkeiten zur Verfügung:

Drei Möglichkeiten für den Buildprozess

- Die Verwendung des in Synergy® integrierten Buildprozesses (ObjectMake)
- Die Verwendung eines Third Party Tools wie zum Beispiel *make*
- Die Verwendung einer IDE (Integrated Development Environment)

Die Verwendung von ObjectMake hat den Vorteil, dass dann keine weiteren Arbeiten seitens des Anwenders zu erledigen sind, um das erstellte Produkt der Kontrolle von Telelogic CM Synergy® zuzuführen. Bei der Verwendung von Third-Party-Tools muss die Funktion: „Use new timestamp" aufgerufen werden, damit eine Datei, die ein älteres Erstellungsdatum hat, in den Buildprozess integriert wird.

Eine Alternative zu ObjectMake ist die ebenfalls in Telelogic CM Synergy® integrierte Routine QuickMake. Diese eignet sich – wie aus dem Namen schon deutlich wird – für einen schnellen Build. Im Gegensatz zu ObjectMake werden jedoch einige Funktionen beim QuickMake nicht durchgeführt:

Alternative zu ObjectMake

- Es wird kein automatischer Check Out von Objekten vorgenommen
- Es wird nicht auf den Zeitstempel von Objekten geachtet
- Die Abhängigkeitsattribute werden nicht automatisch gelesen
- Makros in Makefiles oder Projektfiles werden nicht automatisch berücksichtigt

Die beiden letzteren Optionen können vor dem Aufruf des QuickMake auf ON gesetzt werden. In diesem Fall werden dann sowohl die Abhängigkeitsattribute als auch die Makros in den Make- und Projektfiles berücksichtigt.

Nach einem Build liegt jetzt ein Produkt[28] vor. In Telelogic CM Synergy® werden zwei unterschiedliche Produkttypen unterschieden:

Zwei unterschiedliche Produkttypen

- Kontrollierte Produkte: Dabei handelt es sich um Produkte, die als Version in Telelogic CM Synergy® gehalten werden.
- Unkontrollierte Produkte: Diese existieren in der Workarea, jedoch nicht in der Datenbank.

3.4.7.9
Die Historie von Objekten

Wenn für ein versioniertes Objekt eine gewisse Anzahl von Versionen existieren, hilft ein automatischer Mechanismus weiter, den Überblick zu bewahren. Dabei wird eine grafische Versionshistorie generiert, die sowohl Verzweigungen (also parallele Versionen) als auch Merges darstellt.

---

[28] In Telelogic Synergy® spricht man immer dann von einem Produkt, wenn es Ziel eines Makefiles ist. Ein Directory oder ein Projekt ist demnach kein Produkt.

Konfigurationsdialog

Über einen Konfigurationsdialog kann der Benutzer einstellen, welche Attribute in der Versionshistorie angezeigt und welche verborgen werden sollen. Abbildung 61 zeigt ein kleines Beispiel einer grafischen Objekthistorie.

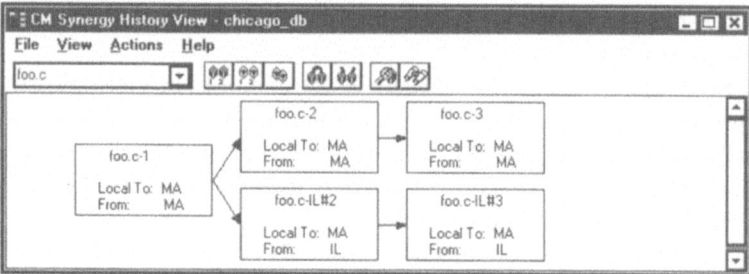

Abbildung 61: Beispiel für die grafische Darstellung der Versionshistorie in Telelogic CM Synergy®

Eine vereinfachte Darstellung der Versionshistorie ist auch unter der MS DOS Eingabeaufforderung (CLI) verfügbar. Durch den Befehl ccm history Dateiname erhält man die entsprechende Auflistung.

3.4.8 Migration

Wenn zum ersten Mal Directories und Dateien aus dem individuellen Workspace in Telelogic CM Synergy® übertragen werden, spricht man von einer Migration. Diese wird aus dem Projektsichtfenster über die in Abbildung 62 dargestellte Dialogmaske aufgerufen.

Sinnvoller Preview

Diese bietet einen Preview an, mit dem man sich, bereits bevor die Migration angestoßen wird, ansehen kann, wie die Struktur in Telelogic CM Synergy® aussehen wird. Bei diesem Preview kann festgelegt werden, ob alle Dateien oder nur bestimmte Dateien migriert werden sollen.

Des weiteren können in der Dialogmaske Regeln festgelegt werden, auf welche Art Telelogic CM Synergy® die Directories und Dateien übernehmen soll.

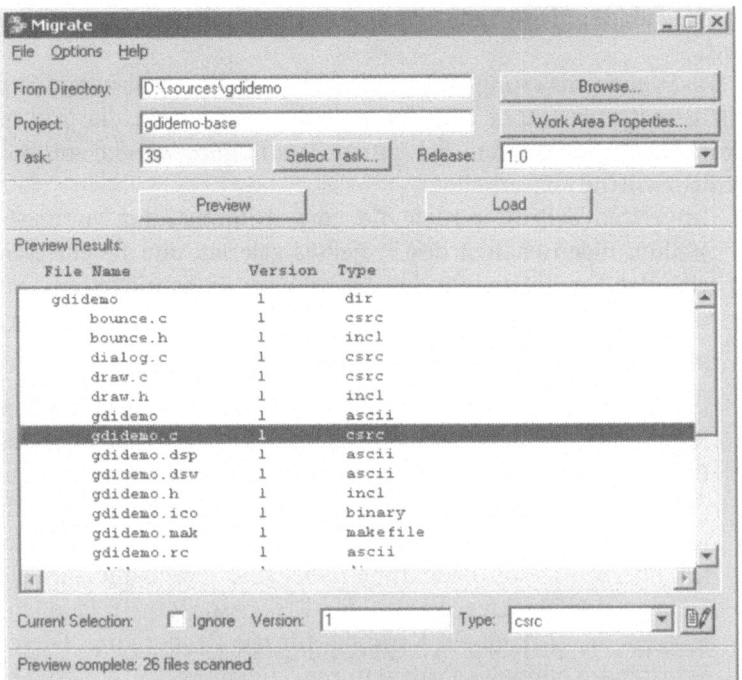

Abbildung 62: Dialogmaske für eine Migration in Telelogic CM Synergy®

Besonders wertvoll ist der folgende Mechanismus, der bei dem Preview automatisch durchgeführt wird: Sobald mehr als 2.500 Objekte migriert werden sollen, wird eine entsprechende Warnung eingeblendet. Der Anwender sollte hier besser mehrere Teilprojekte erzeugen, als ein derart umfangreiches Gebilde in einem Projekt zu migrieren.

Wertvolle Hinweise

3.4.9
Synchronisierung in Telelogic CM Synergy® mit Reconfigure

3.4.9.1
Einführung

Eine der größten Stärken von Telelogic CM Synergy® ist ein ausgefeilter Synchronisierungsmechanismus. Dieser Mechanismus wird über die Funktion „Reconfigure/Update" angestoßen, die über ein entsprechendes Icon aus dem Projektsichtfenster aufgerufen wird.[29]

Ausgefeilter Synchronisierungsmechanismus

Die Synchronisierung ist erforderlich, um die Änderungen, die seit dem letzten Check Out durchgeführt wurden, in die private Workarea zu integrieren. Bei einem Reconfigure werden die folgenden Schritte abgearbeitet:

Schritte beim Reconfigure

- Im ersten Schritt werden die vom Administrator voreingestellten Eigenschaften des Projektes gelesen, um die entsprechenden Kandidaten für das Reconfigure zu identifizieren.

- Zunächst wird die entsprechende Baseline geprüft, jedes Objekt dieser Baseline ist ein Kandidat.

- Im Anschluss werden alle Folder und Tasks nach möglichen Kandidaten für das Reconfigure überprüft, die Bestandteil des Projektes sind. Dabei werden erst die Inhalte der Folder überprüft, um eine Liste der Tasks aller Folder zu erstellen. Dann wird jede einzelne Task nach den mit ihr verbundenen Objekten überprüft. Von Bedeutung dabei sind jeweils die aktuelle Version des Objektes, die mit der Task assoziiert ist. Jede Objektversion ist dann ein Kandidat für das Reconfigure. Dieser Schritt wird einmal je Projekt durchgeführt.

Auswahl der Kandidaten beendet

- Nachdem auf diese Weise alle in Frage kommenden Kandidaten ausgewählt wurden, wird im zweiten Schritt anhand von vordefinierten Auswahlregeln die jeweils geeignete Objektversion für jeden Directoryeintrag ausgewählt. Dieser Schritt wird einmal je Directoryeintrag im Projekt durchgeführt.

- Im letzten Schritt nutzt dann Reconfigure die ausgewählten Objektversionen innerhalb der Directoryeinträge. Dieser Schritt wird einmal je Directoryeintrag im Projekt durchgeführt.

3.4.9.2
Regeln für das Reconfigure

Beim Reconfigure muss der Build Manager jedoch auch einige Regeln beachten, um eine korrekte Synchronisierung zu gewährleisten. Von Bedeutung sind die folgenden Aspekte:

Zu beachtende Regeln

- Es müssen alle Projektes einem Reconfigure unterzogen werden, die für einen Build von Bedeutung sind. Dies bedeutet, dass die gesamte Hierarchie des prep projektes betrachtet werden muss. Nur so kann sichergestellt werden, dass der

---

[29] Die Funktion des Reconfigure kann nur von der Rolle des Build Managers durchgeführt werden.

spätere Build aus konsistenten Versionen der Objekte besteht. Wenn ein Projekt nicht betrachtet wird, werden die in diesem Projekt enthaltenen Produkte nicht mehr kompatibel zu den übrigen Produkten sein.

- Die Ergebnisse des Reconfigure müssen genau analysiert werden, um festzustellen, ob bei der Synchronisierung Probleme aufgetaucht sind. Das Protokoll eines Reconfigure wird in einem Logfile festgehalten.[30] Es werden jedoch in diesem Logfile sämtliche Meldungen (also auch solche, die nicht Ergebnis eines Reconfigure sind) festgehalten. Daher besteht die Möglichkeit, für das Reconfigure ein separates Logfile zu definieren. Dies ist allerdings nicht aus dem Projektsichtfenster möglich, sondern lässt sich nur über das CLI vornehmen. Dieses Logfile sollte nach jedem Reconfigure nach eventuellen Problemen überprüft werden. Generell gilt, dass ein Reconfigure immer eine Zusammenfassung über den Prozess am Ende des Logfiles einfügt, aus der wichtige Informationen über Erfolg oder Misserfolg entnommen werden können. Trotzdem sollten auch die darüber stehenden Details vom Build Manager gelesen werden.[31]

Genaue Analyse notwendig

- Ein erfolgreiches Reconfigure bedeutet jedoch noch lange nicht, dass die Software korrekt konfiguriert ist. Auch hier hilft das Logfile weiter, da es zusätzliche Informationen darüber gibt, ob:

Hilfe durch das Logfile

- eine falsche Version eines Objektes oder Projektes beim Reconfigure verwendet wurde,
- Änderungen bei einem Merge nicht berücksichtigt wurden,
- falsche Attribute bei der zuvor beschriebenen Auswahlroutine gesetzt wurden.

---

[30] Üblicherweise in einer Datei mit Namen ccm_ui.log. Diese liegt in der zuvor festgelegten Directory.
[31] Zumindest wenn Fehler festgestellt wurden.

3.4.9.3
Fehlermeldungen und Warnungen nach dem Reconfigure im Logfile

Suche nach parallelen Versionen

Bei der angesprochenen Überprüfung des Logfiles sollte in erster Linie nach parallelen Versionen gesucht werden. Dazu muss im Vorfeld des Reconfigure bei den Auswahlattributen die Suche nach parallelen Versionen jedoch aktiviert worden sein.[32] Werden beim Reconfigure dann parallel Versionen entdeckt, erhält der Build Manager eine Warnung, die so ähnlich aussehen könnte:

Warnung bei parallelen Versionen

```
Warning:
Parallel versions selected by selection rules,
Latest create time will be used:
save.c-3
save.c-2.1.1
```

Erhält der Build Manager eine derartige Version, muss er überprüfen, ob hier ein Merge versäumt wurde.

Eine weitere Überprüfung, die der Build Manager anhand des Logfiles vornehmen sollte, ist, ob eventuelle Subprojekte ersetzt worden sind. Das prep Projekt muss als korrekte Hierarchie synchronisiert werden. Eine typische Warnung, wenn eine falsche Version eines Subprojektes bearbeitet wurde, lautet wie folgt:

Warnung bei falscher Version

```
Subproject editor-int_3.0
replaces editor-int_2.1
under toolkit-2:dir:1
```

Ein weiteres Gefahrenpotential bei Reconfigure sind leere Directoryeinträge, die eigentlich nie vorkommen sollten. Findet der Reconfigure Prozess trotzdem einen solchen Eintrag, erhält der Build Manager eine Meldung, wie folgt:

Warnung bei leeren Directories

```
Warning!
No selection available for directory entry
delete.c-?:csrc:1
of directory sources-1
in project editor-int.
```

Leere Directoryeinträge können zum Beispiel dadurch entstehen, dass vom Entwickler zwar eine neue Directory eingecheckt wurde,

---

[32] Dies wird durch den folgenden Eintrag in der Initialisierungsdatei von Telelogic CM Synergy® vorgenommen:
reconfigure_parallel_check = TRUE

jedoch vergessen wurde, die entsprechenden neuen Objekte ebenfalls einzuchecken. Ein Blick auf die Objekthistorie und die Auswahlattribute hilft dem Build Manager hier weiter, die Ursache für die leeren Directoryeinträge nachvollziehen zu können.

Der nächste vom Build Manager zu überprüfende Aspekt ist, ob Makefiles ersetzt worden sind. Hier besteht die Gefahr, dass ein Entwickler sein Makefile auf seine private Umgebung angepasst hat und beim Check In versehentlich dieses private Makefile benutzt hat.

Daher sollte der Build Manager generell überprüfen, ob neue Makefiles mit der aktuellen Build Umgebung harmonisieren. Sollte dem nicht so sein, könnte in dem Logfile die folgende Meldung auftauchen:

```
'makefile-6:makefile:3' replaces
'makefile-5:makefile:3'
under 'editor-2:dir:1'
```

Warnung bei Makefile-Fehlern

Ebenfalls vom Build Manager zu überprüfen ist, ob es Directoryeinträge ohne Kandidaten für das Reconfigure gibt. Ursache dafür könnte zum Beispiel sein, dass eine Task einen falschen Releasewert erhalten hat. Die folgende Meldung macht den Build Manager auf nicht vorhandene Kandidaten innerhalb eines Directoryeintrages aufmerksam:

```
2 directory entries were left empty because
they had no candidates.
```

Warnung bei nicht vorhandenen Kandidaten

Workarea Konflikte sind sehr kritisch. Erkennt der Build Manager in dem Logfile einen Workarea Konflikt, muss er zunächst die Workarea einem reconcile[33] unterziehen und anschließend das Reconfigure erneut durchführen. Die folgende Meldung weist den Build Manager auf einen Workarea Konflikt hin:

```
Failed to use selected object
main.c-12:csrc:1 under directory sources-1:1
in project calculator-int:
Workarea conflicts must be reconciled.
```

Warnung bei Workarea Konflikt

Zuletzt sei noch auf die Gefahr hingewiesen, dass eine ältere Version eines Objektes eine neue Version ersetzt. Dies wird dem Build Manager durch die folgende Meldung angezeigt:

---

[33] Auf die Funktion reconcile wird im nächsten Abschnitt näher eingegangen.

Warnung bei älterer Version

```
'foo.c-2:csrc:3' replaces
'foo.c-3:csrc:3' under
'toolkit-4:dir:1'
```

3.4.9.4
Reconfigure Templates

Festlegung der zu nutzenden Templates

Mit Hilfe so genannter Reconfigure Templates wird vom Build Manager festgelegt, wie ein Reconfigure durchgeführt wird. Um ein Reconfigure Template nutzen zu können, muss dieses sowohl im Release Set als auch in den Projekteigenschaften definiert werden, da diese beiden Konfigurationsdateien festlegen, welches Template genutzt werden soll.

Anpassung eines existierenden Templates

Die Definition des Reconfigure Templates können entweder der Build Manager oder der Administrator von Telelogic CM Synergy® vornehmen. Der einfachste Weg dabei ist, ein bereits existierendes Template zu nehmen und auf die Projektbedürfnisse anzupassen. Dies sollte bereits zu Beginn des Projektes passieren.

Sobald eine neue Baseline für ein Projekt erstellt wurde, muss das Reconfigure Template entsprechend angepasst werden, da das Reconfigure sonst auf einer alten Baseline aufsetzt. Reconfigure Templates können auch wieder gelöscht werden, wenn sie nicht mehr benötigt werden. Dies sollte jedoch erst dann passieren, wenn man wirklich sicher ist, dass das Release vollständig fertig gestellt ist.

3.4.9.5
Aufruf von Reconfigure

Einbeziehen der Subprojekte

Abbildung 63 zeigt die Dialogmaske für die Synchronisierung mit Reconfigure. Wichtig ist, dass die Option: „Einbeziehen der Subprojekte" ausgewählt wird. Ebenso sollte die Option „Anzeigen von Meldungen" angewählt werden, damit der Anwender eine Statistik der Synchronisierung erhält, bzw. sieht, welche Dateien oder Objekte neu hinzugekommen sind.

Diese Meldungen werden im Anschluss an die Synchronisierung dem Anwender sowohl in einem separaten Fenster als auch in dem zuvor beschriebenen Logfile aufgelistet. Während der Synchronisierung hat der Anwender die Möglichkeit den Vorgang auch anzuhalten.

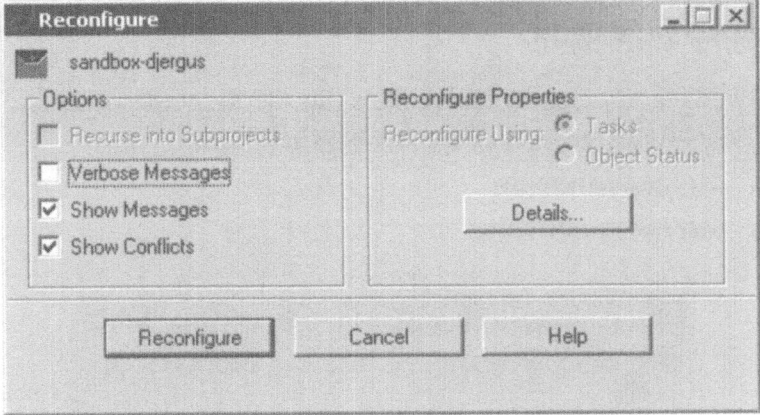

Abbildung 63: Dialogmaske für die Synchronisierung mit Reconfigure in Telelogic CM Synergy®

3.4.9.6
Fazit

Die Synchronisation ist eine der großen Stärken von Telelogic CM Synergy®. Besonders die umfangreichen Konfliktlösungsmechanismen heben das Produkt deutlich von seinen Mitbewerbern ab. Es liegt auf der Hand, dass nicht alle möglichen Konflikte von einem Konfigurationsmanagement-System gelöst werden können, Telelogic CM Synergy® ist jedoch in der Lage alle die Konflikte zu entdecken und aufzulösen, wo dies auf eine automatisierte Art und Weise möglich ist.

Eine der großen Stärken von Telelogic CM Synergy®

3.4.10
Reconcile

3.4.10.1
Einführung in die Thematik

Häufig kommt es vor, dass Anwender innerhalb ihrer Workarea arbeiten, ohne dass sie mit Telelogic CM Synergy® verbunden sind. Dies ist zum Beispiel der Fall, wenn von unterwegs (zum Beispiel beim Kunden oder von zu Hause aus) Dateien geändert oder neu erstellt werden.

Diese Dateien müssen dann beim nächsten Anmelden bei Telelogic CM Synergy® dem Konfigurationsmanagement-System bekannt gemacht werden. Dies wird über die Funktion Reconcile durchgeführt, die ebenfalls über ein Icon aus dem Projektsichtfenster aufgerufen wird.

Dateien wieder bekannt machen

3.4.10.2
Aufruf von Reconcile

Abbildung 64 zeigt die Dialogmaske für die Reconcile-Funktion. Diese teilt sich auf in die folgenden beiden Bereiche:

Konflikt- und Optionenbereich

- der Konfliktbereich
- der Optionenbereich

Abbildung 64: Dialogmaske für Reconcile

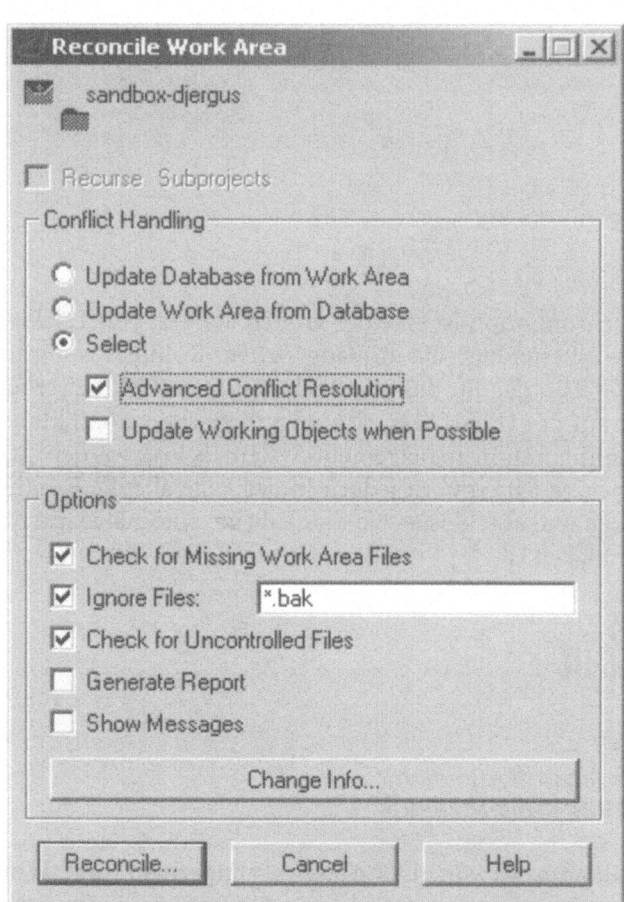

Je nachdem, welche Art von Änderungen zuvor durchgeführt wurden, kann es bei der Synchronisierung natürlich zu Konflikten kommen. Daher sollte im Konfliktbereich die Option: erweiterte Konfliktlösung ausgewählt werden. Ist diese Option aktiviert, zeigt Telelogic CM Synergy® jeden entdeckten Konflikt an und gibt dem

Anwender die Möglichkeit zu entscheiden, wie dieser Konflikt gelöst werden soll. Mehr zur Konfliktlösung weiter unten.

Im zweiten Bereich der Dialogmaske sollte die Option: *Check for uncontrolled Files* aktiviert werden. Diese Funktion sucht nach neuen Dateien, die in der Workarea angelegt wurden und noch nicht in der Datenbank vorhanden sind.

Suche nach neuen Dateien

Ebenso sollte die Option: *Show Messages* aktiviert sein. Im Anschluss kann der Reconcile-Prozess gestartet werden.

3.4.10.3
Die Konfliktlösung in Telelogic CM Synergy®

Sobald der erste Konflikt von Telelogic CM Synergy® identifiziert wird, öffnet sich automatisch die in Abbildung 65 dargestellte Dialogbox zur Konfliktlösung.

Generell sind die folgenden Konflikte denkbar, die bei einem Reconcile auftreten können:

- Eine Datei wird zwar innerhalb der Workarea gelöscht, nicht jedoch innerhalb des Projektes.

Mögliche Konflikte

- Eine Datei aus der Datenbank wurde geändert, aber die Workarea wurde nicht upgedated.

- Eine Datei in der Workarea wurde geändert, ohne dass sie zuvor ausgecheckt war.

- Eine Datei wurde neu in der Workarea angelegt, ohne dass sie dem Konfigurationsmanagement-System bekannt gemacht wurde.

- Die Datenbankkopie einer Datei aus einer anderen Workarea wurde upgedated und gleichzeitig wurde diese Datei in der Workarea geändert.

- Eine Datei aus einer anderen Workarea wurde eingecheckt, diese Workarea wurde aber nicht upgedated.

In dem Textfeld der Maske zur erweiterten Konfliktlösung werden alle von Synergy® erkannten Konflikte aufgelistet. Der obere Bereich der Dialogbox zeigt an, auf welche Art und Weise die Konflikte gesucht wurden und wie viele der jeweiligen Konflikttypen von der Routine gefunden wurden.

Auflistung aller Konflikte

Der Anwender hat nun die Möglichkeit sich zusätzliche Informationen zu jedem gefundenen Konflikt anzeigen zu lassen, bevor er mit der eigentlichen Lösung der Konflikte beginnt. Dabei bestehen die folgenden Alternativen:

Alternativen zur Konfliktbehandlung

- Über die Option compare werden die beiden Dateien, die miteinander in Konflikt stehen, verglichen.
- Über die Option Properties werden die Eigenschaften der beiden Dateien miteinander verglichen.
- Über die Option Find Use wird ein Dialog aufgerufen, um die Verwendung der Dateien zu suchen.

Generell bietet die Dialogmaske zur erweiterten Konfliktlösung vier verschiedene Alternativen zur Konfliktlösung an:

Alternativen zur Konfliktlösung

- Database from Workarea: Hier werden alle Dateien in der Datenbank mit den Dateien aus der Workarea upgedated.
- Workarea from Database: Hier werden die Dateien in der Workarea mit denen aus der Datenbank upgedated.
- Merge: siehe Kapitel 0
- Ignore: Hier wird der Konflikt ignoriert

Der Anwender wählt einen Konflikt aus der Liste aus und entscheidet sich für eine dieser aufgeführten Alternativen. Falls mehrere Konflikte auf die gleiche Art und Weise gelöst werden sollen, kann er diese zusammen auswählen und die entsprechende Konfliktlösung aktivieren.

Dieser Reconcile-Mechanismus sollte am Ende jedes Arbeitstages vom Anwender durchgeführt werden, um die auftauchenden Konflikte überschaubar (und damit lösbar) zu halten.

Eine alternative Methode besteht in der Verwendung der Funktion „Update Database from Workarea". Hierbei handelt es sich jedoch um eine Art Kopiervorgang, der wie folgt arbeitet:

Arbeitsweise des Kopiervorganges

- Alle Dateien und Objekte aus der Workarea werden übertragen, auch neu angelegte Dateien.
- Alle Dateien, die in der Workarea zuvor gelöscht wurden, werden auch aus der Datenbank gelöscht.

Daher ist die Verwendung dieser Funktion nur dann zu empfehlen, wenn genau die beiden oben aufgeführten Punkte auch beabsichtigt sind.

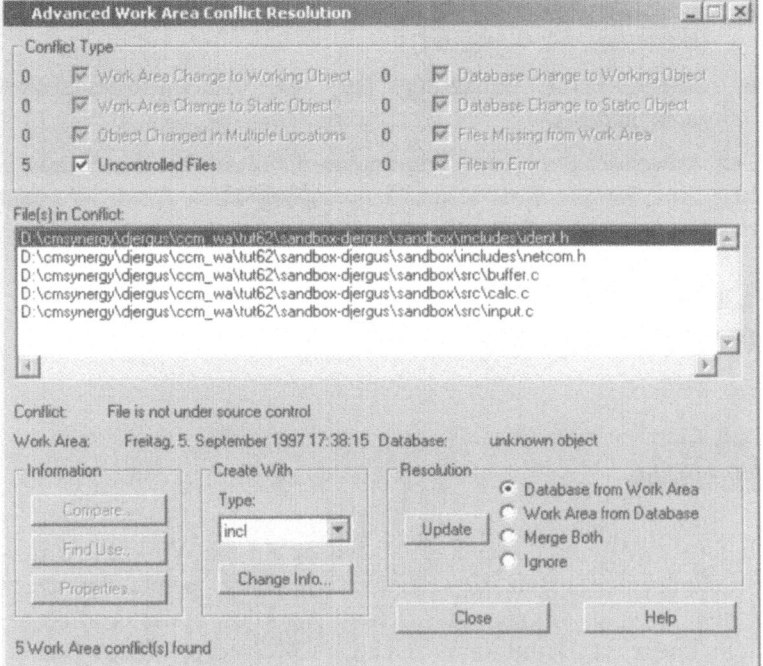

Abbildung 65:
Konfliktlösung in
Telelogic CM Synergy®

3.4.11
Rollen in Telelogic CM Synergy®

Im bisherigen Verlauf dieses Kapitels wurden bereits des öfteren Rollen wie zum Beispiel Entwickler oder Build Manager angesprochen. Im Projektsichtfenster wird jeweils die Rolle des Anwenders eingeblendet. Telelogic CM Synergy® hat eine Reihe von Rollen bereits vordefiniert:

- Entwickler, zuständig für die Entwicklung und das Testen der Software (developer)[34].

- Technischer Autor, zuständig für die technische Dokumentation, Handbücher, Onlinehilfe usw. (writer).

- Build Manager, zuständig für das Konfigurieren und den Build des prep Projektes (build_mgr).

- Tester, zuständig für das Testen der Software, arbeitet eng mit dem Build Manager zusammen (tester).

Vielzahl vordefinierter Rollen

---

[34] In Klammern werden hier immer die Synergy® internen Bezeichnungen angegeben.

- Deligierer, zuständig für das Deligieren der tasks auf die Projektmitarbeiter (assigner).
- Administrator, zuständig für die Systemadministration (ccm_admin).

Weitere Rollen können hinzugefügt werden

Der Anwender (bzw. der Systemadministrator) hat die Möglichkeit, hier weitere Rollen, die firmenspezifischen Anforderungen entsprechen, einzufügen.

3.4.12
Workflow Aspekte

3.4.12.1
Einführung

Default Workflow ist bereits integriert

Bereits zu Anfang dieses Kapitels wurde auf die Workflow Unterstützung eingegangen, die Telelogic CM Synergy® seinen Benutzern bietet. So ist ein so genannter Default Workflow in das Produkt bereits integriert. Damit kann Telelogic CM Synergy® direkt Out-of-the-box genutzt werden.

Im nächsten Abschnitt wird dieser Default Workflow kurz vorgestellt, bevor im übernächsten Abschnitt dann darauf eingegangen wird, auf welche Art und Weise dieser Workflow angepasst werden kann.

3.4.12.2
Die Aktivitäten im Default Workflow in Telelogic CM Synergy®

Der Default Workflow in Telelogic CM Synergy® ist so gestaltet, dass er sofort eingesetzt werden kann. Er besteht aus den folgenden vier Aktivitäten:

Vier Aktivitäten

- Von den Entwicklern wird in den working projects die Software entwickelt und getestet. Sobald eine Task fertig abgewickelt ist, wird diese für den Integrationstest in das prep project übertragen.[35] Beim *Reconfigure* des Projektes behält der Entwickler seine eigenen ausgecheckten Versionen und zusätzlich die letzte Version, die den Integrationstest bestanden hat.

- Im prep project prüft der Integrationstest alle tasks, die bis dahin abgearbeitet wurden. Dieser Test wird häufig täglich

---

[35] Im Normalfall werden die Unittests bereits im Vorfeld von den Entwicklern in der Workarea durchgeführt, also bevor sie in das Konfigurationsmanagementwerkzeug übertragen werden.

durchgeführt, eine Praktik, die sich im Software-Engineering bewährt hat. Ziel ist es, Fehler so früh wie möglich zu finden (und zu beheben). Verantwortlich ist hier der Build Manager.

- Der Systemtest des prep projects ist wesentlich umfangreicher. Der Build Manager erstellt und pflegt eine detaillierte Liste der der Änderungen, um sicherzustellen, dass die fortlaufenden Änderungen, die in der Zwischenzeit durchgeführt werden, nicht ungetestet in das Projekt einfließen. Derartige Systemtests werden in der Regel dann durchgeführt, wenn ein Release erstellt werden soll oder ein wichtiger Meilenstein erreicht wurde.

Systemtest ist umfangreicher

- Nachdem die Software released wurde oder einen entsprechenden Meilenstein erreicht hat, kann das gesamte Projekt released werden, um die Konfiguration sicherzustellen. Sobald ein Projekt released wurde, kann es dann als Baseline für ein neues Release dienen.

Abbildung 66 zeigt ein Beispiel, wie dieser Default Workflow in Telelogic CM Synergy® angewendet wird:

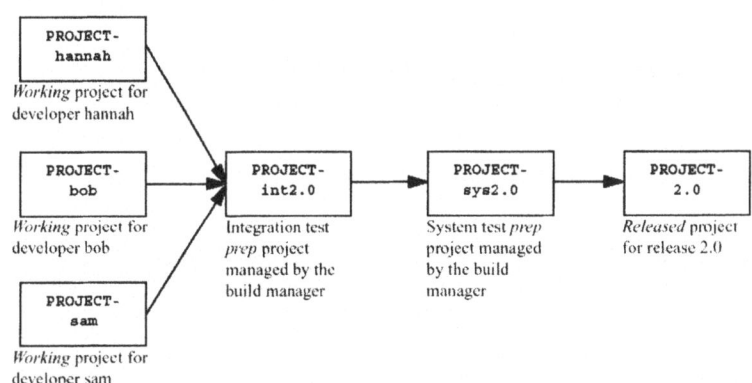

Abbildung 66: Der Default Workflow in Telelogic CM Synergy®

Dieser Default Workflow lässt sich in den meisten Projekten sinnvoll einsetzen.

3.4.12.3
Anpassungsmöglichkeiten des Default Workflows in Telelogic CM Synergy®

Eine Anpassung des oben beschriebenen Default Workflows kann aus den unterschiedlichsten Gründen notwendig sein, meist ist die Kritikalität der zu erstellenden Anwendung ein wesentliches Anpassungskriterium. Aber auch interne Vorgaben, die zum Beispiel dadurch entstehen können, dass ein Kunde die Abwicklung des

Unterschiedliche Gründe

Projektes nach dem in Kapitel 2 beschriebenen V-Modell verlangt, erfordern eine Änderung des Default Workflows.

Der Default Workflow kann in Telelogic CM Synergy® wie folgt angepasst werden:

Zusätzliche Testverfahren
- Es können zusätzliche Testverfahren in den Workflow integriert werden, wie zum Beispiel Regressionstests, Stresstests, Performancetests usw. Soll zum Beispiel eine Internetapplikation entwickelt werden, so sind zusätzliche Testverfahren notwendig, die bei einer Entwicklung einer herkömmlichen Software überflüssig waren.

- Es können die an anderen Objekten vorgenommenen Änderungen den Entwicklern zu einem früheren Zeitpunkt verfügbar gemacht werden (Aufweichung der Isolierung). Im Default Workflow ist vorgesehen, dass Änderungen erst dann den Entwicklern sichtbar werden, wenn er selber aktiv wird.

- Es können verschiedenen Releases verschiedene Workflwos zugeordnet werden. Dies ist zum Beispiel dann wichtig, wenn in einem neuen Release zusätzliche Tests durchgeführt werden müssen.

- usw.

Rekonfiguration der Templates
Die entsprechende Anpassung des Workflows kann durch eine Rekonfiguration der Templates oder der Projekteinstellungen vorgenommen werden. Abbildung 67 zeigt ein vereinfachtes Beispiel, für die Rekonfiguration unterschiedliche Releases in Telelogic CM Synergy®.

Abbildung 67: Die Rekonfiguration von Templates und der Projekteinstellungen

Project Purpose	Release 2.0	Release 2.1	Release 3.0
Personal	X	X	X
Integration Testing	X	X	X
System Testing	X	X	Not used
Regression Testing	Not used	X	Not used

3.4.12.4
Fazit

Optimale Integration von Telelogic CM Synergy®
Die Anpassung des Default Workflows ermöglicht Unternehmen eine optimale Integration von Telelogic CM Synergy® in ihren Entwicklungsprozess. Telelogic® bietet seinen Kunden ein umfangreiches Consulting zur individuellen Gestaltung des Workflows an, um eine schnellstmögliche Anpassung sicher zu stellen.

3.5 Besonderheiten von Synergy®

Telelogic CM Synergy® zeichnet sich gegenüber seinen Mitbewerbern durch eine Mainframe Anbindung aus, die besonders in der Banken- und Versicherungsbranche sehr verbreitet ist. Diese Mainframe Anbindung wird unter dem Namen ESG (Enterprise Server Gateway) vermarktet.

Mainframe Anbindung

Damit ist es möglich, dass mit ein und dem selben Entwicklungs-Workflow die drei Betriebssysteme:

- UNIX/LINUX
- Windows
- OS/390

Drei Betriebssysteme

unterstützt werden. Dadurch wird nicht nur der Schulungsaufwand minimiert, sondern zusätzlich auch noch Fehlerrisiken minimiert, da ja nur noch ein Entwicklungs-Workflow existiert. Ferner wird sichergestellt, dass eine konsistente Softwarekonfiguration zwischen diesen drei Betriebssystemen vorliegt.

Voraussetzung ist die Existenz von OS/390 Language Environement LE 370 und TCP/IP.

3.6 Analystenbewertungen

Telelogic CM Synergy® hat in den letzten Jahren hervorragende Analystenbewertungen erhalten. Bereits in Kapitel 4.2 wurde der Yphise Report aus dem Jahre 2000 referenziert, in dem Synergy® als das „most powerful tool" ausgezeichnet wurde.

Aber auch hierzulande erfreut sich Telelogic CM Synergy® guter Kritiken, so hat IT Research in seiner neuesten Studie zu Konfigurationsmanagementwerkzeugen festgehalten:

„Die leistungsstarke Verwaltung von Konfigurationen, die aufgabenorientierte Arbeitsweise sowie die Unterstützung von Arbeiten im Team gehören zu den Hauptstärken von Telelogic CM Synergy®. Weitere Stärken sind der modulare Aufbau sowie die Erweiterbarkeit sowohl durch eigene als auch durch Fremdprodukte."

Kommentar von IT-Research

3.7
Besonderheiten von CM Synergy

3.7.1
Brandneu: ActiveCM

Bei ActiveCM handelt es ich um eine Komponente von Telelogic CM Synergy®. Diese wird seit Anfang des Jahres 2002 vertrieben. Durch weitgehende Automatisierung von Routine-Aufgaben eliminiert ActiveCM bis zu 90 % aller CM-Arbeitsvorgänge. ActiveCM ist patentrechtlich geschützt.

Einfaches, intuitiv verständliches Bedienungskonzept

ActiveCM erleichtert durch sein einfaches, intuitiv verständliches Bedienungskonzept den Einsatz von Entwicklungstools unter Windows in Verbindung mit Telelogic CM Synergy®. Unmittelbar nach der Installation, die üblicherweise nur 30 Minuten dauert, können alle Projektmitarbeiter Telelogic CM Synergy® mit ActiveCM in ihrer vertrauten Windows-basierten Umgebung ohne aufwendige Schulung nutzen.

Vollständig automatisiert

Häufig vorkommende CM-Aktivitäten wie das Erstellen, Ändern oder Umbenennen von Dateien sind vollständig automatisiert und erfordern keine manuellen Eingriffe mehr. ActiveCM zeichnet solche Änderungen auf und führt die notwendigen CM Operationen automatisch und transparent im Hintergrund durch: die Projektmitarbeiter können sich auf ihre eigentlichen Aufgaben konzentrieren, ohne von CM bedingten Operationen unterbrochen oder abgelenkt zu werden. Darüber hinaus erhöht transparentes CM die Qualität der Entwicklungsarbeit, da Fehler durch manuelle CM Aktivitäten ausgeschlossen sind.

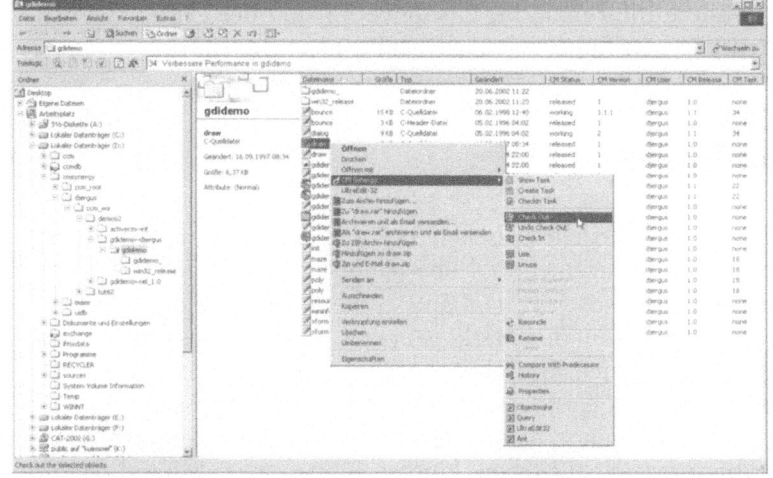

Abbildung 68:
Das zu ActiveCM®
komplementäre
Windows/Internet
Explorer Interface von
Telelogic®

Im Gegensatz zu anderen CM Systemen benötigt Telelogic CM Synergy® mit ActiveCM keine spezifische Installation für jede einzelne Windows-basierte integrierte Softwareentwicklungs-Umgebung (IDE), wie zum Beispiel Microsofts Visual Studio.net oder Borlands JBuilder. So kann das Entwicklungsteam mit seinem bevorzugten Entwicklungswerkzeug arbeiten und ein Build-Tool nutzen, mit dem es bereits vertraut ist, etwa „ant" für die Java-Entwicklung.

ActiveCM checkt während des Build-Vorgangs geänderte Dateien automatisch aus, ignoriert überflüssige temporäre Dateien und erleichtert die Hinzunahme von neuen Filtern für eine transparente Integration mit neuen Tools. Diese Fähigkeit zur intelligenten Tool-Integration vereinfacht und beschleunigt den Einsatz von Telelogic CM Synergy®, genauso wie die Inbetriebnahme weiterer Werkzeuge, die der Entwicklungsumgebung hinzugefügt werden. Administrationsaufgaben verringern sich ebenfalls erheblich, da ein separates Integrationsprozedere für jede einzelne Entwicklungsumgebung nicht mehr nötig ist.

Intelligente Tool-Integration

Weil sich CM-Operationen mit ActiveCM automatisch und im Hintergrund abspielen, können die Nutzer ohne Unterbrechung und Verzögerung ihren Entwicklungsaufgaben nachgehen. Dieses aktive Bedienkonzept vereinfacht schwierige Aufgaben wie die Versionierung von Verzeichnissen, die mit modernen High-End-CM-Systemen möglich sind. Für neue Anwender macht es das Konzept einfach, diese komplexen Prozesse zu erfassen. So können Mitarbeiter überall im Unternehmen Mitglied in einem Task-basierten Entwicklungsteam sein und von den Vorteilen eines High-End-CM-Systems wie Telelogic CM Synergy® profitieren.

Ohne Unterbrechung und Verzögerung

Weitere Informationen zu ActiveCM sind der extra eingerichteten Webseite http://www.activecm.com zu entnehmen.

3.7.2
Anbindung an SAP

Erste Schnittstelle zwischen SAP und einem Change- und Configuration-Managementtool

Als erste Schnittstelle zwischen SAP und einem Change- und Configuration-Managementtool überhaupt hat die Galileo-Group AG ein Interface zwischen dem ERP-System und Telelogic Synergy® entwickelt und auf den Markt gebracht. Das Interface hilft Firmen, ihre unternehmenskritischen Lösungen in SAP-dominierten IT-Landschaften konsistent zu halten.

Inkonsistenzen in den Kernsystemen, die durch fehlerhafte Änderungsprozesse entstehen, können Firmen an den Rand der Insolvenz bringen. Deshalb zwingen die gesetzlichen Bestimmungen, etwa die Grundsätze ordnungsgemäßer Buchführung (GOB) oder das Gesetz zur Kontrolle und Transparenz im Unternehmensbereich (KonTraG), Systemveränderungen zu protokollieren und abzusichern. Dies ist in den heterogenen Softwarelandschaften von heute nur noch mit effizienten Tools zu realisieren. Die Synergy-SAP-Schnittstelle schützt das Top-Management damit vor Verstößen gegen das GOB oder das KonTraG und ist ein Beitrag zum Risikomanagement, dessen Vernachlässigung auch den Durchgriff auf private Vermögenswerte von Top-Managern erlaubt.

Geregelter, einheitlicher und nachvollziehbarer Workflow

Mit der Synergy-SAP-Schnittstelle können Unternehmen Modifikationen und Anpassungen sämtlicher Systeme in heterogenen Systemlandschaften – also SAP- und damit gekoppelte Nicht-SAP-Lösungen – in einem geregelten, einheitlichen und nachvollziehbaren Workflow realisieren. So sind sämtliche Softwareversionen automatisch abstimmbar und bei der Versionspflege treten keine Medienbrüche mehr auf. Die Projektleitung erhält mit der neuen Schnittstelle übergreifende, komprimierte Statusreports und kann die Entwicklungsfortschritte einzelner Aufgaben zentral kontrollieren. Die Entwicklungsprozesse innerhalb und außerhalb von SAP können einheitlich mit Telelogic Synergy® koordiniert und gemanagt werden.

Das folgende Beispiel zeigt auf, welche Bedeutung diese Schnittstelle haben kann:

Klassisches Beispiel

Ein Mitarbeiter der IT-Abteilung eines mittelständischen Unternehmens hat, ohne sich an einen geregelten Änderungsprozess zu halten, eine Kundenerweiterung in das System eingespielt. Dieser Vorgang war aber nur scheinbar erfolgreich. Ungefähr acht Wochen lang ist das System unauffällig gelaufen, bis es beim

Quartalsabschluss zur Katastrophe gekommen ist: Die Buchhaltung hat bei Quartalsabschluss Schiefstände in der Debitorenbuchhaltung festgestellt.

- Daraufhin hat die IT herausgefunden, dass die Verbuchungsalgorithmen der Erlöskonten inkonsistent waren.
- Alle 30.000 Buchungen für das Quartal mussten storniert werden (davon 24.000 manuell).
- Das Customizing des Systems musste berichtigt werden.
- 30.000 Buchungen wurden neu eingepflegt (davon 24.000 manuell, was für 9 Mann 3 Wochen Aufwand bedeutete).
- Lieferanten haben z.T. ihre Lieferungen eingestellt, da die Firma in Zahlungsverzug war. Das hat in der Produktion für 1,5 Wochen zu Kurzarbeit geführt.
- Resultat: Lieferverzüge von bis zu 12 Wochen.
- Zwei Tage lang stand die Situation so auf der Kippe, dass die Geschäftsführung erwog, vorläufig Insolvenz anzumelden.
- Die folgenden Gehälter sind wegen eines Liquiditätsengpasses drei Wochen verspätet ausgezahlt worden.

Dieses Szenario, das sich so tatsächlich ereignet hat, wäre mit Telelogic CM Synergy® zu verhindern gewesen. Der Mitarbeiter hätte die Änderungen nicht ohne das Durchlaufen eines geregelten Workflows einspielen können, der garantiert, dass alle damit verbundenen Abhängigkeiten berücksichtigt werden.

Hätte mit Telelogic CM Synergy® verhindert werden können

3.8 Change- & Configuration Management bei der WestLB Systems GmbH mit Telelogic CM Synergy®

3.8.1 Vorbemerkung

Die Anforderungen an ein modernes Change- & Configuration Management (CCM) sind genauso vielfältig wie rigide. Insbesondere gilt dies für Finanzdienstleister. Die WestLB Systems GmbH, die IT-Gesellschaft der WestLB, hat sich durch einen umfangreichen Evaluierungsprozess im Vorfeld der Anschaffung eines CCM-

Vielfältige Anforderungen

Systems gut vorbereitet. Der Softwaredienstleister für Banken und das Finanzgewerbe setzt seit 1997 auf die Telelogic Synergy Suite®. Die Zusammenarbeit beider Unternehmen gestaltet sich so fruchtbar, dass bereits nach kurzer Zeit erste gemeinsame Lösungen entwickelt wurden.

3.8.2
Komplexe Projekte bei der WestLB Systems

Mit dem vorhandenen Know-how, gewonnen aus zahlreichen IT-Projekten, machte sich der damalige GB EDV der Westdeutschen Landesbank 1996 auf den Weg in die Selbständigkeit als Konzerntochter. Arbeitete man anfangs noch ausschließlich für die Muttergesellschaft, ist mittlerweile ein ganzes Bündel an Referenzprojekten auch außerhalb der WestLB zusammengekommen. Zu den Kunden zählen u. a. Sal. Oppenheim jr. & Cie, die LBS-Immobilien GmbH und die Kreissparkasse Köln.

Dienstleister im IT-Sektor

Bei der WestLB Systems versteht man sich als Dienstleister im IT-Sektor. Von der IT-Beratung über Integration von Standard-Software oder kompletten Systemlösung auf der Entwicklungsebene bis hin zum Systembetrieb reicht das Leistungsangebot. Die mehr als 1.000 Mitarbeiter sind an nationalen und internationalen Standorten – Düsseldorf, Münster, Mainz, Köln, London, New York und Tokio – tätig.

Projekte sind gewachsen und komplexer geworden

Mit dem Unternehmen sind auch die Projekte gewachsen und komplexer geworden. Damit ist die zunehmende Schwierigkeit verbunden, bei verteilt arbeitenden Teams, Konfigurationsänderungen im erforderlichen Maß zu managen. Die Herausforderungen in der Kontrolle der Versionen, der Abhängigkeiten und der Dokumentation sowie bei Test und Problem-Tracking (Fehlerbehandlung) sind enorm und nur durch ein ausgeklügeltes Konfigurationsmanagement Werkzeug zu meistern. Schon früh hat man bei der WestLB Systems deshalb mit einer umfassenden Evaluierung den Markt für Konfigurationsmanagement Werkzeuge eingehend geprüft.

3.8.3
Anforderungen der WestLB

Die Ermittlung der Anforderungen an die neue Software erwies sich dabei als keine leichte Übung. Zu den Anforderungen gehör(t)en unter anderem:

- Objekt- und taskbasierte Arbeitsweise,
- Plattformunabhängigkeit durch Unterstützung der führenden UNIX-, Windows- und Web-basierenden Plattformen,
- Versionierung, Konfigurationsverwaltung, Releasebildung und die integrierte Change Request/Problem-Verfolgung in einem Produkt,
- Unterstützung verteilter Entwicklungsteams sowie Parallelentwicklung,
- Zuverlässiges Repository mit einem nur geringen administrativen Overhead,
- Einheitliche graphische Benutzeroberfläche für alle Plattformen,
- Einfacher und flexibler Austausch von Software-Modifikationen in allen Entwicklungs- und Testumgebungen sowie
- Umfassender Service und Support.

Unterschiedliche Anforderungen

Dieser Katalog liest sich zwar wie die Niederschrift des Optimalen, sollte aber in keinem Bewertungsprozess von Change- & Configuration Management-Tools außer acht gelassen werden. Er kann als Richtschnur dienen.

Richtschnur

3.8.4
Umfangreiche Evaluierung

Die nachfolgenden, mehrmonatigen Tests verschiedener Tools in 1996/1997 brachten ein eindeutiges Resultat. Das Projektteam Change- & Configuration Management entschied sich für die Telelogic Synergy Suite®. Telelogic® erschien den Softwareentwicklern der WestLB Systems auch im Hinblick auf die Referenzen (u.a. die Dresdner Bank, Frankfurt) als geeigneter Lieferant.

Eindeutiges Resultat

Die Telelogic® Lösung war bereits zur Zeit der Anschaffung eine der modernsten überhaupt. Nachdem die Lösung dem beschriebenen Anforderungsprofil gewachsen war, folgte der praktische Teil. Telelogic® war auf das „Herz-und-Nieren-Prüfen" vorbereitet, da es zum üblichen Prozedere gehört. Gerade im Bereich der hochsensiblen Fertigung von Software im Finanzbereich muss ein Anbieter von Entwicklungstools diesem Vorgehen gewachsen sein.

Im folgenden Piloteinsatz über mehrere Monate hinweg überzeugte der „Werkzeugkasten" dann schließlich die ersten der insgesamt 35 Test-User im Unternehmen. Der Piloteinsatz zeigte, dass die ausgewählte Telelogic® Toolbox gut zum Arbeitsstil der WestLB

Piloteinsatz

Systeme passt und die Teams nicht gezwungen waren, aufgrund einer neuen Software den gesamten, schon lange erprobten und bewährten Workflow umzustellen.

3.8.5
Service und Support

Support- und Service-angebot überzeugten

Doch nicht nur die harten Facts sprachen für die Telelogic Synergy Suite®. Auch das Support- und Serviceangebot überzeugten. Zu den wichtigsten und zugleich sensibelsten Schritten der Implementierung neuer Applikationen gehören Umstellung und Anpassung während des laufenden Entwicklungsprozesses. Hier müssen Support und Service schnell und unkompliziert handeln. Zum Support gehört eine intensive Schulung der Anwender und eine vernünftige Einweisung. Die Trainer/Berater müssen aber auch in der Lage sein, die Probleme der Anwender schon im Vorfeld zu entdecken, mithin zu antizipieren, um im laufenden Betrieb die reibungslose Abwicklung nicht zu gefährden.

Gute Zusammenarbeit

Hier gab Telelogic® ein Beispiel für eine gute Zusammenarbeit, die sich schnell zu einer echten Partnerschaft entwickelte. Von Anfang an funktionierte die Kooperation gut – und das wahrscheinlich gerade aufgrund der schon vorher fixierten Anforderungen. So wusste jeder, was der andere von ihm erwartet.

Alle kleinen „Problemchen" konnten mühelos vom Telelogic Support Team gelöst werden

Nachdem schon über 200 Anwender seit nunmehr fast sechs Jahren laufend mit der Lösung arbeiten, sind die Vorzüge klar geworden. Im gesamten Zeitraum gab es keine nennenswerten Zwischenfälle. Alle kleinen „Problemchen" konnten mühelos vom Telelogic Support Team gelöst werden – oftmals in Minutenschnelle. Dieser Service gehört zu den Selbstverständlichkeiten, die ein Anbieter von Software heute leisten muss.

Die laufende Schulung der Anwender stellt die WestLB Systems mittlerweile durch einen hauseigenen Beraterstab sicher. Lediglich bei neuen Releases, wie zum Beispiel in diesem Jahr, greift man auf die Telelogic-Trainingscrew zurück.

3.8.6
Mainframe Aspekte

Positive Erfahrungen mit Telelogic CM Synergy®

Durch die über mehrere Jahre gewonnenen positiven Erfahrungen mit Telelogic CM Synergy® wurde seitens der WestLB Systems die Entscheidung getroffen, plattformübergreifend auch die Mainframeintegration ESG (Enterprise Server Gateway) von Telelogic® einzusetzen.

Inzwischen ist die Lösung bei der WestLB Systems so etabliert, dass die bestehende Mainframeanbindung ESG (Enterprise Server Gateway) als gemeinsames Projekt der WestLB Systems und Telelogic® weiterverfolgt und verfeinert wird. Die bestehende taskbasierte, plattformübergreifende Change & Configuration Management Lösung Telelogic Synergy® für OS/390-Systeme wurde erheblich verbessert. Mit dem Gateway lassen sich nun auch Lösungen für MVS (Multiple Virtual Storage) in den Change-Managment Workflow von Telelogic Synergy® integrieren. Bisher war dies nur für Client/Server-Systeme und Web-Lösungen möglich.

Beim Stemmen dieses zukunftsträchtigen Projektes flossen von beiden Partnern – WestLB Systems und Telelogic® – die umfangreichen Erfahrungen ein, die man durch die Beratung der eigenen Kunden gewonnen hat.

Umfangreiche Erfahrungen

3.8.7 Ausblick

Nach dieser erfolgreichen Bewährungsprobe setzt die West LB Systems weiter auf die bewährte Zusammenarbeit. Dabei werden zum Beispiel noch – neben den bisherigen Schnittstellen – weitere Interfaces zu anderen Applikationen entwickelt. Die fruchtbare Kunden/Lieferanten-Beziehung hat bisher für beide Partner Vorteile gebracht.

3.9 Referenzen

Telelogic® verfügt über ein branchenübergreifendes Kundenpotential. Im folgende wird ein Auszug der umfangreichen Referenzliste in alphabetischer Reihenfolge aufgelistet:

- Airbus
- Alcatel
- AT&T
- Audi
- Bank of America
- BMW
- Boeing
- British Telecom
- Cisco

Umfangreiche Referenzliste

- Credit Suisse
- DaimlerChrysler
- Deutsche Bank
- Deutsche Telekom
- Dresdner Bank
- Eastman Kodak
- Ericsson
- Eurocopter
- Ford
- Fujitsu
- General Motors
- Hewlett-Packard
- Honeywell
- IBM
- Infineon
- Lockheed-Martin
- Lucent
- Motorola
- NASDAQ
- NEC
- Nokia
- Opel
- Peugot
- Philips
- Renault
- Robert Bosch
- Rolls-Royce
- Saab
- Siemens

3.10
Fazit

Telelogic CM Synergy® gehört zu den marktführenden Produkten im Bereich Konfigurationsmanagement. Besonders die Mainframe-Anbindung und die Integration von SAP hebt das Produkt vom Wettbewerb ab. Die neue ActiveCM Version erleichtert Unternehmen die schnelle Einführung und das Erreichen einer sofortigen Produktivität. Die umfangreiche Referenzliste verdeutlicht den Erfolg von Unternehmen und Produkt.

Weitere Informationen zu Telelogic® sind der Webseite www.telelogic.de zu entnehmen.

Mainframe-Anbindung und die Integration zu SAP hebt das Produkt vom Wettbewerb ab

4 Die MKS Integrity Lösung von MKS®

Christian D. Middel, MKS GmbH
Patrick R. Staehle, MKS GmbH

4.1 Allgemeines über die MKS Inc.

Die MKS Inc. wurde 1984 in Waterloo/Ontario in Kanada gegründet und beschäftigt heute ca. 300 Mitarbeiter weltweit. Seit 1997 ist die MKS Inc. an der Toronto Stock Exchange (MKX) notiert. Heute ist MKS mit Niederlassungen in den USA, Deutschland und Großbritannien vertreten. Ein weltweites Netzwerk von Service und Technologie-Partnern, Distributoren und Fachhändlern ergänzt die Aktivitäten.

In Kanada gegründet

Die Adresse vom weltweiten Hauptsitz lautet:
MKS Corporate Headquarters
410 Albert Street
Waterloo, ON
Canada N2L 3V3
Tel.:   001 519 884 2251
Fax: 001 519 884 8861
info@mks.com
www.mks.com

Headquarters

Abbildung 69 zeigt den Hauptsitz der MKS Inc. in Waterloo/Ontario (Kanada).

Abbildung 69: Der Hauptsitz der MKS Inc. in Waterloo/Ontario (Kanada)

Die MKS GmbH wurde 1994 als erste Niederlassung außerhalb Nordamerikas gegründet und beschäftigt derzeit 20 Mitarbeiter. Es werden:

Unterschiedliche Bereiche

- Vertrieb,
- Marketing,
- Professional Service (Training, Implementation, Support)

für die gesamten MKS Integrity Lösungen in Mittel- und Südeuropa angeboten.

Der Hauptsitz in Deutschland:

MKS GmbH
Martinstraße 42-44
73728 Esslingen
Deutschland
Tel.: +49 (0)7 11 35 17 75 0
Fax: +49 (0)7 11 351775 11
Germany@mks.com
www.mks.de

4.2 Wichtige Meilensteine, Produkte und Geschäftsfelder von MKS

MKS beschäftigt sich gemäß dem Leitsatz „Build Better Software" schon seit über 18 Jahren mit Lösungen für die Software-Entwicklung.

Die Strategie für die Zukunft heißt dabei „best of breed". MKS konzentriert sich für die Zukunft auf die Kernkompetenzen im Bereich Software Configuration- und Change Management. In andere Bereiche entlang des Software-Lebenszykluses integriert MKS in die im Markt gängigen und führenden Software-Tools, um so individuell für jeden Kunden die optimale Lösung zu garantieren.

best of breed-Ansatz

Eine kurze tabellarische Darstellung der Meilensteine in der Entwicklung von MKS:

Meilensteine in der Entwicklung von MKS

1984	Gründung Mortice Kern Systems Inc. in Waterloo, Kanada.
1990	Launch von MKS RCS.
1994	Launch von MKS Source Integrity und Gründung der MKS GmbH in Deutschland.
1998	MKS Integrity Framework: Erste deutsche Version von MKS Source Integrity.
1998	Erste Notierung an der kanadischen Börse Toronto (MKX).
1998	Übernahme von Silvon Software Inc. (SCM für die iSeries, AS/400).
1999	Übernahme von DataFocus Interoperability Software.
1999	MKS Source Integrity 7.5 Client Lösung.
2000	Neue Technologie Client/Server-basierte Lösung MKS Integrity Lösung.
2001	Übernahme von Upspring Software-Analyse.
2001	MKS 4.0 Client Server Lösung mit Floating und Named Licences
2002	MKS Source Integrity 7.6 Client Lösung

Bei MKS werden zwei Produktbereiche unterschieden:

Zwei Produktbereiche

- Zum einen die **MKS Integrity Lösung** für das Software Configuration- und Change Management und zum anderen **MKS Toolkit**.

- Mit der **MKS Integrity Lösung** fokussiert MKS Software-Entwicklungsteams und bietet softwaregestützte Lösungen für die Verwaltung und Organisation der Software-Entwicklung.

Dabei stehen folgende Produkte zur Verfügung:

Unterschiedliche Produkte

- MKS Source Integrity Enterprise Edition, Client/Server-basierte High End Software Configuration Management Lösung
- MKS Integrity Manager Integriertes Change Management
- MKS Source Integrity Standard Edition Client-basierte Software Configuration Management Lösung
- MKS Implementer Software Configuration- und Change Management für die iSeries (AS 400)
- MKS Code & Engineer Integrity Software-Analyse

Die MKS Integrity Lösung wird im Detail in Kapitel Produktbeschreibungen vorgestellt. MKS Toolkit ist die optimale Lösung für alle Unix Professionals die auch unter Windows ihre gewohnte Produktivität erhalten möchten. Routineaufgaben in der Software-Entwicklung und Software-Maintenance sowie in der Applikations- und System-Administration können Unix-identisch automatisiert werden.

MKS Toolkit unterstützt neben den Unix Script Sprachen Perl, Kornshell, Cshell, sed/awk, Tcl und den mehr als 250 Unix Command Line Tools auch speziell an das relevante Windows Betriebssystem angepasste Command Line Tools. Der neue MKS Toolkit Scheduler stellt ein Interface zum Windows Task Scheduler Service bereit und kann über ein grafisches Interface als auch über die Command Line bedient werden.

Die MKS Toolkit Produkte werden mit einer Single Connectivity Suite ausgeliefert. Diese beinhaltet einen Telnet Server, Secure Shell Client/Server und einen xterm Client für die remote Administration der Applikationen und Systeme. Aufgaben wie die User- und Windows Security Administration, Unix kompatible Tape Handhabung, die Ausführung des Build Management über das Netzwerk oder die Maintenance der Website können mit der MKS Toolkit Produktfamilie umgesetzt werden.

Die MKS Toolkit Scripting Lösung ist in 3 Produktvarianten verfügbar:

Drei Produktvarianten

- MKS Toolkit für System Administrators
- MKS Toolkit für Developers
- MKS Toolkit für Interoperability

Als Add-Lösung zu MKS Toolkit ist AlertCentre verfügbar. Diese Lösung für das Monitoring, Alerting und Job Scheduling der unternehmenskritischen Systeme und Applikationen ist die kostengünstige, einfach zu installierende und flexibel auf individuelle Anforderungen anpassbare Ergänzung zu MKS Toolkit.

Mit AlertCentre bekommen IT-Professionals 24 × 7 Stunden die Gewissheit um die Verfügbarkeit des Netzwerks, der Applikationen und der Internet basierenden Informationssysteme. Es wird eine zeitgerechte Alarmierung im Fall von Unstimmigkeiten im Netzwerk sichergestellt. Sie können zwischen verschiedenartigen Benachrichtigungsmedien wählen oder unter Ausnutzung der vollen MKS Toolkit Scripting Funktionalität automatisierte Fehlerbehebungsscripts ausführen lassen.

24 × 7 Stunden Verfügbarkeit

4.3 Die MKS GmbH und deren Serviceleistungen

Der Hauptsitz in Deutschland ist in Esslingen bei Stuttgart mit folgender Adresse:

MKS GmbH
Martinstraße 42-44
73728 Esslingen
Deutschland
Tel.: +49 (0)7 11 35 17 75 0
Fax: +49 (0)7 11 351775 11
Germany@mks.com
www.mks.de

Von hier aus werden Vertrieb, Marketing und Professional Service (Training, Implementation, Support) für die gesamten MKS Integrity Lösungen im deutschsprachigen Raum angeboten. Weiterhin werden von hier aus Vertriebs- und Servicepartner vor Ort in Mittel- und Südeuropa betreut.

Anlaufstelle für Mittel- und Südeuropa

4.3.1 Standard-Trainings

Die MKS Source Integrity Trainings richten sich an alle Anwender, Projektleiter und SCM-Administratoren. Die Trainings finden regelmäßig bei einem unserer Partner statt. Ein wesentlicher Bestandteil der Trainings sind praxisorientierte Übungen am PC. Die Dauer beträgt jeweils einen Tag.

Folgende **MKS Standard-Trainings** werden angeboten:

MKS Standard-Trainings

Für das Produkt MKS Source Integrity Standard Edition (Client basierte Lösung):
- MKS Source Integrity Standard Edition Anwender
- MKS Source Integrity Standard Edition Configuration

Für das Produkt MKS Source Integrity Enterprise Edition (Client/Server Lösung):
- MKS Source Integrity Enterprise Edition Basic User
- MKS Source Integrity Enterprise Edition Advanced User
- MKS Source Integrity Enterprise Edition Administrator

MKS Company-Trainings

Weiterhin bietet MKS auch **MKS Company-Trainings** an. Diese richten sich speziell an eine Gruppe vor Ort aus dem Unternehmen. Die Inhalte werden dabei spezifisch auf die Bedürfnisse des Unternehmens abgestimmt.

4.3.2 Der MKS Support – Customer Care

Das weltweite MKS Support-Team betreut schon jetzt über 3.000 Kunden weltweit. Der deutschsprachige Support wird von Esslingen aus gewährleistet. Es handelt sich bei diesem Team um sehr gut ausgebildete und qualifizierte Mitarbeiter, die eine mehrjährige Erfahrung mit der MKS Integrity Lösung und diversen KM-Tools haben. Es besteht die Möglichkeit zwischen 2 MKS Customer Care Programmen zu wählen:

Zwei MKS Customer Care Programme
- Essential Customer Care
- Elite Customer Care

4.4 Die MKS Integrity Lösung

4.4.1 Einleitendes zur MKS Integrity Lösung

In den folgenden Ausführungen wird die Client/Server basierte MKS Integrity Lösung vorgestellt. Diese besteht aus den beiden Produkten:

- **MKS Source Integrity Enterprise Edition** Client/Server basierte High End Software Configuration Management Lösung
- **MKS Integrity Manager** Integriertes Change Management

Zwei unterschiedliche Produkte

Dabei werden die beiden Produkte sowohl in der Terminologie „Change Management" und „Software Configuration Management" eingeordnet, als auch punktuell einige Funktionalitäten beispielhaft aufgezeigt. Des weiteren wird auf die Einbindung der Lösung in die Organisation und Prozesse im Unternehmen sowie auf die Architektur und die Systemvoraussetzungen eingegangen.

Im Anschluss wird kurz das Produkt **MKS Implementer** vorgestellt, welches als Lösung im Bereich Software Configuration Management für die iSeries (AS/400) zur Verfügung steht.

4.4.2
Software Configuration- und Change Management

MKS konzentriert sich mit der **MKS Integrity Lösung** auf die Kernbereiche **Software Configuration- und Change Management**. Dabei liegt der Hauptfokus auf der Bereitstellung von hochwertigen, praxisorientierten und flexiblen Produkten.

Kernbereich von MKS

Bevor auf die Produkte im einzelnen eingegangen wird, werden die Begriffe „Software Configuration Management" und „Change Management" näher beleuchtet. Diese werden in der Literatur, wie auch in den vorausgegangenen Seiten, vielseitig belegt und sollen hier unter dem Gesichtspunkt der MKS Integrity Lösung definiert und erläutert werden.

4.4.2.1
Change Management

Change Management bedeutet, sich mit organisatorischen, planerischen und kommunikativen Fragen in der Software-Entwicklung auseinanderzusetzen, mit dem Ziel einen formalisierten, einheitlichen und gelebten Änderungsprozess im Unternehmen zu implementieren.

Was ist Change Management?

Mit Änderungsprozess ist aber nicht nur die Festlegung eines Ablaufes gemeint, der beschreibt wie mit Fehlermeldungen von Kunden umzugehen ist.

Der Änderungsprozess beginnt mit der strukturierten und zentralen Erfassung aller Änderungen, die sich an für die Software-Entwicklung relevanten Dokumenten ergeben. Dazu gehören neben Anforderungsdokumenten, Design-Dokumenten, Projekt-

Plänen, Benutzerdokumentationen natürlich auch die Quellen, aus denen das Software-Produkt hergestellt wird. Diese Erfassung wird in der MKS Integrity Lösung in Form eines Formular-Systems abgebildet.

Aufgrund der so gesammelten Änderungen lassen sich nun die weiteren Zielsetzungen formulieren. Eines der wesentlichen Ziele des Änderungsprozesses sollte dabei die Sicherstellung der Nachvollziehbarkeit von Änderungen sein. Diese Forderung unterstreichen in vielen Bereichen heute schon gesetzliche Vorschriften oder Anforderungen von Qualitätsnormen. Die MKS Integrity Lösung erfüllt diese Anforderungen durch das automatische Führen von Änderungshistorien innerhalb des Formular-Systems.

Wesentliches und zentrales Ziel des Änderungsprozesses

Ein ebenso wesentliches und zentrales Ziel des Änderungsprozesses sollte es sein, eine möglichst genaue Planung und Koordination der Durchführung von Änderungen zu machen. Hierfür ist die Beschaffung einer adäquaten Informationsbasis genauso unverzichtbar wie die Erfassung dieser Planung selbst. Mit der MKS Integrity Lösung lässt sich ein systemgestütztes Formular-Wesen aufbauen, das neben Formularen zur Erfassung von Änderungsanträgen auch eine Erfassung von Aufträgen zur Änderungsdurchführung erlaubt. Auf Basis der erfassten Daten kann dann eine entsprechende Planung vorgenommen werden.

Kommunikativen Aspekte

Neben diesen organisatorischen und planerischen Aspekten muss der Änderungsprozess aber genauso auch die kommunikativen Aspekte abdecken. Ist eine Änderung angefragt worden, dann müssen alle betroffenen Bereiche informiert werden, Entscheidungen müssen getroffen werden, die Planung der Durchführung muss an entsprechende Stellen weitergegeben werden, deren Fertigstellung muss bekannt gemacht werden und abschließend sollten auch alle Betroffenen benachrichtigt werden, wenn die Änderung schließlich gültig wird. Hier stellt die MKS Integrity Lösung ein automatisiertes Benachrichtigungs-System zur Verfügung.

4.4.2.2
Software Configuration Management

Zweite Kernbereich von MKS

Das Software Configuration Management ist der zweite Kernbereich mit dem sich die MKS Integrity Lösung befasst. Ist durch das Change Management einmal gesichert, dass alle Änderungen zuverlässig, im richtigen zeitlichen Rahmen, unter optimalen terminlichen Bedingungen und von den richtigen Ressourcen durchgeführt werden, dann stellt sich als nächstes die zentrale Frage nach der Verwaltung aller Dokumente, die durch den Änderungsprozess verändert werden. Das ist der Gegenstand des Software Configuration Managements.

Software Configuration Management bedeutet, sich mit der Strukturierung und Verwaltung von Dokumenten und Änderungen an diesen Dokumenten auseinanderzusetzen. Innerhalb der MKS Integrity Lösung stehen Funktionalitäten zur Verfügung, mit Hilfe derer Änderungen an Dokumenten und deren Strukturierung vorgenommen werden können.

Eine wesentliche Komponente stellt dabei die Strukturierung dar. Alle relevanten Dokumente müssen in Strukturen abgebildet werden, um eine gemeinsame Basis für alle Beteiligten zu schaffen. Die MKS Integrity Lösung spricht hier von so genannten Projects.

Strukturierung ist wesentlich

Die zweite Komponente ist die Verwaltung von Dokumenten und Strukturen. Ziel ist es, die Änderungen an Dokumenten aufzuzeichnen und jederzeit zugänglich zu machen. Dies umfasst auch Änderungen an der Struktur selbst. Mit der MKS Integrity Lösung werden diese Änderungen automatisiert aufgezeichnet und können stets abgefragt werden.

Da sich die meisten Dokumente nicht einfach aus dem Kontext der gesamten Struktur lösen lassen, weil es Abhängigkeiten unter den Dokumenten gibt, ist es genauso wichtig, auch gültige Zusammensetzungen von Änderungsständen der Dokumente innerhalb der Struktur abzubilden, um zum Beispiel die Synchronität von Benutzerdokumentation und dem Software-Produkt festzuhalten. In der MKS Integrity Lösung wird dies durch so genannte Checkpoints realisiert, die dazu dienen Konfigurationen in einer Historie abzulegen. Auf diese Checkpoints kann dann später wieder zurückgegriffen werden.

Im folgenden werden die Produkte der MKS Integrity Lösung beschrieben, speziell ihr Funktionsumfang, die Einsatzgebiete und die Integration der Einzelkomponenten zu einer Gesamtlösung. Im einzelnen werden aus der MKS Integrity Lösung die beiden Client/Server Produkte besprochen:

- **MKS Integrity Manager** – Integriertes Change Management
- **MKS Source Integrity Enterprise Edition** – Client/Server-basierte High End Software Configuration Management Lösung

Zwei Client/Server Produkte

4.4.3
MKS Integrity Manager - Integriertes Change Management

Abbildung der Methoden des Change Managements

Der MKS Integrity Manager bildet die Methoden des Change Managements ab. Mit Hilfe dieses Systems lässt sich der Änderungsprozess im Unternehmen implementieren. Die Basis stellt dabei ein Formular-System dar, das sich ganz den Ansprüchen des jeweiligen Änderungsprozesses anpassen lässt. Art und Inhalt der Formulare werden dabei frei konfiguriert und den individuellen Bedürfnissen angepasst.

Mit Hilfe dieses Systems können alle Informationen über Änderungen zusammengetragen werden. Sind dazu mehrere Formulare notwendig, dann lassen sich diese verknüpfen. Jedes Formular überwacht automatisch die Änderungen an sich selbst und macht diese in einer Historie verfügbar und abfragbar. An jedes Formular lassen sich beliebige Dateien anhängen.

Passend zu jedem Formular bietet der MKS Integrity Manager ein frei konfigurierbares Zustandsmodell an. Über dieses Zustandsmodell lassen sich die notwendigen Einzelschritte in der Bearbeitung eines Formulars standardisieren. Zu jedem Zeitpunkt ist der aktuelle Status bekannt.

Zuordnung von Bearbeitern oder Bearbeitergruppen

Jedes Formular bietet die Möglichkeit der Zuordnung von Bearbeitern oder Bearbeitergruppen. Dadurch kann eine gezielte Verteilung von Aufgaben innerhalb der Organisation erreicht werden, und Aufträge zum Beispiel können zur Durchführung von Änderungen einzelnen Bearbeitern zugewiesen werden.

Eine weitere Komponente stellt das Benachrichtigungs-System dar. Hiermit können automatische Email Benachrichtigungen eingerichtet werden. Es lassen sich wichtige Kommunikationsbedürfnisse automatisieren. So kann der MKS Integrity Manager zum Beispiel automatisch alle Beteiligten über durchgeführte oder anstehende Änderungen informieren.

Zur Visualisierung stellt der Integrity Manager neben frei konfigurierbaren textlichen Berichten auch die Möglichkeit grafischer Auswertungen zur Verfügung. Nachfolgend werden einige Schlüssel-Funktionen des MKS Integrity Managers genauer dargestellt.

4.4.3.1
Das Formular-System

Abbildung 70 zeigt ein Beispiel eines Formulars im MKS Integrity Manager. Je nach Anwendung können beliebig viele solcher Formulare eingerichtet werden.

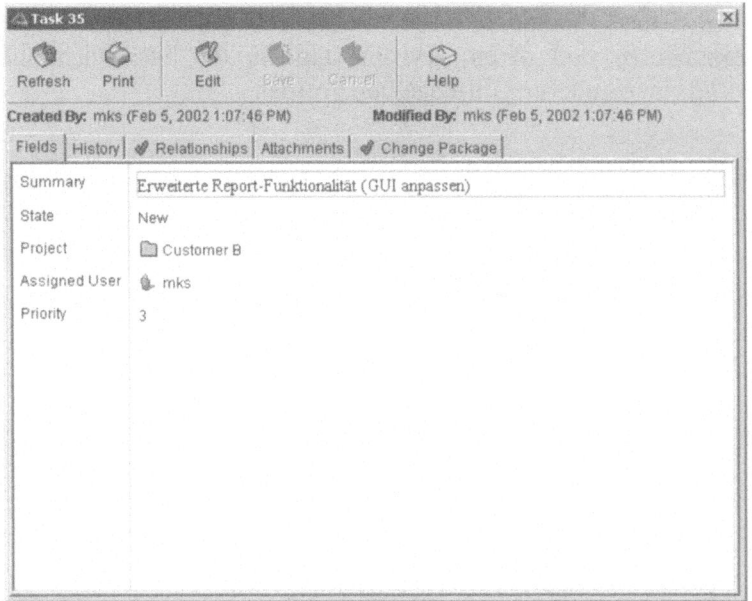

Abbildung 70: Formular im MKS Integrity Manager

Die Basisfunktionalitäten der Formulare werden durch die unterschiedlichen „Reiter" repräsentiert. Im Bereich „Fields" befindet sich der aktuelle Informationsgehalt des Formulars. Die Struktur ist frei definierbar, und es können beliebige Felder eingerichtet werden. Alle gängigen Feldtypen wie:

- Memo,
- Datum,
- Text,
- Auswahl,
- etc.

Gängige Feldtypen

stehen zur Verfügung. Es lassen sich granulare Regeln für die Sichtbarkeit und die Editierbarkeit der Felder definieren.

Der Reiter „History" beinhaltet eine komplette Aufzeichnung aller Änderungen an den Formularen. Im Reiter „Relationships" werden die Beziehungen zu anderen Formularen abgebildet. So können zum Beispiel mehrere Änderungsanforderungen mit ei-

History

nem Änderungsauftrag verknüpft werden. Werden ähnliche Änderungsanforderungen mehrfach eingestellt, können diese ebenfalls zusammengefasst werden.

Attachements Der Reiter „Attachements" verwaltet die Dateien, die zum Formular angehängt werden. Hier werden normalerweise Screenshots, Logfiles und andere für die Änderung relevante Zusatzinformationen abgespeichert.

Change Packages Im Reiter „Change Packages" findet sich dann eine Liste von Dokumenten und deren Revisionsständen, die tatsächlich auf Grund einer Änderung durchgeführt wurden.

Abbildung 71: Automatische Email Notification

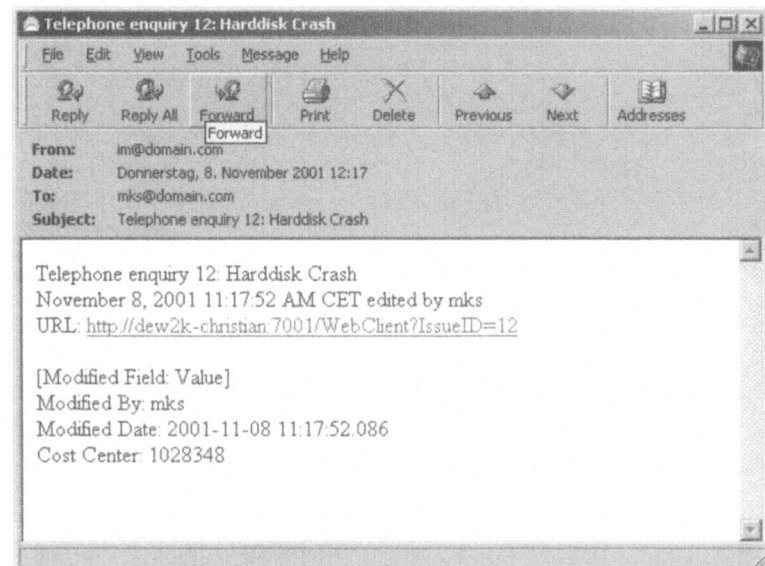

4.4.3.2
Das Benachrichtigungs-System

Das Benachrichtigungs-System erlaubt die Definition von globalen und individuellen Regeln, nach denen automatisch Emails ähnlich der in Abbildung 71 versand werden. So lässt sich zum Beispiel einstellen, dass nach dem Erfassen einer neuen Änderungsanfrage automatisch die Gruppe derjenigen informiert wird, die sich mit der Analyse des Problems befassen soll. Natürlich können die Benachrichtigungen auch benutzt werden, um Hinweise auf „stecken gebliebene" Änderungen automatisch versenden zu lassen.

4.4.3.3 Die Visualisierung

Oftmals ist es wichtig, als Vorbereitung für Entscheidungen oder zur Vorbereitung der Planung Übersichten zu generieren. MKS Integrity Manager erlaubt nicht nur das Erzeugen textlicher Berichte wie zum Beispiel eine Liste der noch nicht geplanten Änderungsanforderungen, sondern kann die gesammelte Datenbasis auch grafisch auswerten. So lässt sich zum Beispiel nachvollziehen, welches Software-Modul die größte Änderungshäufigkeit hat.

Generierung von Übersichten

Die textlichen Berichte werden im HTML-Format aufbereitet, so dass sie auch direkt innerhalb eines Intra- oder Extranets zum Einsatz kommen können. In Abbildung 72 ist ein vereinfachter möglicher Report dargestellt.

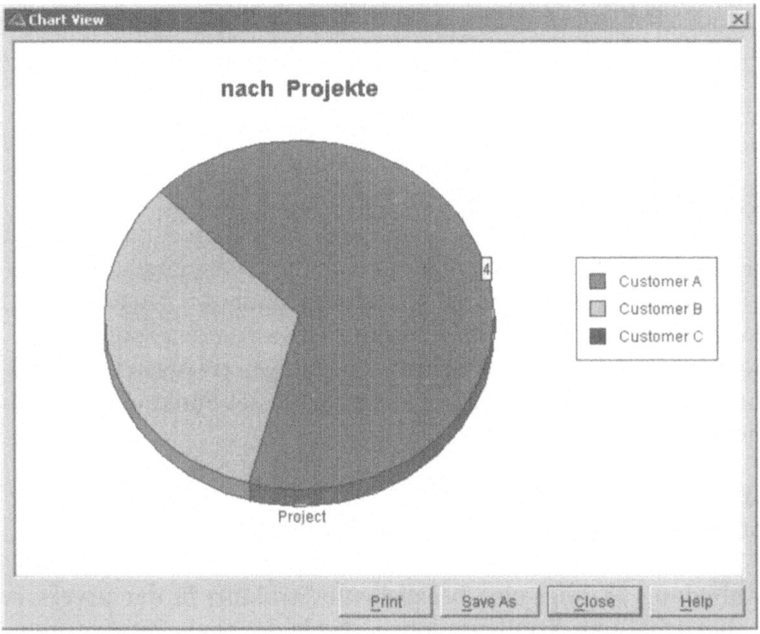

HTML-Format

Abbildung 72: Chart View aus MKS Integrity Manager

4.4.4
MKS Source Integrity Enterprise Edition

MKS Source Integrity bildet die Methoden des Software-Configuration Managements ab. Mit Hilfe von MKS Source Integrity lassen sich Dokumente strukturieren und verwalten.

Dokumente strukturieren und verwalten

Zentrales Herzstück von MKS Source Integrity ist das Repository. Im Repository lassen sich beliebige Dokumente ablegen. Für jedes Dokument werden automatisch Änderungen aufgezeichnet und ergänzt um wesentliche Metadaten in einer Historie zur Verfügung gestellt. Jede Änderung eines Dokumentes erzeugt automatisch einen neuen Revisions-Stand des Dokuments.

Einzelne Dokumente lassen sich logisch in so genannte Projekte strukturieren. Teil eines Projektes kann ein anderes Projekt sein. Einmal definierte Projekte können mehrfach in verschiedene andere Projekte eingebunden werden. Dabei definiert ein Projekt nicht nur, welches Dokument enthalten ist, sonder auch in welchem Revisionsstand es sich befindet.

Zusammensetzung der Dokumente und deren Revisionsstände

Da sich die Zusammensetzung der Dokumente und deren Revisionsstände (Konfiguration) in den Projekten über die Zeit verändert, bietet MKS Source Integrity die Möglichkeit, Änderungen an diesen Konfigurationen aufzuzeichnen und ähnlich den Revisionsständen der Dokumente in einer Historie abzulegen.

Neben diesen Basisfunktionalitäten bietet MKS Source Integrity Unterstützung bei der Abwicklung unterschiedlichster Änderungsvorhaben.

So lassen sich zu jedem Projekt beliebig viele Varianten definieren mit deren Hilfe eigene Konfigurationen für zum Beispiel Kunden- oder Plattform-spezifische Änderungen verwalten lassen.

Hauptkomponente von MKS Source Integrity

Eine weitere Hauptkomponente von MKS Source Integrity stellt die Bereitstellung von Konfigurationen und Dokumenten zur individuellen Bearbeitung in so genannten Sandboxes (Arbeitsumgebungen) dar. Jeder Bearbeiter kann sich so von den Projekten geschützte und individuelle Arbeitsumgebungen erzeugen lassen. Die folgenden Abschnitte zeigen einige Schlüssel-Funktionen detaillierter.

4.4.4.1
Strukturierung

Abbildung 73 zeigt eine beispielhafte Struktur, in der jeweils in Unterstrukturen Konfigurationen abgebildet sind. Diese Strukturierung bildet zum einen die Basis für die Ableitung von Arbeitsumgebungen (Sandbox), als auch die Basis für das Festhalten bestimmter Konfigurationen vor oder nach Abschluss einzelner Änderungen.

Die Struktur hält nicht nur fest, welches Dokument zugeordnet ist, sondern es wird auch abgelegt, in welchem Revisions-Stand dieses Dokument zu finden ist.

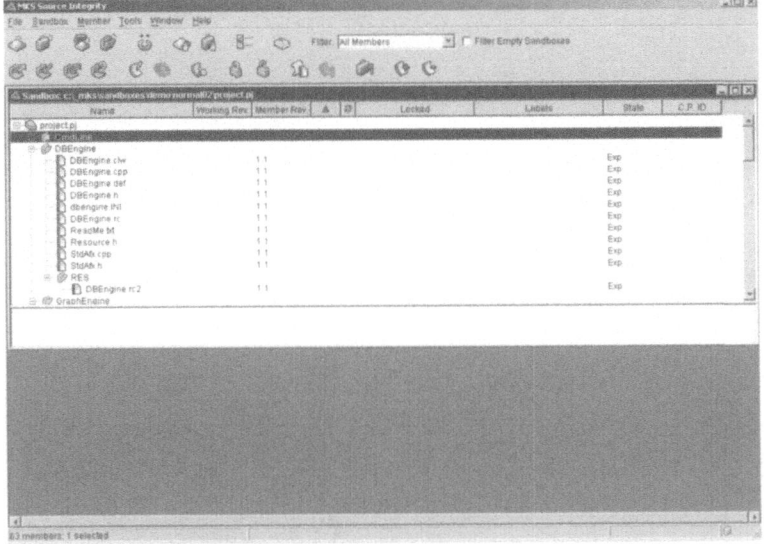

Abbildung 73: Sandbox in MKS Source Integrity Enterprise

Ist eine Struktur einmal definiert, so kann sie später auch Teil einer übergeordneten Struktur werden. Dies erlaubt neben der hierarchischen Gliederung auch die Wiederverwendung von zentralen Komponenten.

4.4.4.2
Historien von Dokumenten und Konfigurationen

Die jeweils in der Struktur beschriebene Konfiguration kann in MKS Source Integrity durch so genannte Checkpoints festgehalten werden. Bei einem Checkpoint wird die Konfiguration als Revisionsstand der jeweiligen Struktur in deren Historie abgelegt.

Checkpoints

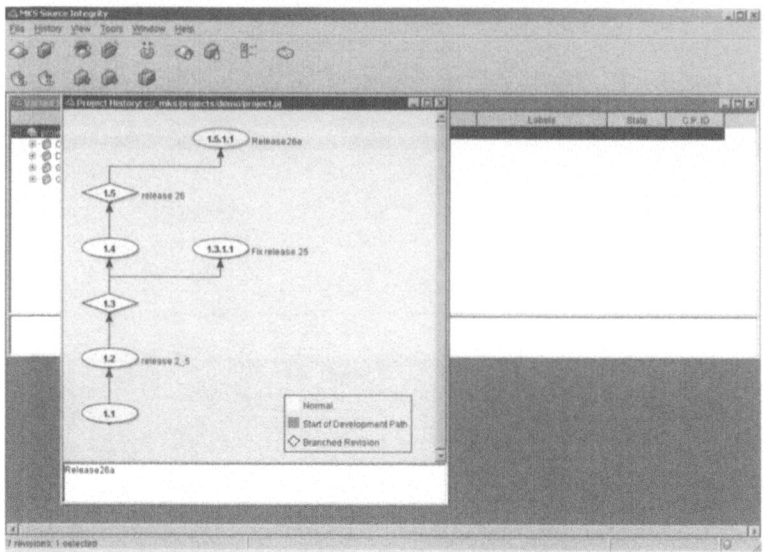

Abbildung 74:
Projekthistorie in
Source Integrity
Enterprise

Vergleichen von
Konfigurationen

Abbildung 74 zeigt eine Projekt Historie, die neben dem Hauptpfad der Entwicklung auch mehrere Seitenzweige beinhaltet. Ein Seitenzweig repräsentiert eine Anpassung einer bereits gespeicherten Konfiguration. Dies erlaubt zum Beispiel Änderungen auf einen ausgelieferten Stand der Software zu machen, ohne alle anderen Änderungen einzubeziehen (zum Beispiel Patches). Die Projekt Historie erlaubt darüber hinaus das Vergleichen von Konfigurationen um Änderungspotentiale zu ermitteln.

4.4.4.3
Die Varianten

Konzept von
Varianten

Das Konzept der Varianten wird in MKS Source Integrity angeboten, um spezifische Anpassungen von Konfigurationen vornehmen zu können. Wird zum Beispiel von den Entwicklern ein Checkpoint gemacht, der so zur Auslieferung an den Kunden bestimmt ist, dann wird in den meisten Fällen auch eine QS Maßnahme auf diese Konfiguration greifen. Während die QS daran arbeitet, werden die Entwickler schon die nächsten Änderungen implementieren. Taucht nun bei der QS ein Problem auf, dann muss dieses zunächst auf Basis der entsprechenden Konfiguration geändert werden, damit die Auslieferung stattfinden kann. Das Einarbeiten der Änderung in die aktuelle Konfiguration stellt einen zweiten Schritt dar.

In MKS Source Integrity werden auf Basis bestehender Checkpoints so genannte Varianten eingerichtet. Dadurch entsteht eine neue Struktur, basierend auf dem ausgewählten Checkpoint. Diese

Konfiguration kann dann in separaten Arbeitsbereichen bearbeitet werden.

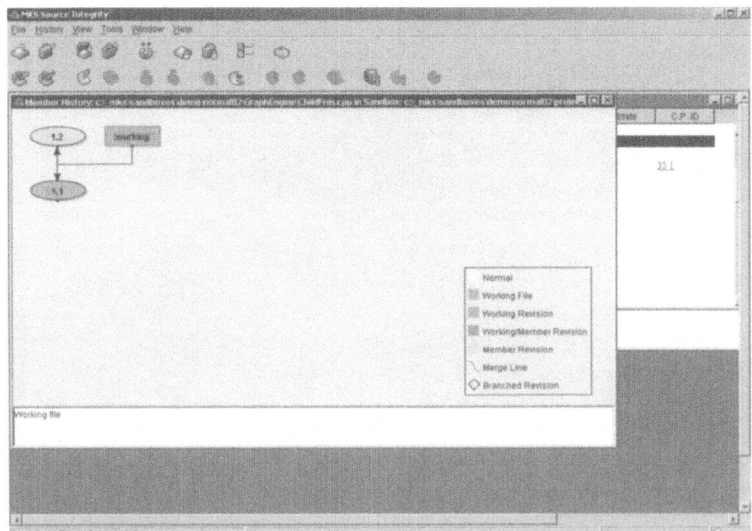

Abbildung 75:
Varianten Ansicht in
MKS Source Integrity
Enterprise

4.4.5
Die Integration von MKS Integrity Manager und MKS Source Integrity Enterprise

4.4.5.1
Die Change Packages im MKS Integrity Manager

Um den Änderungsprozess optimal mit der Verwaltung der Dokumente zu verknüpfen, bietet der MKS Integrity Manager so genannte Change Packages.

Wird im MKS Integrity Manager über ein Formular der Auftrag zur Durchführung einer Änderung gegeben, dann kann oder muss der Bearbeiter dieser Änderung bei der Erzeugung neuer Revisions-Stände der Dokumente auf das entsprechende Formular verweisen. Das Change Package ist dann eine Sammlung aller tatsächlichen Änderungen an Dokumenten aufgrund eines Auftrages.

Die Informationen aus den Change Packages sind zum einen von zentraler Bedeutung bei der Benachrichtigung über Änderungen, zum anderen sind sie aber auch unverzichtbare Grundlage für die Zusammenstellung von Konfigurationen für die Auslieferung

Informationen sind von zentraler Bedeutung

oder Produktion von Ergebnissen. Die folgenden Abschnitte zeigen den Einsatz des Change Packages im Detail.

Abbildung 76: Change Package im MKS Integrity Manager

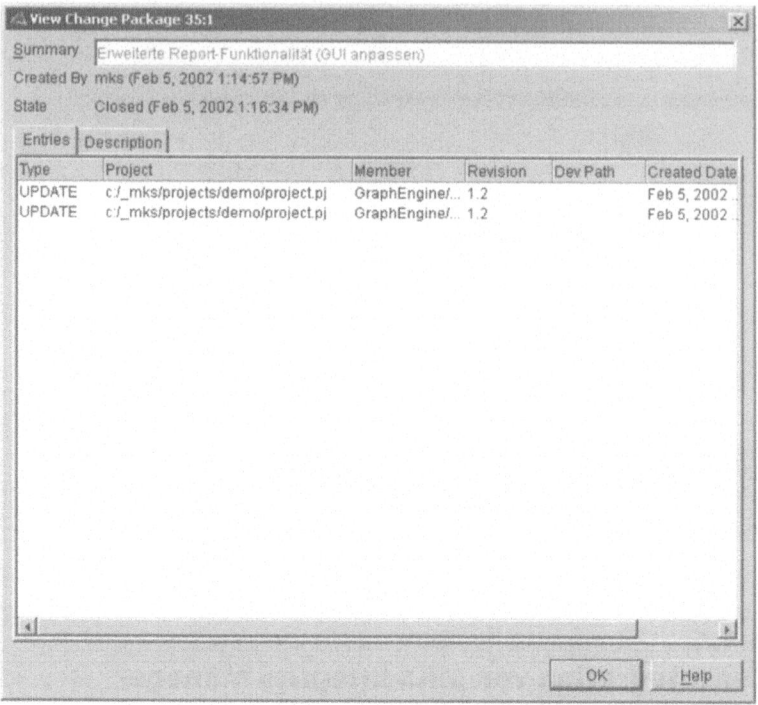

Minuziöse Aufzeichnung

Abbildung 76 zeigt das Change Package aus Sicht des Integrity Managers. Hier werden minuziös die einzelnen Änderungsschritte aufgezeichnet und logisch mit der Änderungsanforderung oder einem Änderungsauftrag verknüpft. Der MKS Integrity Manager erlaubt die Definition, welche der Formulare solche Change Packages besitzen dürfen.

4.4.5.2
Die Change Packages in MKS Source Integrity Enterprise

Systemweite Zuordnung

Abbildung 77 zeigt die Change Packages aus Sicht von Source Integrity. Wird nach erfolgter Änderung der neue Revisions-Stand veröffentlicht (Check In), dann kann eine Zuweisung eines Formulars aus dem Integrity Manager direkt erfolgen. Diese Zuordnung kann auch systemweit erzwungen werden. Das bedeutet dann, dass keine Änderungen an Dokumenten mehr gemacht werden können, ohne dass dafür adäquate Formulare im Integrity Manager existieren.

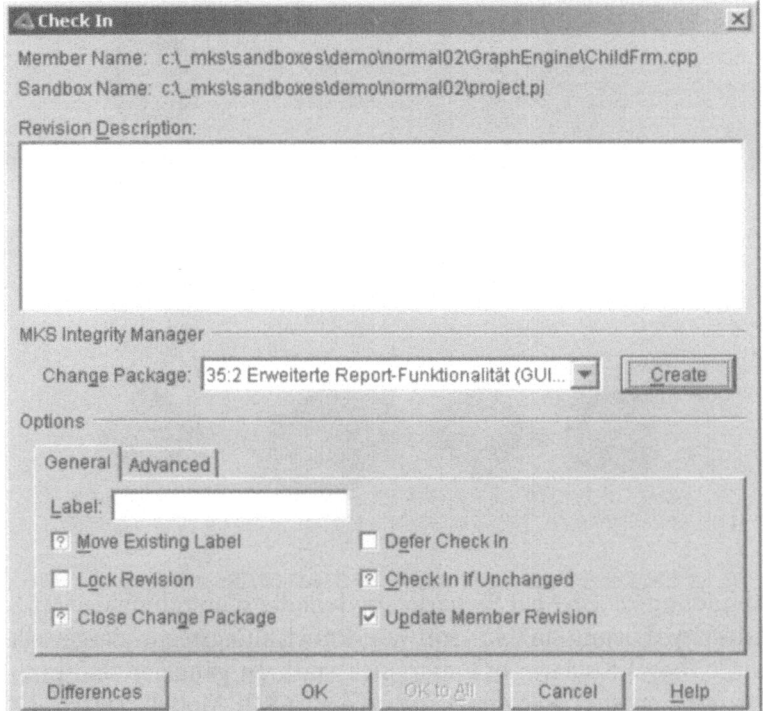

Abbildung 77: Change Package in MKS Source Integrity Enterprise

4.4.6
Die Einbindung der MKS Integrity Lösung in Organisationen und Prozesse

4.4.6.1
Das Szenario

Die Einbindung der MKS Integrity Lösung in Organisationen und Prozesse ist Gegenstand dieses Kapitels. Zur Verdeutlichung soll ein Beispiel dienen.

Abbildung 78: Die Einbindung der MKS Integrity Lösung in ein Software-Entwicklungsteam

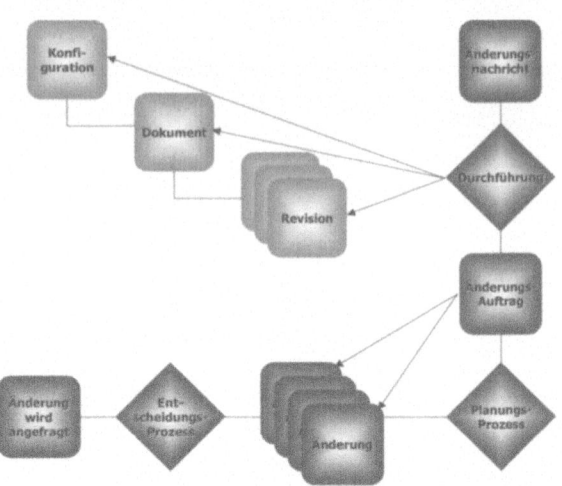

Orientierung an gängigen Software-Prozessmodellen

Abbildung 78 zeigt ein Szenario, an dem die Einbindung der MKS Integrity Lösung in ein Software-Entwicklungsteam dargestellt wird. Dieses Szenario orientiert sich stark an gängigen Software-Prozessmodellen wie zum Beispiel dem CMII-Modell. Durch die einfache Konfiguration und die sehr gute Skalierbarkeit der MKS Lösung lässt sich grundsätzlich jedes Prozess-Modell abbilden. Die MKS Lösung legt keine Vorgehensweise fest.

Die Beschreibung folgt dem in der Abbildung dargestellten Ablauf von links unten nach rechts oben. Grundsätzlich soll davon ausgegangen werden, dass Änderungen zunächst angefragt werden.

In regelmäßigen Abständen wird dann durch eine Instanz im Unternehmen eine Entscheidung bezüglich der Änderungsanfragen gefällt (Entscheidungsprozess). Welchen Kriterien diese Entscheidung folgt, soll hier vernachlässigt werden.

Nach positiver Entscheidung werden aus Änderungsanfragen dann Änderungen. Diese Änderungen sammeln sich mit der Zeit und in regelmäßigen Abständen werden dann Änderungsaufträge vergeben, die eine oder mehrere Änderungen realisieren.

Verknüpfung beider Welten

Alle Änderungen werden mit Hilfe von MKS Source Integrity in die Dokumente eingearbeitet. Die Integration zwischen MKS Source Integrity und MKS Integrity Manager verknüpft dann beide Welten über Change Packages. Nach erfolgter Änderung soll eine Änderungsmitteilung an alle Beteiligten erfolgen.

4.4.6.2
Der Einsatz vom MKS Integrity Manager

Um das im vorherigen Abschnitt beschriebene Szenario zu realisieren, müssen drei verschiedene Formulare im MKS Integrity Manager eingerichtet werden:

- Änderungsanfrage
- Änderung
- Änderungsauftrag

Drei verschiedene Formulare

Alle drei Formulare werden mit entsprechenden Feldern ausgestattet. Das Web-Interface des Integrity Managers kann nun einfach allen notwendig Beteiligten zur Verfügung gestellt werden, damit alle Änderungsanforderungen künftig mit Hilfe des Integrity Manager Formulars erfasst werden können. Durch moderne Web-Technologie lassen sich neben internen Beteiligten auch zum Beispiel Kunden und Partner einbinden.

Durch Definition von Benachrichtigungen oder Abfragen können diejenigen Bearbeiter, die für die Vorbereitung der Entscheidung zuständig sind, entsprechende Informationen immer sekunden-aktuell generieren.

Definition von Benachrichtigungen und Abfragen

Sind Änderungsanfragen mehrfach eingepflegt, so können über Relationships zusammengehörige Anfragen auch zusammengefasst werden. Durch einen einfachen Statuswechsel im Formular Änderungsanfrage können die Bearbeiter dann signalisieren, dass die Anfrage entweder zurückgewiesen wird oder zur Entscheidung bereit steht.

Ist der Entscheidungsprozess positiv ausgefallen, so kann automatisch aus der Änderungsanfrage ein Änderungs-Formular generiert werden. Hier können dann alle zusätzlichen Informationen gespeichert werden. Natürlich werden Änderung und Änderungsanfrage über Relationships verknüpft.

In regelmäßigen Zeitabständen kann eine weitere Bearbeitergruppe dann aufgelaufene Änderungen in Form einer Liste generieren und zum Beispiel aufgrund der betroffenen Dokumente zu entsprechenden Arbeitsaufträgen gruppieren.

Wird ein Arbeitsauftrag definiert, dann wird automatisch aus dem Änderungs-Formular ein Änderungsauftrags-Formular generiert. Auch hier besteht die Verknüpfung über Relationships. Die Arbeitsaufträge können dann einem Bearbeiter zugewiesen werden.

Definition von Arbeitsaufträgen

Hat der Bearbeiter alle Änderungen durchgeführt, dann wird dies durch einen entsprechenden Status-Wechsel auf dem Änderungsauftrag signalisiert. Benachrichtigungen können nun automatisiert alle Beteiligten über die erfolgte Änderung informieren.

Aufzeigen des aktuellen Fortschrittes

Während die Änderung durchgeführt wird, zeigt der MKS Integrity Manager in den zugeordneten Change Packages sehr granular den jeweils aktuellen Fortschritt für alle in Bearbeitung befindlichen Änderungen an.

4.4.6.3
Der Einsatz von MKS Source Integrity Enterprise

MKS Source Integrity kommt im beschriebenen Szenario im Anschluss an die Erstellung eines Änderungsauftrags zum Einsatz. Auf Basis dieses Änderungsauftrages kann der Bearbeiter in Source Integrity die entsprechenden Dokumente innerhalb seiner Sandbox anpassen, und die Verknüpfung zum Änderungsauftrag beim Veröffentlichen neuer Dokument-Revisionen (Check In) herstellen. Als eine unternehmensweit festgelegte Verfahrensweise (Policy) kann das Verknüpfen von Dokument-Revisionen und Änderungsaufträgen selbstverständlich verpflichtend sein.

Apply Change Package

Sollen später verschiedene Änderungsaufträge zu einer neuen Konfiguration zusammengestellt werden, so empfiehlt es sich die gebildeten Change Packages mit einer bereits bestehenden Konfiguration zu mischen. Dafür bietet Source Integrity mit Hilfe der „Apply Change Package" Funktion automatisierte Unterstützung.

Die Arbeitsweise soll kurz an einem Beispiel verdeutlicht werden. Nehmen wir an, Sie entwickeln ein Software-Produkt, das in 2 kundenspezifischen Ausprägungen (Varianten) an Kunde A und Kunde B ausgeliefert wird. Nehmen wir weiter an, Sie führen für Kunde A eine Änderung an dessen Variante des Software-Produktes durch, die eine neue Funktionalität implementiert, dann wird entlang des formalisierten und systemgesteuerten Änderungsprozesses im MKS Integrity Manager (Änderungsmanagement) beispielsweise ein Arbeitspaket definiert und spezifiziert.

Dieses Arbeitspaket verfolgt dann automatisch die einzelnen Änderungen in der Software, die durch die Entwickler vorgenommen werden und bildet ein ChangePackage. Verändern sich nun die Anforderungen des Kunden B derart, dass die neu entwickelte Funktionalität auch dort benötigt wird, dann kann das zur Verfügung stehende ChangePackage automatisch auch in dessen Variante des Software-Produktes eingepflegt werden (Apply Change-Package).

4.4.7
Die Architektur der MKS Integrity Lösung

Die MKS Integrity Lösung basiert auf einem Client/Server Konzept. Der MKS Integrity Server ist dabei die zentrale Server Komponente. Die jeweiligen Client Applikationen dienen nur der Darstellung von Ergebnissen, die am Server vorbereitet wurden.

Basis ist ein Client-Server-Konzept

Der MKS Integrity Server basiert so wie die gesamte MKS Integrity Lösung auf J2EE Technologie, die auf Basis eines BEA Weblogic Application Servers zum Einsatz kommt. Die Lizenzierung wird über einen FlexLM Lizenz Server verwaltet und abgewickelt. Entsprechende Daten werden in einem relationalen Datenbank Management System abgelegt, das über eine JDBC Connectivity angesprochen wird, wie zum Beispiel:

- Oracle,
- Informix,
- Microsoft SQL,
- Pointbase,
- DB/2

relationale Datenbanken

Delta-Informationen selbst werden in einem nativen Verfahren direkt im Dateisystem abgelegt. Zur automatischen Versendung von Emails wird der MKS Integrity Server mit einem SMTP-fähigen Mailserver verbunden.

Abbildung 79: Das Webinterface

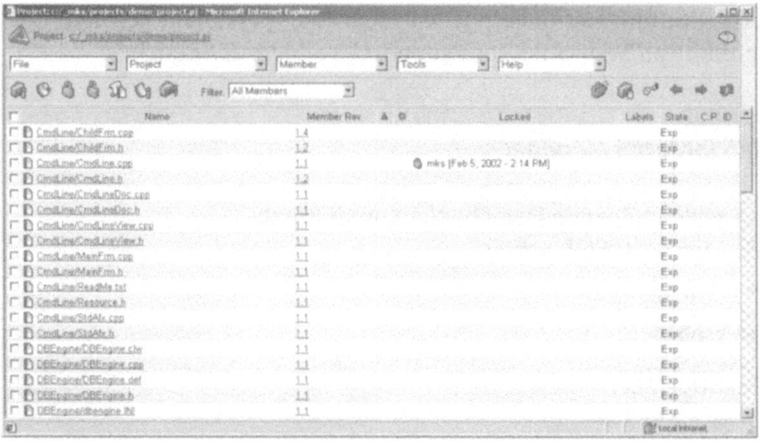

MKS Integrity Manager Clients und MKS Source Integrity Clients sind zweischichtig aufgebaut, wobei eine gesichtslose Schicht die Schnittstelle zum Server bildet und an die gesichtslose Schicht verschiedene Benutzer-Schnittstellen gekoppelt sind. Neben den grafischen Benutzeroberflächen (GUI) stehen auch Kommandozeilen-orientierte Oberflächen (CLI) zur Verfügung. Die Browser-basierten Benutzer-Schnittstellen werden direkt vom Server angeboten. Abbildung 79 zeigt beispielhaft das MKS Source Integrity Web-Interface. Clients und Server kommunizieren über TCP/IP miteinander.

4.4.8
Unterstützte Plattformen der MKS Integrity Lösung

4.4.8.1
MKS Integrity Server

Unterstützte Serverplattformen

Serverseitig werden folgende Plattformen unterstützt:
- Window XP
- Windows NT
- Windows 2000
- Solaris
- HPUX
- Red Hat Linux
- AIX

Aktuelle Informationen zu den einzelnen Versionen erhalten Sie unter: http://www.mks.com/support/productinfo/iman/

4.4.8.2
MKS Integrity Manager

Unterstützte Datenbanken

Es werden folgende Datenbanken unterstützt:
- Microsoft SQL Server
- Oracle
- DB2
- Informix
- Pointbase

Web Interface (Browser Support) ist möglich für:
- Microsoft Internet Explorer
- Netscape Navigator

Der MKS Integrity Manager Client ist verfügbar für:

- Windows 95
- Windows 98
- Windows ME
- Windows NT
- Windows 2000
- Windows XP
- Solaris
- HP-UX
- AIX
- Red Hat Linux

Unterstützte Client-Plattformen

Aktuelle Informationen zu den einzelnen Versionen erhalten Sie unter: http://www.mks.com/support/productinfo/iman/

4.4.8.3
MKS Source Integrity Enterprise

Der MKS Source Integrity Enterprise Client ist verfügbar für:
- Windows 95
- Windows 98
- Windows NT
- Windows 2000
- Windows ME
- Windows XP
- Red Hat Linux
- Solaris
- HP-UX
- AIX

Plattformen für MKS Source Integrity Enterprise Client

Aktuelle Informationen zu den einzelnen Versionen erhalten Sie unter: http://www.mks.com/support/productinfo/sie/
MKS Source Integrity Enterprise lässt sich in eine Vielzahl von Produkte integrieren. Anbei ein Auszug der zur Zeit verfügbaren Integrationen
- Borland JBuilder Enterprise
- Borland Delphi IBM
- VisualAge for Java Professional Edition
- IBM WebSphere Studio Advanced Edition

Verfügbare Integrationen

- IBM VisualAge for Java Enterprise Edition
- IBM WebSphere Studio Application/Site Developer
- Macromedia ColdFusion Studio
- Microsoft Embedded Visual C++
- Microsoft Visual Basic
- Microsoft Visual C++
- Microsoft Visual J++
- Microsoft VisualStudio.NET
- Rational Rose 2000e Enterprise Edition
- Starbase CodeWright
- Sybase Powerbuilder
- WebGain Visual Cafe Enterprise Edition
- Windows Explorer

Aktuelle Informationen zu den einzelnen Versionen und neuen Inte-grationen erhalten Sie unter:
http://www.mks.com/support/productinfo/integrations/index.shtml#sie

4.4.9
Neuigkeiten zur MKS Integrity Lösung

4.4.9.1
Verteilte Entwicklung „Federated Server"

„Federated Server"-Ansatz

Mit dem „Federated Server"-Ansatz zeigt MKS wieder einmal Kompetenz im Bereich der verteilten Entwicklung. Grundsätzlich begegnet „Federated Server" technischen Szenarien, bei denen auf der einen Seite der Wunsch nach einem zentralen Repository herrscht, jedoch einzelnen Unternehmens-Standorte nur sehr schmalbandig an dieses zentrale Repository angebunden sind.

Eigener MKS-Server

Haben sich bisher („direct access" in der Abbildung 80) MKS-Clients direkt über das Netzwerk mit dem zentralen MKS-Server verbunden, so kann an den einzelnen Standorten jetzt ein eigener MKS-Server implementiert werden (SI Proxy). Die MKS-Clients greifen dann immer direkt über die zur Verfügung stehende LAN Verbindung auf den lokalen MKS-Server zu. Diese Verbindung ist in den meisten Fällen schneller als die Verbindungen zwischen den Standorten.

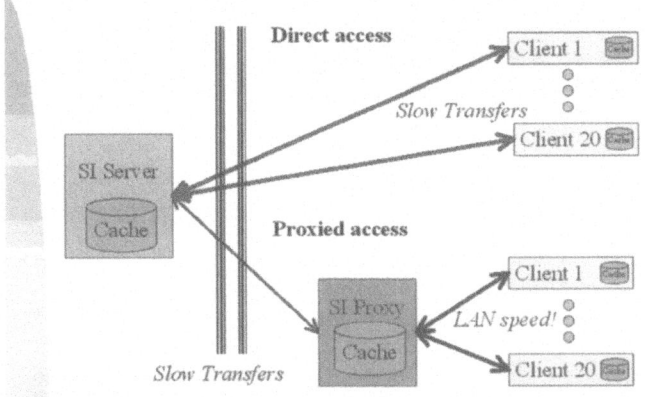

Abbildung 80:
Architektur des
„Federated Server"-Ansatz

Der lokale „SI Proxy"-Server ist dabei nicht nur eine generische Methode der Datenverteilung, sondern besitzt auch applikationsspezifische Funktionalität, die darauf hin optimiert wurde, möglichst schnelle Antwortzeiten für die MKS-Clients zu realisieren. Dabei konnten in speziellen Funktionalitäten Verkürzungen um das bis zu 200fache erreicht werden.

4.4.9.2
Ein Plus für komponentenorientiertes Entwickeln „Heterogenious Project Tree"

Organisationen mit einem Schwerpunkt bei komponentenorientierter Software Entwicklung werden die neuen Möglichkeiten des „Heterogenious Project Tree" in MKS Source Integrity 8.3 besonders freuen.

Abbildung 81: Konfigurieren einer Komponente

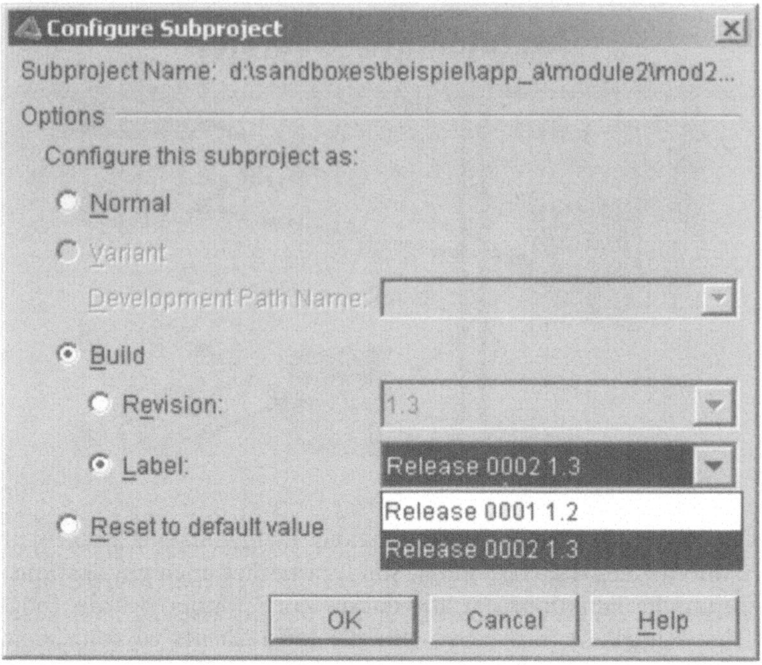

Wird ein neues Software-Projekt begonnen, dann kann der Konfigurations-Manager einfach auf die Menge aller im Repository vorhandenen Komponenten zurückgreifen und die notwendigen Elemente für das neue Projekt zusammenstellen.

Weiterentwicklung auf Basis der aktuellsten Konfiguration

Erstens kann bei der Zusammenstellung die Komponente derart eingebunden werden, dass eine Weiterentwicklung auf Basis der aktuellsten Konfiguration möglich ist. Zum zweiten ist es möglich eine bestimmte Konfiguration (Baseline) der Komponente einzubinden, bei der an eine Weiterentwicklung nicht gedacht wird. Selbstverständlich kann die Komponente jedoch auf neuere Baselines „upgedatet" werden, wenn diese in einem anderen Zusammenhang entstehen. Die dritte und letzte Möglichkeit ist, die Komponente so einzubinden, dass basierend auf einer Variante an der Komponente weiterentwickelt werden kann. Die Variante basiert dabei auf einer Baseline.

Neue und flexible Möglichkeiten der Zusammenstellung von Software-Konfigurationen

Zusammenfassend lässt sich also sagen, dass MKS durch den „Heterogenious Project Tree" neue und flexible Möglichkeiten der Zusammenstellung von Software-Konfigurationen auf Basis bestehender Komponenten ermöglicht.

4.4.9.3
Integrity Manager CLI und Event Trigger

Die Flexibilität des MKS Integrity Managers macht dieses System zur unverzichtbaren Basis für die Integration der unterschiedlichen Entwicklungswerkzeuge im Software-Prozess. Beliebige Prozesse können abgebildet, verfolgt und gemessen werden.

Dabei ist es immer wieder wichtig Daten aus dem MKS Integrity Manager herauszulesen oder Daten in den MKS Integrity Manager einzustellen. Dazu hat MKS in der neuesten Version des MKS Integrity Managers 4.4 eine kommandozeilenorientiere Schnittstelle bereit, mit deren Hilfe sich Daten im XML Format leicht exportieren und importieren lassen.

So können Sie zum Beispiel automatisch aus Testwerkzeugen die aufgedeckten „Ungereimtheiten" dem MKS Integrity Manager und damit einem definierten Prozess für die Beseitigung solcher „Vorkommnisse" zuführen. Zusammenfassend lässt sich sagen, dass durch die Einführung der kommandozeilenorientierten Schnittstelle jegliche Form von automatisierter Integration des MKS Integrity Managers in beliebige Prozesse möglich geworden ist.

Neben der neuen Schnittstelle wurde die Automatisierungs-Fähigkeit des MKS Integrity Managers noch durch eine weitere Komponente ausgebaut. Die Event Trigger.

Mit Hilfe der Event Trigger gelingt es im MKS Integrity Manager nun, individuell auf Ereignisse im System zu reagieren und damit den Adaptionsgrad des Systems an reale Prozesse weiter zu verbessern.

Zum einen bieten Event Trigger die Möglichkeit direkt auf den Bereich der Datenerfassung einzuwirken um hierbei zum Beispiel zusätzliche Prüfungen durchzuführen. Bedenkt man die Aufwände für die Bereinigung von Datenbeständen, so wird schnell klar, warum sich oft eine präzise erste Erfassung der Daten lohnt.

Zum anderen bieten Event Trigger die Möglichkeit direkt an Ereignisse geknüpft andere Systeme mit den im MKS Integrity Manager definierten Prozess zu integrieren. So kann zum Beispiel bei Zustandsänderungen die automatisierte Bereitstellung einer Testumgebung angestossen werden.

4.4.10
Das Fazit zur MKS Integrity Lösung

Notwendige Skalierbarkeit vorhanden

Zusammenfassend lässt sich festhalten, dass die MKS Integrity Lösung die notwendige Skalierbarkeit bietet, sich den schnell verändernden und wachsenden Anforderungen hinsichtlich der Verwaltung, der Organisation, der Planung und Strukturierung der Software-Entwicklung anzupassen.

Durch moderne Technologie können überflüssige Medienbrüche vermieden werden, und moderne Formen der Kommunikation integriert genutzt werden.

Mit Hilfe der offenen Schnittstellen lässt sich die MKS Integrity Lösung problemlos in die bestehende Umgebung integrieren, so dass Werkzeuge, wie zum Beispiel Entwicklungsumgebungen, Projekt-Planungs-Werkzeuge und ähnliches direkt mit der MKS Integrity Lösung zusammen arbeiten.

Adaptives System

MKS bietet mit der Integrity Lösung ein adaptives System, das sich leicht an die jeweiligen Erfordernisse anpassen lässt. Um diese Flexibilität zu gewährleisten, setzt die MKS Integrity Lösung auf intuitive Handhabung in der Benutzung wie in der Administration.

Unabhängige Untersuchungen zeigen immer wieder, dass die beschriebene Funktionalität der MKS Integrity Lösung nicht nur zukunftsweisend ist, sondern auch in der Kategorie Preis-/Leistungsverhältnis stets mit Bestnoten abschneidet. Geringe Administration wie zum Beispiel bei der Einrichtung von Formularen sowie die schnelle und intuitive Einarbeitung der Benutzer garantiert niedrige „Total Cost of Ownership".

Durchgängige, systembasierte und unternehmensweite Abbildung der Software-Entwicklung

Damit wird eine durchgängige, systembasierte und unternehmensweite Abbildung der Software-Entwicklung gewährleistet. Neben der Verwaltung aller Dokumente und des Source Codes wird die vollständige Abbildung des Änderungsprozesses erreicht.

So ausgestattet liefert jeder Teilbereich der Software-Entwicklung stets aktuelle Informationen, die dann die Basis optimierter Planung, effizienter Steuerung und nachvollziehbarer Durchführung bilden.

4.4.11
MKS Implementer

Die iSeries Lösung von IBM unterstützt Unternehmen bei der Erstellung und Optimierung von unternehmenskritischen Applikationen. Der MKS Implementer bietet dabei in jeder Phase des Software-Entwicklungsprozesses unterstützende Funktionalitäten und optimiert somit die Produktivität der Entwicklung. Durch die Kombination von Funktionalität und Einfachheit in der Handhabung stellt das Produkt einen leichten Einstieg für Erstbenutzer bereit und bietet fortgeschrittenen Nutzern die entsprechende Funktionsbreite und -tiefe.

Mit dem Ziel die Entwicklungszyklen zu vereinfachen, stellt Implementer die Integrität von Software Installationen in Produktions- und Testumgebungen auf iSeries und AS/400 Server sicher.

Entwicklungszyklen vereinfachen

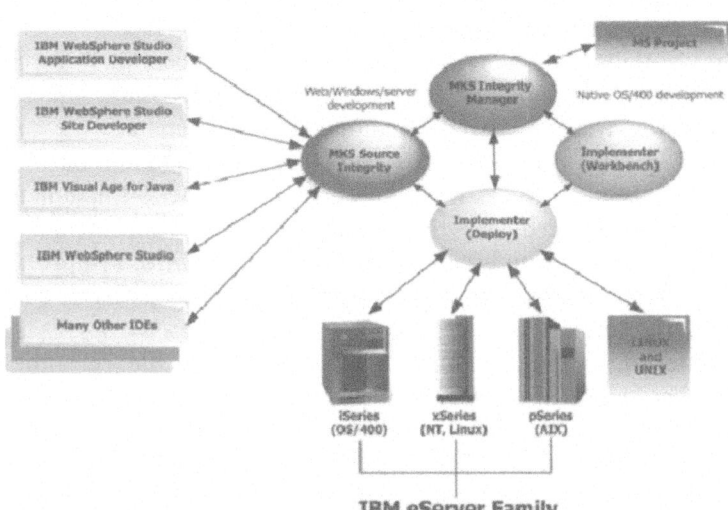

Abbildung 82: Kommunikations- und Integrationsmöglichkeiten von MKS Implementer Entwicklungswerkzeuge integrierbar

Ob Sie nativ OS/400, Websphere oder auf verschiedenen Plattformen entwickeln, Implementer ist in die am Markt führenden Entwicklungswerkzeuge integrierbar.

MKS Implementer Integration lässt sich in Integrity Manager – integriertes Change Management – Source Integrity Enterprise – Software Configuration Management integrieren, wie in Abbildung 82 dargestellt.

Die vereinfachte Grafik zeigt die Kommunikations- und Integrationsmöglichkeiten von MKS Implementer. Der MKS Integrity Manager stellt die zentrale Instanz dar. Alle Aktivitäten können hier durch flexible Workflows kontrolliert werden. Die „Workbench" vom MKS Implementer ist der zentrale Arbeitsbereich, von dem alle Change Management- und Entwicklungsaktivitäten ausgehen.

Flexible Workflows

Das Deployment kann zentral gesteuert werden. Möglich wäre hier Zeitfenster zu definieren, in denen die Netzlast gering ist und/oder das System unter geringer Last fährt.

Dezentrale Lösung Für eine dezentrale Lösung auf Remote-Systeme kann mit Hilfe des MKS Implementer Receivers die Verteilung vorgenommen werden. Auf dem Remote-System können diese Änderungen bei Bedarf vor der Installation nochmals eingesehen werden.

Des weiteren ist der Import von Informationen aus jeder Helpdesk- oder CRM-Anwendung, die eine JDBC oder ODBC zugängliche Datenbank unterstützt möglich. Implementer-Benutzer haben die Wahl; sie können MKS SupportCenter oder eine beliebige Helpdesk-Applikation verwenden.

Emergency Handling In Notfallsituationen muss der Entwicklungszyklus durch „Emergency Handling" abgesichert werden. Dabei muss ein System wissen, wie es in Notfallsituationen zu reagieren hat.

MKS Implementer liefert das Werkzeug. Mit ihm kann das System sicherstellen, wie es wann zu reagieren hat. MKS Implementer vergewissert sich, dass Emergency Handling von einem bestimmten Benutzer und vom System kontrolliert wird. Prüfprotokolle dokumentieren den Prozess und ermöglichen jederzeit eine lückenlose Aufklärung.

Resource Management Weiterhin ist ein „Resource Management" und die Terminierung über mehrere Projekte durch eigenes Projektmanagement System "ProjectMaster" möglich. ProjectMaster unterstützt den gesamten Projektlebenszyklus. Angefangen bei der Planung über prozessbegleitende Kontrolle, Reporting und Analyse bis hin zu interaktiven Planungsänderungen. Das Management oder Projektleiter haben Einblick in bestimmte Projekte und deren Unterprojekte, ohne den Gesamtüberblick der interagierenden Projekte zu verlieren. Sie haben jederzeit den Überblick über ihre Ressourcen – welche an welcher Problemstellung in welchem Projekt arbeiten. Die interaktive Ganttdiagramm Funktionalität ermöglicht, die Ressourcen jederzeit online, mit unmittelbarer Sichtbarkeit, neu zu vergeben.

Rollback und Recovery Funktionalität Des weiteren bestehen vielfältige Rollback und Recovery Funktionalitäten. Die Möglichkeit, ein „Undo" auf produktive Systeme zu fahren, Wiederherstellen von vorherigen Versionen etc., um die Betriebsfähigkeit aufrecht zu erhalten, beinhaltet sehr hohe Anforderungen an ein Produkt. MKS Implementer bietet folgende Rollback Funktionalitäten:

- Es stellt das Produktivsystem automatisch in einem Schritt wieder her.

- Wiederherstellung einzelner Änderungen oder individueller Punkte.

- Es benötigt keine Programmierkenntnisse.
- Es wird als Änderungsanforderung gehandhabt, was eine vollständige Protokollierung sicherstellt.
- Die Wiederherstellung spezifischer Objekte ermöglicht die schnelle Systemwiederherstellung.

Das MKS Implementer Receiver Modul stellt asynchrone Software Configuration Management Funktionalitäten auf iSeries Umgebung zur Verfügung. MKS Implementer Receiver regelt auf eine sichere und einfache Art die Software-Verteilung für eine unbegrenzte Anzahl an iSeries (AS/400) Servern. Sowohl TCP/IP oder APPC/SNA können als Protokoll genutzt werden.

Asynchrone Software Configuration Management Funktionalitäten

Mit SupportCenter ist bei MKS Implementer ein IT-fokussiertes Helpdesk-System verfügbar. Es verfügt über ein Protokollierungs- und Überwachungssystem. Es reagiert auf Änderungsanfragen und berichtet über die Probleme oder die Software-Änderungsanträge von iSeries Nutzern. Jedes Benutzerproblem oder jeder Antrag kann mit einem Minimum an Aufwand über Selektionsmöglichkeiten in das System eingegeben werden.

SupportCenter bietet auf Prioritätencode-Basis Eskalationsmechanismen. Mit ihrer Hilfe können zeitkritische bzw. nicht fristgerechte Bearbeitungen, die durch mögliche Engpässe auftreten, aufgespürt werden. Entsprechend dieser Informationen kann reagiert und das Problem beseitigt werden, um eine höhere Zufriedenheit und Akzeptanz zu erzielen. Anbei ein Überblick weiterer Funktionalitäten:

- Unterstützt Drittanbieter Kompilierungs-Routinen.
- Kontrolle von Änderungswünschen, vom Zeitpunkt der Erstellung bis Zeitpunkt der Veröffentlichung.
- Integriertes Reporting ermöglicht zu jeder Zeit aktuelle Informationen über den Projektstand.
- Systemprotokollierung von Änderungen.
- Erkennen von Objekt-Abhängigkeiten – ermöglicht automatisches, in der entsprechenden Reihenfolge durchgeführtes Rekompilieren aller in Beziehung stehender Objekte.
- Beibehalten der Objekt-Eigenschaften (database member, authorities, printer file settings etc.) bis zum Zeitpunkt der Veröffentlichung.
- Remote Change Management und Verteilung (Bsp.: Abchecken auf einem Remote-Host, Verteilung auf mehrere Remote Server, Zeitpunktgesteuertes Aktualisieren etc.).

Weitere Funktionalitäten

- CASE Tool Adapter für COOL:2E, LANSA, AS/SET und J.D.Edwards.
- Integration von Applikationssoftware, Bsp.: Lotus Notes und Domino, BPCS, CA-PRMS und weitere.
- Impact Analyse zeigt Änderungsabhängigkeiten auf (HAWKEYE´s, ABSTRACT und Robot).
- Secure Promotion Technologie (SPT).
- Integrated File System (IFS) Unterstützung.
- Structured Query Language (SQL) Unterstützung.
- Integrated Language Environment (ILE) Unterstützung.
- Objektversionierung (zum Beispiel mit Änderungsnummer oder Designänderungsnummer).

MKS Implementer Systemanforderungen

MKS Implementer 5.3 ist für RISC OS/400 V4R4 und höher erhältlich. Ältere Versionen vom MKS Implementer sind nach wie vor für CISC OS/400 V3R2 and RISC OS/400 V3R7 und höher erhältlich. MKS Implementer muss auf jedem Server, von dem aus Software-Verteilung erfolgen oder auf dem Software eingespielt werden soll, installiert werden. Der separat zu lizenzierende Implementer Receiver muss auf jedem System installiert werden, auf dem über verteilte Systeme Software eingespielt werden soll.

4.5
Externe Beurteilung durch die Studie: „Konfigurationsmanagement" von IT-Research

Gutes Abschneiden in der IT Research Studie

In Zusammenarbeit mit IT Research hat die GfKM im Sommer 2001 die Studie „Konfigurationsmanagement" mit einer Bewertung der gängigsten KM-Werkzeuge im Markt erstellt. Bei dieser Studie hat MKS sehr gut abgeschnitten. Anbei finden Sie ein paar Originalzitate aus der Studie:

„Überraschend beim Gesamtergebnis war, ... dass MKS mit seiner Client/Server- Lösung MKS Source Integrity Enterprise Edition nun auch bei den Komplettlösungen dabei ist." (Zitat Seite 72)

Deutlicher Schritt nach vorne

„MKS deckt mit seiner KM-Lösung die Anforderungen der Softwareentwickler größtenteils ab. MKS hat mit der Ende 2000 erstmals ausgelieferten Client/ Server- Version einen deutlichen Schritt nach vorne gemacht und spielt jetzt im oberen Feld der KM-Tools mit. Da MKS ein flexibles Lizenzierungsmodell anbietet, ist dies eine echte Alternative zu den anderen KM-Werkzeugen mit unternehmensweitem Fokus." (Zitat Seite 127)

„Die Schwerpunkte der KM-Lösung von MKS sind in der Datensicherheit, der Performance und der Bedienerfreundlichkeit angesiedelt. Erreicht wird dies durch eine robuste und performante Client/Server Architektur." (Zitat Seite 129)

„Mit der Möglichkeit der Einbindung verschiedener Datenbanken (Oracle, Microsoft SQL) und durch den Einsatz des Integrity-Servers, der auf BEA Technologie basiert, lässt MKS erkennen, dass auf erprobte Standard-Technologien zurückgegriffen wird." (Zitat Seite 129)

Erprobte Standard-Technologien

„Source Integrity Enterprise Edition zeichnet sich vor allem durch Performance, Stabilität und geringen administrativen Aufwand aus. Die Günstigen Anschaffungskosten und Wartungskosten fallen positiv auf." (Zitat Seite 130)

„Des weiteren ist zu bemerken, dass MKS bei seiner KM-Lösung sehr viel Wert auf geringen Administrationsaufwand gelegt hat. Zudem besticht Source Integrity durch eine kurze und einfache Einführung in seine Funktionalität und Arbeitsweise." (Zitat Seite 130)

4.6 Der Einsatz der MKS Integrity Lösung bei der WMF AG (Württembergische Metallwarenfabrik Aktiengesellschaft)

4.6.1 Die WMF AG (Württembergische Metallwarenfabrik Aktiengesellschaft)

Seit Generationen werden WMF Erzeugnisse für Tisch und Küche wegen ihrer funktionalen und gestalterischen Qualitäten geschätzt. WMF findet der anspruchsvolle Verbraucher im gehobenen Facheinzelhandel, in führenden Warenhäusern, bei ausgewählten Versendern und in den WMF-eigenen Filialen. Aber nicht nur der private Konsument, auch der Profi vertraut auf WMF. Weltweit gehört WMF zu den führenden Ausstattern guter Restaurants, gepflegter Hotels und qualitätsbewusster Großverpfleger.

Anspruchsvolle Verbraucher

Marktführer WMF ist Marktführer und feiert sein 75jähriges Jubiläum im Bereich gewerblicher Kaffeemaschinen. Diese Kaffeemaschinen finden ihren Einsatz sowohl in internationalen Hotels, als auch in ICEs sowie auf großen Kreuzfahrtschiffen.

Die Nachfrage – insbesondere nach Kaffeemaschinen, aber auch elektronischen Schanksystemen – verzeichnet ein starkes Wachstum. Besonders zugenommen hat der Absatz bei Betreibern von Kreuzfahrtschiffen. Hier hat die WMF ihre Position als weltweit führender Schiffsausstatter ausgebaut. Weitere Erfolge wurden bei den internationalen Verkehrsbetrieben erzielt. Im Hotelbetrieb hat die WMF ihre Kompetenz durch einige Großaufträge renommierter Häuser untermauert.

Wachstumschancen Die Wachstumschancen im Objektgeschäft werden auch in Zukunft von der WMF genutzt und das weltweite Engagement verstärkt.

Dieser Erfolg und die speziellen Anforderungen bei der Entwicklung von Embedded Software für Kaffeemaschinen machen eine professionelle Konfigurationsmanagement Lösung notwendig.

4.6.2
Spezielle Anforderungen zur Entwicklung von Embedded Software für Kaffeemaschinen

Hauptanforderung Entwicklung von Embedded Software Die Hauptanforderung lag in der Entwicklung von Embedded Software für Kaffeemaschinen. Dort bestand die Notwendigkeit Programmteile modular in unterschiedlichen Kaffeemaschinen wieder verwenden zu können. Gleichzeitig sollte ein paralleles Entwickeln an maschinenspezifischer Software ermöglicht werden.

Darüber hinaus sind in den letzten Jahren die Anforderungen an die Software im Einsatz bei gewerblichen Kaffeemaschinen überproportional gestiegen. Es werden immer mehr Funktionen aus der Mechanik in die Software verlagert, auch die Kundenanforderungen an die Bedienoberfläche sind gewachsen.

Dies hat zur Folge, dass die Zahl der Entwickler stetig angestiegen und die Softwareapplikationen immer komplexer geworden sind. „Vor dem Einsatz der Source Integrity Enterprise Edition mussten wir einen wöchentlichen Abgleich der Softwarestände vornehmen, was sehr zeitintensiv war. Die parallele Entwicklung von Software war sehr schwierig, ist aber aufgrund der immer kürzeren Entwicklungszyklen notwendig geworden.", erläutert Herr Wilfried Bächer, Abteilungsleiter Technische Entwicklung der Elektronik für Kaffeemaschinen. „Darüber hinaus kam es teilweise auch vor, dass Fehler aufgrund mangelnder Übersicht mehrfach behoben worden sind."

4.6.3
Die Testinstallation von MKS Source Integrity Enterprise

„Da MKS bei anderen Herstellern schon bekannt war, konnten wir uns rasch zu einer 2–3monatige Testinstallation bei uns im Hause entschließen." Herr Bächer fügt noch hinzu, „dass das Hauptaugenmerk auf der einfachen Bedienung des Tools lag. Das Ergebnis bestärkte uns in der Entscheidung für Source Integrity, das uns durch seine schnelle und einfache Bedienung überzeugte."

Hauptaugenmerk auf der einfachen Bedienung

4.6.4
Einführung durch „Learning by doing"

Es war nach einer kurzen Einführung ein Learning by doing möglich. Ohne großen Schulungsaufwand gelang es die MKS Lösung zu durchdringen. „Die Installation von Source Integrity hat reibungslos funktioniert, und ist zu unserer vollsten Zufriedenheit durchgeführt worden. MKS Source Integrity erspart uns viele Probleme."

Kein großer Schulungsaufwand notwendig

4.6.5
Der Einsatz von MKS Source Integrity Enterprise

„Source Integrity hat einen hohen Stellenwert bei uns in der Entwicklung, es erleichtert die Entwicklungsarbeit deutlich. Wir haben seit dem Einsatz eine klare Qualitätsverbesserung zu verzeichnen, es ist möglich an Projekten übergreifend zu arbeiten. Wir können Arbeitsschritte einsparen, weil Reports jetzt einfach zu erstellen sind." hebt Herr Bächer hervor.

„MKS Source Integrity ist die richtige Lösung. Die Probleme in der Softwareentwicklung haben bei uns stark abgenommen. Durch die erforderliche Disziplin ersparen wir uns viele Probleme. Die Datensicherheit ist jetzt gewährleistet."

„Durch MKS Source Integrity wurde die Zusammenarbeit im Team verbessert. Dank der einfacheren Kommunikation fällt die Abstimmung untereinander leichter. Wir sparen Zeit, senken die Kosten und haben eine bessere Kontrolle über alles."

Zusammenarbeit im Team verbessert

Herr Bächer stellt zufrieden fest: „Es kann nichts mehr versehentlich gelöscht oder abgeändert werden. Wir haben jetzt die Möglichkeit, parallel an einem Projekt zu arbeiten und im Anschluss einen Abgleich der Programme vorzunehmen." Er ergänzt: „Darüber hinaus vermeiden wir jetzt ein leidiges Problem, nämlich dass Fehler mehrfach behoben werden. Und es gibt noch einen positiven Aspekt: Wir können nun problemlos auf alte Versionsstände zurückgreifen und haben gleichzeitig Zugang zur gesamten Dokumentation."

Fazit zum Schluss: „In Zukunft wird WMF die MKS Lösungen weiter ausbauen und noch intensiver nutzen."

4.7
Einige weitere Kunden und Referenzen von MKS

Mehr als 3.000 Referenzen

Über 3000 Unternehmen weltweit setzen die Lösungen von MKS weltweit ein. Die Lösungen von MKS kommen branchenunabhängig zum Einsatz. Vor allem im sicherheitskritischen Umfeld ist MKS sehr stark vertreten. Einige Kunden in Deutschland, zu denen ausführliche Beschreibungen in Form von „Case Studies" (Erfahrungsberichte) bestehen:

DaimlerChrysler TSS GmbH
ausführliche Beschreibung unter:
http://www.mks.com/de/produkte/casestudies.shtml

Leiter Software Configuration Management
„Aufgrund der handlichen Mächtigkeit haben wir uns für die Lösung von MKS entschieden". "Jetzt können Entwickler gleichzeitig von den Standorten Ulm, Stuttgart und Detroit aus arbeiten."

WMF AG
ausführliche Beschreibung unter:
http://www.mks.com/de/produkte/casestudies.shtml

„Durch MKS Source Integrity wurde die Zusammenarbeit im Team verbessert. Dank der einfacheren Kommunikation fällt die Abstimmung untereinander leichter. Wir sparen Zeit, senken die Kosten und haben eine bessere Kontrolle über alles."

Knorr-Bremse Systeme für Nutzfahrzeuge GmbH
ausführliche Beschreibung unter:

http://www.mks.com/de/produkte/casestudies.shtml

Teamleiter Softwarequalität
„Wir gewährleisten mit der Lösung von MKS eine extreme Zeitersparnis bei erhöhter Sicherheit...Die SCM Lösung von MKS ist aus unserer Entwicklung nicht mehr weg zu denken."

Einige weitere Kunden in Deutschland:

- Ascom AG
- BEHR GmbH & Co.
- Continental AG
- Deutsche Telekom AG
- EADS AG
- Hella KG
- Hewlett Packard GmbH
- LUK GmbH & Co.
- Robert Bosch GmbH
- SAP AG
- Siemens AG
- Start Amadeus GmbH
- T-Systems AG
- UBS AG

weitere Kunden

5 ClearCase und ClearCase LT von Rational Software

Vinzenz Bickel, Siemens Schweiz AG
Holger Dörnemann, Rational Software GmbH
Rainer Heinold, Rational Software GmbH

5.1 Allgemeines über Rational Software

5.1.1 Firmengeschichte

Rational Software wurde mit dem Firmensitz in Cupertino[36], CA 1981 von Paul Levy und Mike Devlin gegründet[37]. Seit dem ersten Tag beschäftigt sich Rational Software mit Methodiken und Werkzeugen zur Umsetzung von Software Engineering.

Rational Software durchlief während der vergangenen 20 Jahre viele Veränderungen. Wichtigstes Standbein in dieser Zeit war eine ADA-Entwicklungsumgebung mit Namen APEX. Militärische Projekte sowie Projekte aus dem Luft- und Raumfahrtbereich waren in den ersten Jahren das hauptsächliche Betätigungsfeld.

Viele Veränderungen in den letzten 20 Jahren

Da die Hardwaresysteme noch nicht ausreichend waren, entwickelte Rational Software spezielle Rechnersysteme. Obwohl die Produktion bereits seit Ende der 80-er Jahre des letzten Jahrhunderts eingestellt wurde, befinden sich einige dieser Systeme immer noch im erfolgreichen Einsatz.

---

[36] Mittlerweile verfügt Rational Software über einen zweiten Firmensitz in Boston.
[37] Sowohl Paul Levy als auch Mike Devlin sind auch heute noch Mitglieder des Management Boards von Rational Software.

Bereits damals enthielt diese integrierte Entwicklungsumgebung nicht nur die heute immer noch üblichen Bestandteile:

Übliche Bestandteile einer Entwicklungsumgebung

- Editor,
- Compiler,
- Linker,
- Debugger
- usw.

sondern nahtlos integriert Werkzeuge für Konfigurations- und Change Management, zur Dokumentation und zum Testen.

Das zweite Standbein von Rational: Objektorientierung

Ungefähr zu dieser Zeit begann das zweite Standbein, welches man mit dem Namen Rational Software verbindet, Gestalt anzunehmen. Die ersten objektorientierten Sprachen und Umgebungen begannen signifikante Marktanteile zu erobern. Eng damit verbunden war die Entstehung grafischer Entwurfs- und Modellierungsmethoden für die Beschreibung solcher Systeme.

Über mehrere Jahre wurden wahre Glaubenskriege über die beste objektorientierte Methode geführt. Schließlich gelang es, die drei Methodengurus:

Die drei Methodengurus

- Grady Booch,
- Ivar Jacobsen und
- Jim Rumbough

unter dem Dach von Rational zusammenzubringen. Das Ergebnis war eine Verschmelzung der jeweiligen Methoden, welche direkt in die UML (Unified Modeling Language) mündete. Innerhalb kurzer Zeit wurde daraus ein De-facto Industriestandard, der bei Anwender wie Herstellern von Werkzeugen in hohem Maße Zustimmung gefunden hat.

OMG übernahm Pflege von UML

Die weitere Pflege dieses Standards ging von Rational auf die OMG (Object Management Group) über, Rational wirkt aber weiterhin an dem Definitionsprozess mit. Das Werkzeug Rational Rose[38], mit dessen Hilfe UML-Diagramme erstellt werden konnten und Code generiert bzw. analysiert werden konnte, ist bereits seit vielen Jahren Marktführer. Mit der neuen Generation Rational XDE konnte Rational Software erneut auf diesem eng umkämpften Markt Zeichen setzen.

Mitte der 90-er Jahre war aber klar, dass visuelle Modellierung alleine nicht ausreichend war. Es wurde die alte Idee der integrierten Umgebung wieder aufgegriffen, welche mit APEX bereits erfolgreich umgesetzt wurde. Innerhalb von zwei Jahren (1996 und

---

[38] Rational Rose hatte anfänglich die Methode Booch unterstützt, die im Hause Rational entwickelt wurde.

1997) erfolgten 4 große Übernahmen von Unternehmen, die sich ebenfalls auf Teilaspekte des Software-Engineering konzentriert hatten und in ihrem Bereich als die Technologie- und Marktführer galten.

Dazu gehörten zum Beispiel SQA (Testwerkzeuge) und PureAtria (Konfigurations- und Change Management). Die Zielsetzung in den kommenden Jahren bestand darin, die historisch unterschiedlich gewachsenen Werkzeuge und Unternehmen zusammenzuführen. Auch dieses gelang. Bereits 1999, nach nur 18 Monaten Entwicklungszeit, wurde die erste Version der Rational Suite auf den Markt gebracht. Mehr zur Rational Suite ist Kapitel 5.4 zu entnehmen. Dort wird auch darauf eingegangen, in wie weit das Konfigurationsmanagementwerkzeug Rational ClearCase in die Rational Suite integriert wurde.

Test und KM dazugekauft

5.1.2
Niederlassungen von Rational Software in Deutschland

Die deutsche Niederlassung in ihrer heutigen Form entstand 1997 nach der Fusion von Rational und PureAtria. Bereits 1986 gab es die erste Geschäftsstelle in Deutschland (Rational Software) bzw. 1993 (Atria Software) und 1994 (Pure Software).

Hauptsitz für die Vertriebsgebiete Deutschland und Österreich ist der Standort Oberhaching bei München. Darüber hinaus gibt es Niederlassungen von Rational Software in:

- Ratingen bei Düsseldorf,
- Neu-Isenburg bei Frankfurt/Main,
- Stuttgart und
- Berlin

Niederlassungen von Rational Software

Die Niederlassung von Rational Software in Österreich hat ihren Sitz in Wien, in der Schweiz ist Rational Software sowohl in Zürich als auch in Lousanne vertreten.

5.1.3
Schulungen und Trainings

Rational Software bietet zur gesamten Toolpalette eine Vielzahl von Schulungen an. Je nach Kenntnisstand der Teilnehmer und Trainingsinhalten haben die Schulung eine Dauer zwischen 1 und 5 Tagen. Dementsprechend ist auch die Preisgestaltung für die einzelnen Trainings. Nähere und ständig aktualisierte Informationen sind der Webseite www.rational-software.de zu entnehmen.

Im Bereich *Konfigurationsmanagement* bietet Rational Software die folgenden Schulungen an:

Schulungen im Bereich Konfigurationsmanagement

- ClearCase Grundlagen für UNIX
- ClearCase Metadaten für UNIX
- ClearCase Administration für UNIX
- ClearCase Grundlagen für Windows
- ClearCase Metadaten für Windows
- ClearCase Administration für Windows
- ClearCase MultiSite Administration
- ClearCase QuickStart[39]
- ClearCase Administration Assessment

Im Bereich *Unified Change Management* (UCM) bietet Rational Software die folgenden Schulungen an:

Schulungen im Bereich UCM

- ClearCase UCM für Entwickler UNIX
- ClearCase UCM für Projektmanager UNIX
- ClearCase UCM für Entwickler Windows
- ClearCase UCM für Projektmanager Windows

Im Bereich *Änderungsmanagement* bietet Rational Software die folgenden Schulungen an:

- ClearQuest MultiSite
- ClearQuest Administration
- ClearQuest QuickStart[40]

Alle hier aufgeführten Trainings werden sowohl als offene Kurse als auch Inhouse beim Kunden vor Ort angeboten. Rational Software verfügt über moderne Schulungszentren an den folgenden Standorten:

Schulungszentren von Rational Software

- Oberhaching bei München
- Ratingen bei Düsseldorf
- Wien

---

[39] Rational ClearCase QuickStart ist ein standardisiertes Service Paket, das den Kunden schnell mit den Vorzügen von Change Management mit ClearCase vertraut macht. Die bewährte Vorgehensweise des Rational ClearCase QuickStarts stellt die Minimierung des Risikos bei der Einführung von ClearCase sicher.

[40] Vergleichbar mit ClearCase QuickStart

- Zürich

Sämtliche Schulungsräume sind mit modernster Technik ausgestattet. Rational Software bietet seinen Kunden zusätzlich die Möglichkeit eines firmeninternen Trainings in diesen Schulungszentren zu vergünstigten Konditionen an.

Rational Software hat in den letzten Jahren eine weltweite Schulungsorganisation eingerichtet, dadurch haben die Kunden von Rational Software den Vorteil, dass sie unabhängig von der Lokalisierung ihrer Entwicklungsteams für eine optimale Ausbildung sorgen können.

Weltweite Ausbildung

5.2 Die Produktfamilie von Rational Software für das Konfigurationsmanagement

5.2.1 Das Konzept von Rational Software im Konfigurationsmanagement

5.2.1.1 Einführung

Konfigurationsmanagement ist keine neue Technologie, bereits seit vielen Jahren existieren hier Theorien, Ansätze und Produkte. Oft wird die Notwendigkeit des Konfigurationsmanagements gerade bei Webapplikationen in Frage gestellt, scheint es doch nicht in die Dynamik solcher Umgebungen zu passen.

Bei genauer Betrachtung der einzelnen Bereiche, die vom Konfigurationsmanagement abgedeckt werden, lassen sich jedoch auch für solche Projekte sehr viele Vorteile aufzeigen.

Generell kann das Konfigurationsmanagement in die folgenden sechs verschiedenen Bereiche unterteilt werden:

- Versionskontrolle
- Workspace Management
- Build Management
- Workflow Management
- Deployment
- Verteilte Entwicklung

Sechs verschiedene Bereiche von KM

Abbildung 83:
Die sechs Bereiche des Konfigurationsmanagements aus Sicht von Rational Software

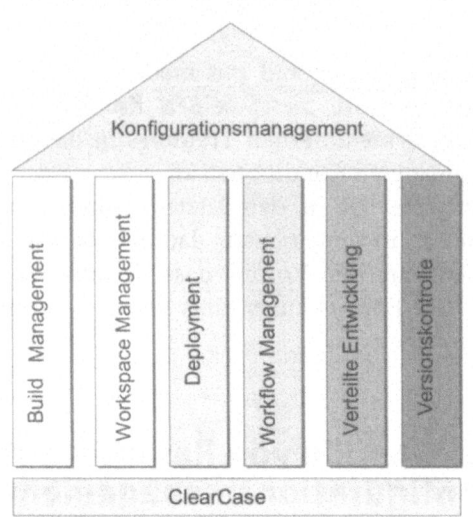

Gerade die verteilte Entwicklung gewinnt immer mehr an Bedeutung und ist mittlerweile zentraler Bestandteil des Konfigurationsmanagements geworden (siehe auch Kapitel 5.2.1.7). Abbildung 83 visualisiert diese sechs Bereiche; Grundlage für diese sechs Bereiche ist das Produkt Rational ClearCase.[41] Diese sollen in den folgenden Abschnitten näher betrachtet werden.

5.2.1.2
Versionskontrolle

Versionskontrolle, so drückt es bereits der Name aus, bedeutet nichts anderes, als alle Versionen eines Objektes zu kontrollieren, zu verwalten und üblicherweise in einem Versionsbaum darzustellen. Abbildung 84 zeigt den Versionsbaum, der Bestandteil von Rational ClearCase ist.

---

[41] Und natürlich auch Rational ClearCase LT, das besonders für den Einsatz für kleinere Teams geeignet ist.

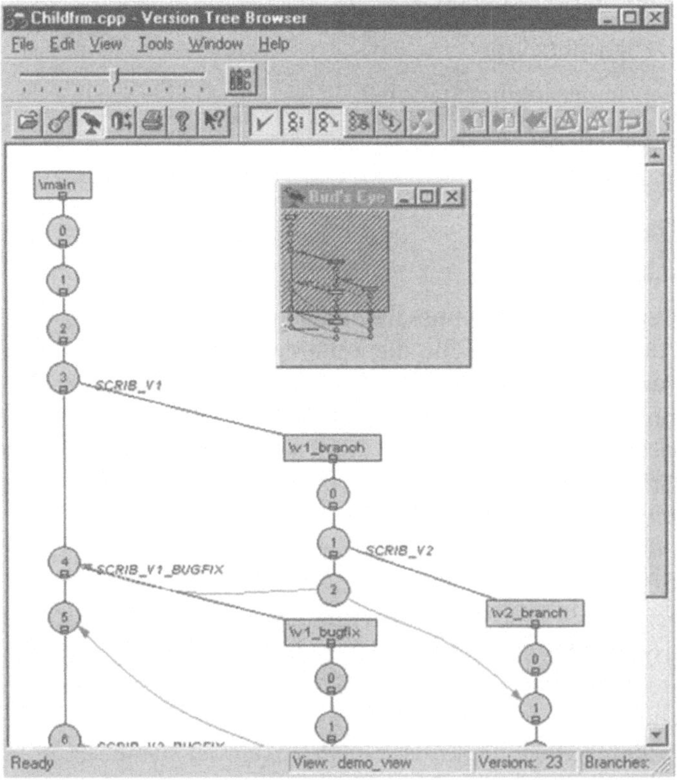

Abbildung 84:
Der Versionsbaum von Rational ClearCase

Doch was ist in diesem Zusammenhang ein Objekt? Gerade dieser Begriff unterlag einer breit gefassten Neudefinition. War es vor einigen Jahren überwiegend der reine Code, der vom Entwickler erstellt wurde, so existieren heute eine Vielzahl weiterer unterschiedlicher Datenarten, angefangen von Bibliotheken, Compilern bis hin zu ganzen Verzeichnisstrukturen, die zu einem modernen Softwaresystem dazugerechnet und verwaltet werden müssen. Das Konfigurationsmanagement gewährleistet die Kontrolle über jedes dieser Objekte, die im Software-Entwicklungs-Lebenszyklus eine Rolle spielen.

Was ist ein Objekt?

Die folgenden Objekte des allgemeinen Software-Engineering-Life-Cycles müssen dem Konfigurationsmanagement unterworfen werden:

- Nicht-Textdateien
- Verzeichnisse und Tools
- Sourcecode
- Bibliotheken
- Compiler

Objekte des allgemeinen Software-Engineering-Life-Cycles

- Anforderungsdokumente
- Design-Entwürfe
- Anwenderdokumentationen
- Binärdateien
- Testserien
- Datenbanken
- u.v.m.

Versionskontrolle muss robust und nicht umgehbar sein

Die Versionskontrolle muss besonders robust und nicht umgehbar sein, da diese die Basis für alle weiteren Funktionalitäten darstellt. Und da ein ausgefallenes Konfigurationsmanagement-System das gesamte Entwicklerteam lahm legen könnte, sollte das Repository, in welchem die Daten abgelegt werden, auch in einem Worst-Case-Szenario keine Datenverluste verursachen, wie das zum Beispiel bei Rational ClearCase der Fall ist.

Eine Baseline, also ein eingefrorener Entwicklungsstand, muss von dem System absolut unverändert wieder reproduziert werden können. Ist dies nicht gewährleistet, so sind zum Beispiel Testergebnisse von vornherein Makulatur, da dann nicht gegen Release X getestet wird, sondern gegen Release X plus ‚kleine Änderungen', im schlimmsten Fall Verfälschungen.

Paralleles Entwickeln

Bei komplexen, zeitkritischen Projekten ist paralleles Entwickeln heute unumgänglich. Das Arbeiten auf Seitenentwicklungsästen hilft auch dabei, Roadblocks in Projekten zu vermeiden. Ebenso wichtig für paralleles Arbeiten ist nicht nur das Erlauben von solchen Seitenlinien (Branching), sondern ebenso der umgekehrte Weg des Zusammenführens (Merging).

Da es heute nicht mehr nur darum geht, Sources zu mergen, müssen moderne Konfigurationsmanagement Werkzeuge wie Rational ClearCase gerade im E-Developmentbereich auch andere Objektarten optimal unterstützen, zum Beispiel HTML Dateien mit Rendering des Ergebnisses beim Merge oder XML Dateien unter Berücksichtigung der Strukturinformation.

5.2.1.3
Workspace Management

Das Workspace Management muss effizient sein

Mitentscheidend für den täglichen Einsatz ist die Effizienz und Leistungsfähigkeit des Workspace Management. Entwickler arbeiten heute an vielen unterschiedlichen Aufgaben zur selben Zeit, also mit unterschiedlichen Konfigurationen. Ist der Wechsel zwischen solchen Umgebungen aufwendig, so wird er von den Anwendern als störend empfunden und belastet die knappen Terminpläne zusätzlich. Bei Rational ClearCase merkt der Entwickler diesen Wechsel kaum.

Das Workspace Management muss aber noch mehr leisten. Jedem Teammitglied muss entsprechend seiner Rolle ein genau auf seine Bedürfnisse zugeschnittener View, also ein Ausschnitt der gesamten Umgebung, präsentiert werden. Zuletzt regelt das Workspace Management die Trennung zwischen privaten und projektweit verfügbaren Arbeitsergebnissen.

Jeder Entwickler bekommt in Rational ClearCase seinen Workspace, in dem er solange ändert, bis er seine Aufgabe beendet hat, ohne die Arbeit anderer Teammitglieder durch unausgereifte Ergebnisse zu beeinträchtigen. Erst nach dem Unit Test kann er seine Ergebnisse durch ein Check In dem restlichen Entwicklungsteam zur Verfügung stellen.

Jeder Entwickler bekommt seinen Workspace

5.2.1.4
Build Management

Das Build Management ist bereits sehr früh zur Disziplin des Konfigurationsmanagement dazugekommen; man denke nur an die vielen Make Utilities. Dessen Bedeutung hat mit den gestiegenen Qualitätsanforderungen in den vergangenen Jahren zugenommen. Kurz gesagt geht es darum, genaue und belegbare Aussagen zu machen, welche Objekte in welchen Versionen in die Produktion eingeflossen sind. Dieses bringt mit Rational ClearCase gleich dreifach Vorteile:

Sehr frühe Disziplin

- Nur mit solchen Stücklisten lässt sich die Produktion effektiver und trotzdem sicher gestalten. Sie erlauben Prüfungen, ob bestimmte Objekte wieder verwendet werden können, da diese bereits in der geforderten Konfiguration generiert wurden.

- Durch das Protokollieren der gesamten für eine Generierung relevanten Information inklusive des Environments kann eine Produktion bei Bedarf das absolut gleiche Ergebnis produzieren.

- Und schließlich sind solche überwachten Produktionen, wie sie zuvor beschreiben wurden, die beste Grundlage für die dann nachfolgenden Tests, da hier durch die geschaffene Transparenz genau belegt werden kann, was bereits getestet wurde und was noch zu testen ist.

Grundlage für nachfolgende Tests

5.2.1.5
Workflow Management

Umbruch durch Projektdruck

Auch der Workflow Management Bereich unterlag durch den gestiegenen Druck in den Projekten einem gewaltigen Umbruch. Genügte es vor einigen Jahren noch, einfache Routinetätigkeiten zu automatisieren, muss dem Entwickler heute soviel wie nur irgend möglich durch das Werkzeug abgenommen werden. Dieser ist schließlich innerhalb der Projektbudgets die mit weitem Abstand teuerste Ressource.

Dazu ist es notwendig, dass ein Konfigurationsmanagement Werkzeug wie Rational ClearCase genügend Flexibilität zuläßt, um den in einem Unternehmen geltenden Prozess nicht nur umzusetzen, sondern auch durchzusetzen, so dass dieser tatsächlich gelebt wird.

Dreh- und Angelpunkt für Projektmanager

Dieser Bereich ist auch für den Projektmanager mit der Dreh- und Angelpunkt. Gerade bei knapp kalkulierten Projekten ist ein ständiger Abgleich zwischen dem geplanten Sollzustand und dem tatsächlichen, aktuellen Ist-Zustand des Projektes zwingend erforderlich. Es geht nicht mehr darum, ein einfaches Tracking von Änderungen durchzuführen, sondern durch die Einbindung von Rational ClearQuest als Anforderungsmanagementwerkzeug in die tägliche Arbeit jedes Teammitglieds ein Activity Management zu ermöglichen. Nur so können die in immer kürzeren Abständen auftretenden Änderungswünsche sinnvoll für das gesamte Projekt eingeplant und bewältigt werden.

Dieses anfallende Datenmaterial über erledigte und offene Arbeitsaufträge ist auch das Kernstück eines sauberen Releasemanagements. Mit der gekoppelten Versionskontrollinformation aus Rational ClearCase können schnell und sicher Aussagen getroffen werden, was denn tatsächlich an Änderungsanforderungen in einem bestimmten Release erledigt wurde und welche Objekte geändert werden mussten.

5.2.1.6
Deployment

Übergang zwischen Entwicklung und Einsatz

Ein oftmals übersehener Punkt ist der Übergang zwischen der Entwicklung und dem Einsatz, auch als Deployment bezeichnet. Schließlich muss das Arbeitsergebnis aus der Entwicklung zum Kunden gelangen, unabhängig davon, ob es sich um eine umfangreiche Webapplikation oder nur ein kleines Embedded Programm handelt.

Ideal ist es, wenn Arbeitsergebnisse direkt aus dem Konfigurationsmanagement Werkzeug in die Einsatzumgebung gebracht werden können. So erlaubt es zum Beispiel Rational ClearCase Views (also Konfigurationen) direkt über einen Webserver zu publizieren. Der Roll-Out einer solchen beliebig großen Applikation wird damit zu einer Sache von wenigen Sekunden.

Gerade bei Webapplikationen gibt es auch den umgekehrten Fall. Angenommen, ein übersehener Fehler im neuen Release sorgt für einen Ausfall der Webseite. Wie schnell komme ich auf einen früheren, aber stabilen Stand zurück, um die Ausfallzeit zu minimieren? Auch ein solches Fall-back ist mit dem oben erwähnten Mechanismus in Rational ClearCase schnell und sicher zu realisieren.

Webapplikationen stellen andere Anforderungen

Je enger die Verzahnung durch ein offenes Konfigurationsmanagement-System ist, umso schneller kommt das neue Release in den Einsatz.

5.2.1.7
Verteilte Entwicklung

Das Internet hat sich in der jüngeren Vergangenheit als die treibende Kraft für eine Globalisierung erwiesen. Grosse weltweit agierende Unternehmen, aber auch kleinere Firmen mit mehreren Standorten stehen hier im Bezug auf die Softwareentwicklung vor einer der größten Herausforderungen.

Treibende Kraft für Globalisierung

Wie schaffe ich es, in einem verteilten Projektteam wie in Abbildung 85 dargestellt (also unabhängig, ob es über mehrere Zeitzonen oder ‚nur' innerhalb eines Landes verteilt ist) dafür zu sorgen, dass jeder Standort über die selben Informationen verfügt und einheitliche Prozessabläufe implementiert werden können, die letztlich den Qualitätslevel bestimmen?

Um auf einem gemeinsamen Datenbestand zu arbeiten fehlen die Bandbreiten der WAN Verbindungen oder sie sind zu teuer. Darf jeder Standort unabhängig Änderungen an den Objekten vornehmen, so kracht dieses Konzept spätestens dann, wenn die auseinander gelaufenen Datenbestände wieder zusammengeführt werden. Es müssen also Alternativen gefunden werden, um eine verteilte Software-Entwicklung zu unterstützen.

Abbildung 85: Verteilte Entwicklung erfordert zunehmend ein professionelles Konfigurations- management

Synchronisierung über Masterships

In dem Konfigurationsmanagement Werkzeug Rational ClearCase wurde der goldene Mittelweg implementiert. Über eine Replikation der Projektumgebung und einen regelmäßigen Abgleich der aufgelaufenen Änderungen wird auch dann ein Arbeiten möglich, wenn nur geringe WAN Kapazitäten zur Verfügung stehen.

Über die Definition so genannter Masterships, das heißt welcher Standort zu welchen Änderungen an welchen Objekten berechtigt ist, wird es möglich, die Synchronisierung der Daten und das Zusammenführen der Änderungen zeitlich zu entkoppeln, so dass beide Aufgaben getrennt zu einer Zeit durchgeführt werden können, die das Projekt minimal belasten.

Was zeichnet ein gutes Konfigurationsmanagement Werkzeug wie Rational ClearCase weiterhin aus? Nicht so sehr die Funktionalität, da die Aufgaben nicht durch die Tools bestimmt werden. Viel entscheidender ist, wie die einzelnen Aufgaben erledigt werden können und wie optimal die einzelnen Komponenten des Toolsets aufeinander abgestimmt und verzahnt sind, aber nicht nur untereinander, sondern auch mit den übrigen zum Einsatz kommenden Werkzeugen.

Beispiel: Computer

Nur dann wird die bestmögliche Leistung erreicht. Es ist wie bei einem Computer: ein schnellerer Prozessor bringt nur wenig zusätzlichen Nutzen, wenn der Hauptspeicher zu gering dimensioniert oder die Festplatte zu langsam ist.

Die Tools, welche alle oben genannten Anforderungen erfüllen (manche besser, manche schlechter) existieren, aber ein entscheidender Faktor hat sich seit den Ursprüngen des Konfigurationsmanagements nicht geändert:

Der Einsatz eines Konfigurationsmanagement Werkzeugs wie Rational ClearCase steht und fällt mit der Planung und der sauberen Einführung, denn kaum ein anderes Tool greift so tief und grundlegend in den Entwicklungsprozess ein und ist doch so eng mit ihm verzahnt.

Planung und Einführung sind von größter Bedeutung

Der Gewinn liegt, bei allen anfallenden Aufwänden, in der Bereitstellung eines stabilen und verlässlichen Fundamentes, auf dem die Projekte aufsetzen. Und ohne Fundament ist kein Gebäude von Dauer. Mit Rational ClearCase, ergänzt um Rational ClearCase MultiSite liegt eine optimale Werkzeugkombination für die verteilte Entwicklung vor.

5.2.2
Der Ansatz von Rational ClearCase

5.2.2.1
Einführung in die Thematik

Generell sind zwei unterschiedliche Ansätze im Konfigurationsmanagement zu unterscheiden [Dör2000]:

- ein produktgetriebener Ansatz, im folgenden artefaktgetriebener[42] Ansatz genannt
- ein aktivitätsgetriebener Ansatz

Zwei unterschiedliche Ansätze im Konfigurationsmanagement

Beide Ansätze haben ihre jeweiligen Vor- und Nachteile. Im folgenden werden die jeweiligen Ansätze kurz vorgestellt. Des weiteren wird darauf eingegangen, wie Rational ClearCase die jeweiligen Vorteile der Ansätze in einem neuartigen Workflow miteinander vereint.

5.2.2.2
Der artefaktorientierte Ansatz

Im Zentrum des artefaktorientierten Ansatzes steht ein *Artefakttyp*, an den der gesamte Prozess und Workflow gekoppelt ist. Jedes im Konfigurationsmanagement-System abgelegte Objekt gehört zu einem solchen Typ; seine Bearbeitung unterliegt damit den definierten Regeln. Die Arbeitsumgebungen werden zumeist über zu-

Im Mittelpunkt steht das Artefakt

---

[42] Der Begriff des Artefakts wurde bereits in Kapitel 2 besprochen. Er stellt ein Synonym für den Produktbegriff dar.

sammengesetzte Objekte identifiziert (Change Sets), welche ebenfalls in unterschiedlichen Versionen selektiert werden können. Die durchzuführenden Aktivitäten besitzen in der Regel einen sehr einfachen Ablauf (Ready->Activ->Closed). Abbildung 86 schematisiert den artefaktorientierten Ansatz.

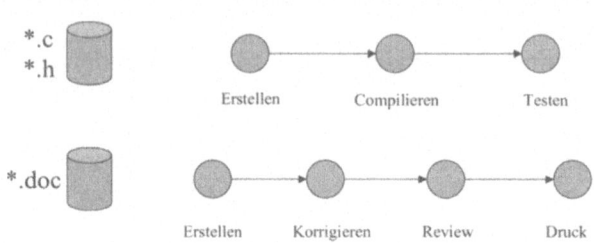

Abbildung 86: Artefaktorientiertes KM

5.2.2.3
Der aktivitätsorientierte Ansatz

Lifecycle, Prozessablauf, Sicherheitsmechanismen

Im Gegensatz zum artefaktorientierten Konfigurationsmanagement ist beim aktivitätsorientierten Ansatz der *Aktivitätstyp* der Dreh- und Angelpunkt. An ihn sind nicht nur der Lifecycle und der Prozessablauf, sondern zusätzlich auch noch die Sicherheitsmechanismen gekoppelt.

Der Begriff des Change Set hat hier die genau entgegengesetzte Bedeutung. Er ist nicht Grundlage der Arbeitsumgebung, sondern quasi ein Protokoll sämtlicher Änderungen an Artefakten, die auf Grund der Aktivität durchgeführt wurden.

Für die Arbeitsumgebung werden zumeist alle Artefakte bereitgestellt, welche in einer bestimmten zusammengehörenden Version selektiert werden. Abbildung 87 zeigt den aktivitätsorientierten Ansatz.

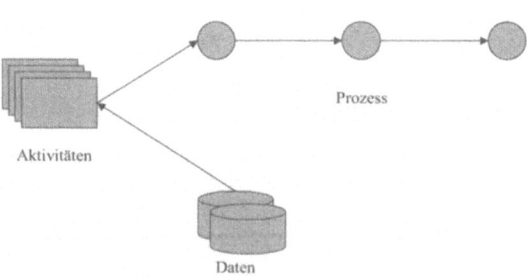

Abbildung 87: Aktivitätsorientiertes KM

5.2.2.4
Der Ansatz von Rational ClearCase

Wie bereits eingangs erwähnt, hat jede der beiden Varianten Vor- und Nachteile. Ein artefaktorientiertes System ist einfach aufzusetzen, es berücksichtigt aber nicht den Fortschritt im Projekt. Komplexe Prozesse, die in den einzelnen Phasen der Entwicklung unterschiedliche Bearbeitungsschritte von Artefakten verlangen, sind damit nur schwer abbildbar.

Vor- und Nachteile

Ein aktivitätsorientiertes System verlangt zumindest zusätzliche Mechanismen zur Einhaltung geltender Regeln, da die Entwickler bei der Änderung der Objekte größere Freiheiten und Möglichkeiten haben[43].

Die Wahrheit liegt, wie so oft im Leben, nicht im Extremen, sondern in der Mitte. Bestimmt wird die exakte Ausprägung durch folgende Faktoren:

- Komplexität des Projektes
- Größe des Projektes
- Externe Anforderungen (zum Beispiel Normen, Audits etc.)
- Erfahrung des Projektteams im Umgang mit KM

Faktoren für eine exakte Ausprägung

Rational ClearCase verfolgt diesen gemischten Ansatz, dargestellt in Abbildung 88, und kann somit die Vorteile beider Ansätze in sich vereinen.

---

[43] So sehr Entwickler große Freiheiten auch lieben, dieser Gestaltungsraum birgt natürlich immer auch ein gewisses Gefahrenpotential für Fehler.

Abbildung 88:
Der Ansatz von Rational ClearCase

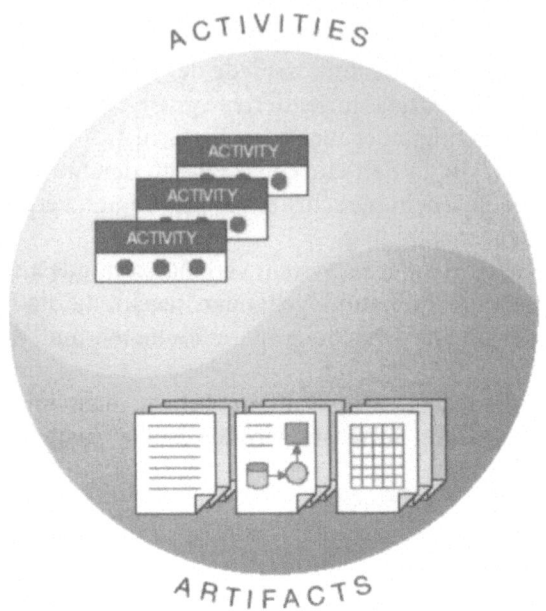

5.2.3
Einführung in die einzelnen Produkte

Modularer Aufbau der Produktfamilie

Wie bereits in dem Kapitel zuvor erläutert, ist der Themenkomplex im Konfigurationsmanagement sehr breit gefächert. Nicht zuletzt aus diesem Aspekt heraus ist die Produktfamilie von Rational Software, mit derer diese Bereiche abgedeckt werden, modular aufgebaut. Die Produkte können jedes für sich eingesetzt werden, arbeiten aber im Verbund sehr eng integriert.

Rational ClearCase und Rational ClearCase LT sind die Kernprodukte von Rational Software im Bereich Konfigurationsmanagement. Beide decken die Versionsverwaltung, die Verwaltung der Arbeitsbereiche sowie die Unterstützung der Produktion ab. Der Unterschied liegt einzig in der Skalierbarkeit der beiden Werkzeuge. Obwohl das Kürzel LT keine besondere Bedeutung hat, trifft die Bezeichnung *Little Team* die Zielgruppe am besten. In Kapitel 5.2.8 wird näher darauf eingegangen, für welche Teamgröße welches Produkt von Rational Software am besten eingesetzt werden sollte.

Beide Werkzeuge verwenden die selben Oberflächen und Technologien, jedoch bietet ClearCase LT zum Beispiel keine Unterstützung für verteilt arbeitende Teams, auch kann ein Projekt seine Daten nicht auf mehrere Server verteilen. Der große Vorteil liegt vor allem darin, dass Teams, die mit einer kleinen Mannschaft starten, jederzeit von ClearCase LT auf ClearCase wechseln können, ohne dass Daten konvertiert werden müssen oder das Team neu geschult werden muss[44].

Wechsel von ClearCase LT auf ClearCase ist möglich

ClearQuest deckt den Aspekt des Change Management ab. Es beantwortet somit die Frage, warum eine Änderung an einer Software durchgeführt wurde.

Als Ergänzung für Projektteams, die über mehrere Standorte des Unternehmens hinweg verteilt arbeiten, gibt es die Werkzeuge Rational ClearCase MultiSite, bzw. Rational ClearQuest MultiSite. Beide erlauben die Replikation der zugrunde liegenden Datenbestände und die spätere Synchronisierung der an den einzelnen Standorten aufgelaufenen Änderungen.

MultiSite als Ergänzung für verteilte Teams

Ein Werkzeug, welches einige Aspekte des Konfigurationsmanagement abdeckt, ist die so genannte Project Console. Hierbei geht es um die Erstellung von Metriken in allen denkbaren Formen.

Zum Schluss sei noch das Unified Change Management (UCM) erwähnt. Dabei handelt es sich um kein zusätzliches Tool, sondern um eine besondere Art der Nutzung. Zur Verdeutlichung hilft ein Vergleich: ClearCase und auch ClearQuest können beide als Baukästen gesehen werden, mit denen jeder beliebige Prozess im Rahmen des Konfigurationsmanagement umgesetzt werden kann. Bei UCM handelt es sich um einen Bauplan, mit dem ein stabiles KM-System schnell Out-of-the-box aufgesetzt werden kann. In Kapitel 5.5 wird näher auf UCM eingegangen.

5.2.4
Architekturaspekte

Es gibt insgesamt drei einfache Ideen, auf denen die Architektur von ClearCase aufgebaut ist [Dör2001].

Drei einfache Ideen

- Es gibt im Netzwerk genau eine Stelle, an der alle Informationen über ein unter Konfigurationsmanagement liegendes Artefakt liegen, also alle Versionen, die gesamte Historie und die gesamte Meta-Information.

---

[44] Ein solcher Wechsel macht vor allem dann Sinn, wenn das Team immer größer wird oder auf unterschiedliche Standorte verteilt wird.

- Rational ClearCase ist in seiner Struktur eine Client/Server Applikation, in der jedes System sowohl Client als auch Server sein kann.

Filesystem als Schnittstelle
- Die Schnittstelle zu denen in einer Datenbank liegenden Artefakten ist eine Struktur, die jeder Entwickler kennt, nämlich ein Filesystem.

Die Unterschiede zu anderen Werkzeugen liegen nicht darin, was gemacht wird, da dieses von der Disziplin des Konfigurationsmanagement vorgegeben wird. Entscheidend ist vielmehr das *Wie*, und hier erlauben die drei Ideen zu schwierigen Themen erstaunlich einfache Lösungen.

Es müssen drei Komponenten zusammenspielen, damit ein Entwickler Zugriff auf ein versioniertes Artefakt erhält:

Zusammenspiel von drei Komponenten
- das Filesystem
- ein View
- ein Vob

Diese Begriffe sind für das Verständnis von ClearCase entscheidend, deshalb sollen sie kurz definiert werden. Bei einem Vob handelt es sich um ein Repository, in dem beliebig viele Artefakte abgelegt sein können. Am besten eignet sich der Vergleich mit einer Festplatte: es können beliebige Objekte in einer beliebigen Directory-Struktur abgelegt werden. In einem Projekt kann es beliebig viele Vobs geben.

Views als Hilfsmittel
Bei einem View handelt es sich um das Hilfsmittel, mit dem Rational ClearCase die gewünschte Konfiguration mitgeteilt wird. Jeder View verwaltet für sich eine sog. Configuration Specification, zumeist als Config Spec abgekürzt. Dabei handelt es sich um eine regelbasierte Beschreibung, welche Version der unter Verwaltung liegenden Objekte aus den Repositories selektiert und dem Entwickler zur Bearbeitung angeboten wird.

Zwei Varianten
Das Filesystem, in welchem der Entwickler die Artefakte bearbeiten kann, bestimmt sich aus der Art des Views. Davon gibt es zwei Varianten, Snapshot-Views oder dynamische Views. Bei Snapshot-Views werden Kopien der Artefakte auf den Arbeitsplatz des Entwicklers geladen, es handelt sich also um einen Copy-basierten Ansatz.

Bei dynamischen Views hingegen erhält der Anwender einen Online Zugriff auf das Repository; Die Artefakte werden erst zu dem Zeitpunkt über das Netzwerk kopiert, wenn diese von einem beliebigen Werkzeug wie einem Editor oder einem Compiler angefasst werden.

Bei Snapshot-Views wird das normale Filesystem des Betriebssystems auf dem Entwicklerarbeitsplatz genutzt, für dynamische Views bringt ClearCase sein eigenes Filesystem mit Namen MVFS (Multi-Version Filesystem) mit, welches bei der Installation von ClearCase parallel zu den standardmäßig vorhandenen Filesystemen installiert wird.

Eigenes Filesystem MVFS

Was bringt dieses eigene Filesystem? Jedes Programm, welches mit einem ganz normalen Filesystem arbeitet, kann ohne Anpassungen direkt innerhalb von dynamischen Views eingesetzt werden und mit Artefakten arbeiten, die unter Kontrolle von Rational ClearCase liegen.

Darüber hinaus können Generierungsläufe völlig sprachunabhängig überwacht werden, so dass Ergebnisse solcher Produktionen 100%-ig reproduzierbar und vergleichbar werden.

Ergebnisse werden reproduzierbar und vergleichbar

5.2.5
Unterstützte Plattformen von Rational ClearCase

Rational ClearCase unterstützt eine Vielzahl von Plattformen, wie die folgende Auflistung nachweist:

- Windows XP Pro, Windows 2000, Windows NT, Windows 98/Me (nur Client)

Von ClearCase unterstützte Plattformen

- Compaq Tru64 UNIX
- Hewlett-Packard HP-UX
- IBM AIX
- Red Hat Linux Intel
- SCO UnixWare
- Silicon Graphics IRIX
- Sun Solaris SPARC
- Sun Solaris Intel (nur Client)
- SuSE Linux auf IBM Mainframe

5.2.6
Anforderungen an Hard- und Software

Bei den Anforderungen an die Hardware ist generell zu entscheiden, ob es sich um den Client oder den Server handelt. Bei letzterem muss auch berücksichtigt werden, wie viel Clients der Server „bedienen" soll.

Client und Server haben unterschiedliche Anforderungen

Beim Client reichen 64 MB Arbeitsspeicher sowie 35 MB Plattenspeicher aus, für den Server sind mindestens 128 MB Arbeitsspeicher sowie 70 MB Plattenspeicher einzukalkulieren. Anforderungen an die Software sind lediglich in soweit vorhanden, dass TCP/IP installiert sein muss. Der darüber hinaus gehende Ressourcenbedarf ergibt sich aus der Größe und Struktur der Projekte.

Rational ClearCase unterstützt eine Reihe von externen Software-Applikationen mit sehr engen Intergrationen. Aufzuführen wären hier unter anderem:

Unterstützte externe Software-Applikationen

- IBM VisualAge for Java
- IBM WebSphere Server
- IBM WebSphere Studio·
- Microsoft Visual Studio
- Visual Basic, Visual C++
- Visual J++, Visual InterDev
- Sun Forte for Java and C++
- Sybase PowerBuilder

5.2.7
Die Eigenschaften von ClearCase und ClearCase LT

5.2.7.1
Kurzer Überblick

Die wichtigsten Eigenschaften von ClearCase sind in Abbildung 89 dargestellt, im einzelnen wären hier aufzuführen:

Versionierung von Dateien und Verzeichnissen

- **Versionierung/Parallele Entwicklung:** Mit ClearCase lassen sich sämtliche, relevanten Dateien inklusive der zugehörigen Verzeichnisse versionieren. Für die gängigsten Dateitypen existieren Programme, die in der Lage sind, unterschiedliche Versionen von Dateien miteinander zu vergleichen (zum Beispiel ASCII, Rose-Modelle, Word-Dokumente, HTML, XML, etc.). Damit wird nicht nur die Rolle des Entwicklers durch Rational ClearCase abgedeckt, sondern auch die Bedürfnisse anderer Projektmitglieder (*Cross-Functional*). Rational ClearCase adressiert nämlich eine Unterstützung aller im Lebenszyklus eines Projektes anfallenden elektronischen Artefakte, im Gegensatz zu vielen anderen KM-Systemen. Unterschiedliche Entwickler können, ohne sich gegenseitig zu stören, parallel an ein und derselben Datei arbeiten und ihre Arbeitsergebnisse später zu einem gemeinsamen Stand integrieren. So lassen sich effektiv verschiedene Releasestände parallel warten und weiterentwickeln.

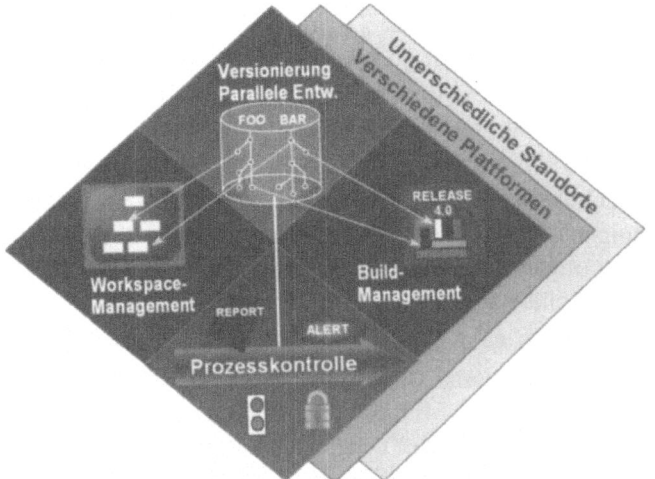

Abbildung 89: ClearCase Eigenschaften

- **Workspace-Management:** Jeder Entwickler arbeitet mit dem Versionsstand seiner Daten. Der zu verwendende Stand kann zentral über so genannte Profile vorgegeben werden, wodurch sich der Administrationsaufwand für den einzelnen reduziert.

Einzigartiges Workspace-Management

Der Zugriff auf das Repository (Versioned Object Base – VOB genannt) erfolgt entweder über Snapshot-Views oder über Dynamic-Views. Snapshot-Views bilden das Standardverfahren typischer KM-Systeme ab. Die Daten werden vom Repositoryserver in einen Arbeitsbereich (Workspace) auf dem Rechner des Mitarbeiters kopiert. Dynamic-Views (nicht ClearCase LT) bieten einen virtuellen On-Line-Blick auf das Serverrepository. Daten werden erst dann lokal in den Arbeitsbereich kopiert, wenn sie lesend oder schreibend benötigt werden. Hierdurch wird die Netzwerklast und Wartezeit des Bearbeiters deutlich reduziert[45].

- **Build-Management (nicht ClearCase LT):** Rational ClearCase ist in der Lage, die Erstellung von Applikationen zu optimie-

---

[45] Diese Technologie ist ein Alleinstellungsmerkmal von Rational ClearCase.

ren[46] und genau zu protokollieren[47], so dass einerseits Zeit und Geld gespart werden kann und andererseits genau nachvollziehbar ist, welcher Sourcecode in ein Kundenrelease gelaufen ist und welcher nicht (Optimierung von Pflege/ Wartung).

ClearCase ist anpassbar

- **Prozesskontrolle:** Neben einem Standardprozess (Unified Change Management, siehe unten), bietet Rational ClearCase viele Möglichkeiten, über Trigger und ähnliche Mechanismen einen eigenen Prozess zu konfigurieren. Dabei werden die Mechanismen an Aktionen des Konfigurationsmanagement-Systems gebunden (zum Beispiel: Check In, Add-to-Source-Control, etc.)

- **Verschiedene Plattformen:** Rational ClearCase unterstützt die gängigen Windows Plattformen und LINUX/UNIX-Umgebungen, ist zudem auch Cross-Plattform-fähig und damit breit einsetzbar.

Replikation von Repositories

- **Unterschiedliche Standorte (nicht Rational ClearCase LT):** Ein Add-On zu Rational ClearCase ist eine Komponente, die als Rational ClearCase MultiSite bezeichnet wird. Rational ClearCase MultiSite ist in der Lage, Replikationen von Dateirepositories an verteilten Standorten, die nicht Online verbunden werden können, durchzuführen. Damit reduziert sich der Organisationsaufwand für Gemeinschaftsprojekte über Standortgrenzen hinweg auf ein Minimum.

Unterschied in der Bearbeitung der Objekte

Wie bereits zu Anfang dargestellt, gibt es einen Unterschied in der Bearbeitung der Objekte. Dies hängt zum einen an der Häufigkeit der Änderungen, zum anderen an der Notwendigkeit, dass ein Artefakt von mehr als einer Person geändert wird. Je nachdem, wie diese Aspekte für ein bestimmtes Artefakt oder einen Artefakttyp aussehen, sollte einer der in den folgenden Abschnitten beschriebenen Workflows genutzt werden.

5.2.7.2
Baselining

„eingefrorene" Softwareversion

Eine Baseline beschreibt eine „eingefrorene" Softwareversion. Dieses Konzept sollte immer dann genutzt werden, wenn Artefakte starke Querbeziehungen zu anderen Artefakten im Projekt haben, diese aber nur in ganz bestimmten Versionsständen gemeinsam

---

[46] Unter Verwendung von Bytecode, der ggf. bereits von anderen Teammitgliedern in ihrem Arbeitsbereich kompiliert worden ist.

[47] Eine Bill-of-Material zeigt genau, was zum Releasebau verwendet worden ist.

sinnvoll eingesetzt werden. Abbildung 90 visualisiert das Konzept des Baselining.

Abbildung 90: Baselining

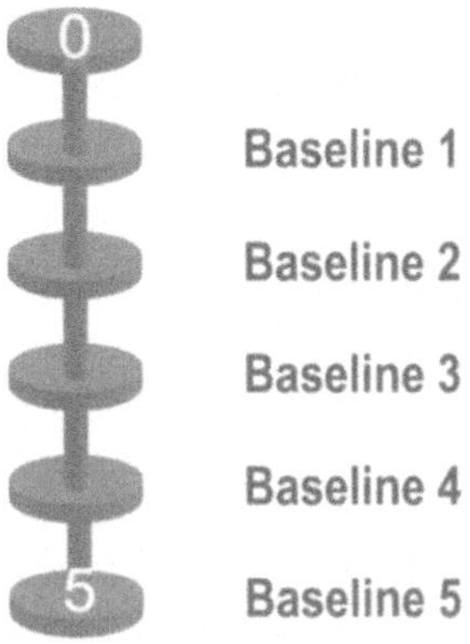

Typische Beispiele dafür sind Anforderungsdokumente oder Dokumentationen der zu entwickelnden Software. Diese werden in bestimmten Projektphasen häufig geändert, es ist aber in der Regel nicht nötig, im Sinne eines Fall-back auf einen bestimmten Stand eines einzelnen Dokumentes zurückzugehen. Auf Grund der Querbeziehungen ist es ausreichend, dass ein Gesamtstand (eine Baseline) reproduziert werden kann.

Typische Beispiele

5.2.7.3
Versionierung

Dieses Variante sollte dann zum Einsatz kommen, wenn jede Version reproduzierbar sein muss, das Artefakt aber nur von einem Anwender zur selben Zeit geändert werden kann.

Bedingung für die Versionierung

Gerade im Bereich der Entwicklung von Embedded Software ist diese Form häufig anzutreffen, gerade dann, wenn nicht mehrere Versionen der Software parallel gepflegt werden müssen (sehr oft wird die Software nicht gepatcht, sondern zusammen mit einem Teil der Hardware ausgetauscht).

Eine Entwicklung in den vergangenen Jahren sorgt aber dafür, dass sich diese Art der Bearbeitung, zumindest was den Softwareanteil eines Projektes angeht, auf dem Rückzug befindet. Der ständig steigende Innovationsdruck führte zu einer deutlichen Verkürzung der Releasezyklen, so dass parallel gearbeitet werden muss.

Neben Sourcecode sind Dokumentation, Modelle und andere Objekte, die seltener geändert werden geeignete Kandidaten für diese Form der Bearbeitung. Abbildung 91 visualisiert das Konzept der Versionierung:

Geeignete Kandidaten

Abbildung 91:
Versionierung

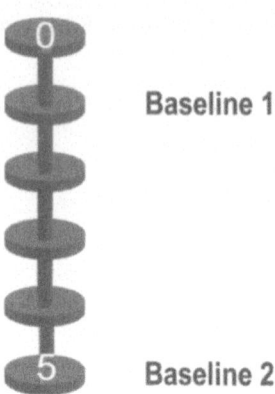

5.2.7.4
Varianten

Diese Form kommt immer dann zum Einsatz, wenn gewährleistet sein muss, dass ein Artefakt von mehreren Anwendern zur selben Zeit bearbeitet werden kann. In einer solchen Umgebung muss aber auch klar geregelt werden, wie die Änderungen wieder zusammengeführt, also gemerged werden.

Die Zusammenführung ist wichtig

Dies findet sich meistens in Projekten, die Software über lange Zeit entwickeln und einzelne Releasestände oder Varianten pflegen müssen, aber auch, wenn Teams geografisch verteilt arbeiten. Unabhängig von dem jeweiligen Grund sollte darauf geachtet werden, dass eine sehr gute Unterstützung durch das KM Tool für das Mergen, also das Zusammenführen der Änderungen vorhanden ist; die Wahrscheinlichkeit dafür ist hoch, dass es dazu kommt. Abbildung 92 visualisiert das Konzept von Varianten.

Abbildung 92:
Varianten

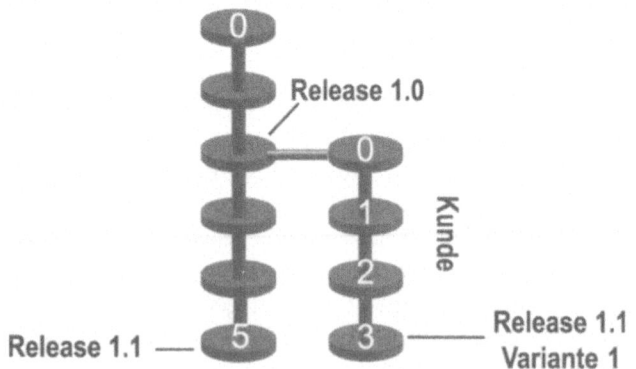

5.2.8
Für jeden Kunden die optimale Lösung

Rational Software arbeit seit der Gründung immer nach einem kundenorientierten Ansatz. Dieser Ansatz ist in Abbildung 93 dargestellt. Im Konfigurationsmanagement sind die beiden folgenden Kenngrößen des Kundens von Bedeutung:

- Wie groß ist das Entwicklungsteam, also wie viele Mitarbeiter werden konkret mit dem Konfigurationsmanagementwerkzeug arbeiten?
- Sitzen die Mitarbeiter alle an einem Standort oder ist eine verteilte Entwicklung beabsichtigt?

Kenngrößen des Kundens

Sind diese Kenngrößen bekannt, empfiehlt Rational Software die jeweils passenden Produkte für den Einsatz. Es werden jedoch nicht nur die entsprechenden Produkte empfohlen, sondern auch die geeignete Verwendung.

Dies bedeutet für obige Kenngrößen die folgenden Produkt- und Verwendungsempfehlungen seitens Rational Software:

- Bei einem kleinen Team, das an einem Standort arbeitet, reicht der Einsatz von Rational ClearCase LT und Rational ClearQuest unter einem Single Server. Als Prozess kommt Unified Change Management zum Einsatz und es wird mit Snapshot Views gearbeitet.

Produkt- und Verwendungsempfehlungen

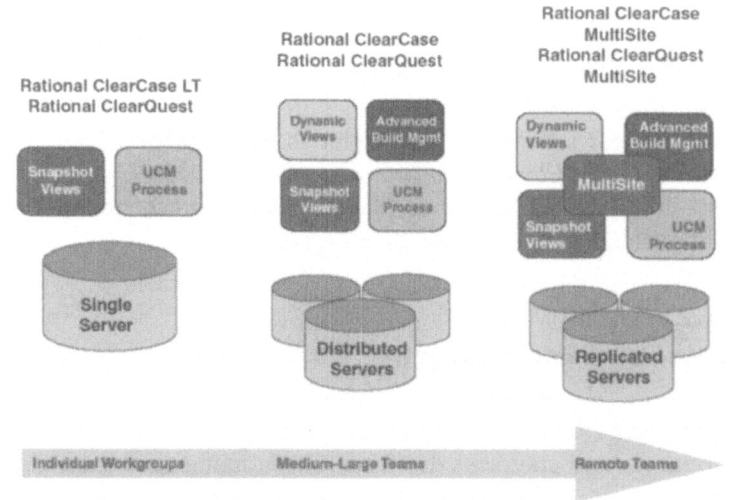

Abbildung 93: Einsatz der Rational Produkte anhand der Teamgröße und Verteilung

- Bei einem mittleren bis großen Team, das an einem Standort arbeitet, kommt Rational ClearCase und Rational ClearQuest zum Einsatz und es wird auf verteilten Servern gearbeitet. Neben Snapshot Views werden auch dynamische Views verwendet sowie ein erweitertes Build Management.
- Bei großen Teams, die an verteilten Standorten zum Einsatz kommen, wird Rational ClearCase und Rational ClearQuest unter replizierten Servern eingesetzt. Zusätzlich zu den Snapshot Views, den Dynamic Views und dem erweiterten Buildmanagement wird auch noch Rational ClearCase MultiSite und Rational ClearQuest MultiSite eingesetzt.

Optimaler Produkteinsatz gewährleistet

Diese Produkt- und Verwendungsempfehlungen helfen dem Kunden, das Konfigurationsmanagement innerhalb ihres Unternehmens optimal zu planen und einzusetzen.

5.3
Rational ClearQuest – die ideale Ergänzung zu Rational ClearCase

5.3.1
Einführung

Konfigurationsmanagement ohne Änderungsmanagement ist undenkbar, wie aus dem bisherigen Buch hervorgeht. Rational Software bietet demzufolge mit Rational ClearQuest eine ideale Ergänzung zu dem Konfigurationsmanagementwerkzeug Rational ClearCase bzw. Rational ClearCase LT an.

Optimale Integration

Für verteilt arbeitende Teams gibt es dann entsprechend auch noch Rational ClearQuest Multisite. Diese Änderungsmanagement-Produkte sind in hohem Maße in die entsprechenden Konfigurationsmanagement-Produkte integriert.

5.3.2
Fehler und Änderungen

Änderungen sind die Hauptquelle für Budget- und Zeitüberschreitung, weil einerseits der Änderungsumfang zu Beginn eines Projektes nur schlecht budgetiert werden kann, andererseits oft vertraglich nicht klar ist, wie mit Änderungen umgegangen wird. Es stellen sich immer wieder die folgenden Fragen:

- Ab welchem Zeitpunkt kann/muss in meinem Projekt nachbudgetiert werden?
- Welche Änderungen sind durch das ursprüngliche Budget noch abgedeckt?
- Wie stellt man überhaupt fest, was eine Änderung ist?
- Ab wann ist eine nachträglich gestellte Anforderung schon eine Änderung?
- Welche Anforderungen, die vielleicht sogar schon umgesetzt wurden, sind von einer Änderung betroffen?
- Was muss getan werden, um eine Änderung zu bearbeiten?
- Wie muss eine Änderung getestet werden?

Fragen im Änderungsmanagement

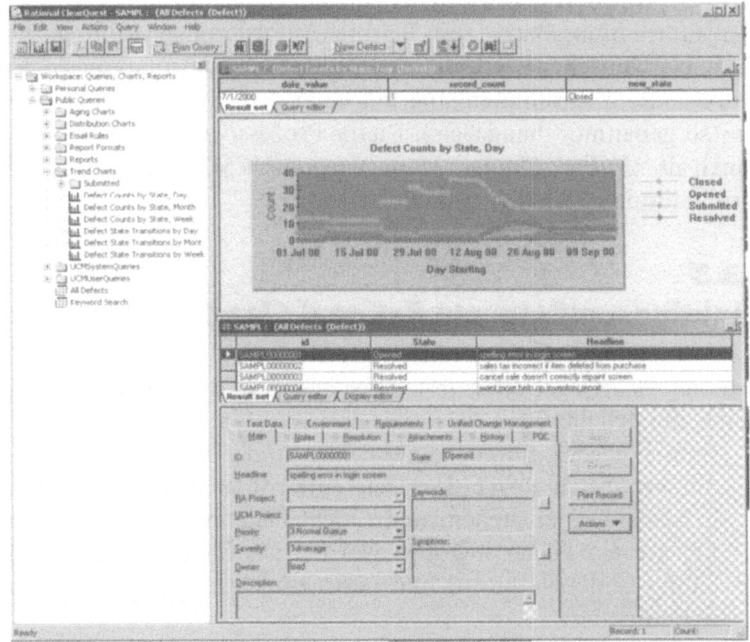

Abbildung 94: Rational ClearQuest

Ein Werkzeug zur systematischen Erfassung und Bearbeitung von Änderungen, das gleichzeitig auch die betroffenen Anforderungen referenzieren kann, ist das Änderungsmanagement-Werkzeug Rational ClearQuest, dargestellt in Abbildung 94.

Änderungen können *ein* „Projektkiller" sein, der *andere* sind Fehler! Auch hier ist es genau genommen nicht der Fehler an sich, sondern vielmehr der Umgang mit ihm. Unter welchen Umständen tritt ein Fehler auf? Ist er reproduzierbar? Unter welchen Bedingungen? Welche Symptome sind zu finden? Wie sieht der

Änderungen sind unvermeidlich aber protokollierbar

5.3 Rational ClearQuest – die ideale Ergänzung zu Rational ClearCase

Workflow aus, mit dem ein Fehler beseitigt wird? Wie groß ist der Workload bei der Fehlerbeseitigung? Ist eine Zunahme von Fehlern im Projekt erkennbar?

Fehler sind Änderungsaufträge

Man kann streng genommen auch behaupten, dass Fehler eine Art von Änderungswunsch sind. Nämlich eine Änderung, die das gewünschte Verlangen des Produktes herbeiführt. Die Fragestellungen sind vergleichbar, die konkreten Workflows und zu erhebenden Daten zur Bearbeitung sind ähnlich, wenn auch im Kern unterschiedlich. Rational ClearCase trägt dieser Erkenntnis Rechnung, in dem es frei definierbare Datenrecords (zum Beispiel ChangeRequest, Defect) mit frei festlegbaren Workflows erlaubt.

Änderungen führen zu Aufgaben

Was bei Fehlermeldungen und Änderungsanträgen gleich ist, ist die Tatsache, dass sich aus beiden Aufgaben ableiten lassen. Aufgaben, die mit bestimmten Aktionen verbunden sind und bei Softwareprojekten in aller Regel zu Änderungen der Sourcecode- und Informations-Basis (zum Beispiel Anforderungen) führen. Es wäre also wünschenswert, die Änderungen an Informationen und Sourcecode in Zusammenhang mit einer Aufgabe zu protokollieren (so genannte ChangeSets). Dieser Prozess wird im Hause Rational als *Unified Change Management* (UCM) bezeichnet und wird in Kapitel 5.5 näher betrachtet.

5.3.3
Funktionsumfang von Rational ClearQuest

Rational ClearQuest attackiert unter anderem die folgenden Probleme, die sich häufig in der Praxis finden lassen:

- Immer wieder auftauchende Fehler sind ein bekanntes Phänomen, die in Regressionstests enttarnt werden. Sie können insbesondere entstehen, wenn nicht bekannt ist, in welchem Release ein Fehler behoben worden ist. Gleichzeitig werden häufig Fehlersymptome und Lösungsansätze nicht ordentlich dokumentiert.

- Eine niedrige, nicht genau identifizierte bzw. identifizierbare Produktqualität stellt ein großes Problem dar, das sich durch werkzeugunterstützte Aufnahme erkennen lässt. Mittels ClearQuest können sehr übersichtlich Reports und Ansichten gemeldeter und nicht behobener Fehler erzeugt werden, um daraus einen Qualitätsstatus abzuleiten.

Lernen aus Informationen

- Die Feststellung des Projektstatus ist das schon so häufig erwähnte Standardproblem. Wie viele Änderungen sind vom Auftraggeber eingeflossen? Lässt sich ein Trend ablesen? Hängt die Behebung von Fehlern hoffnungslos hinter dem Gesamtprojekt zurück? Dies sind Fragen, die sich durch standardisierte Abfragen und Berichte ebenfalls schnell ermitteln lassen, sofern das zugrundeliegende Datenmaterial erfasst wird (vgl. Abbildung 94).

- Die reduzierte Effizienz und Produktivität entsteht dann, wenn nicht bekannt ist, wer wann welche Aufgabe zu erledigen hat, also der entsprechende Workflow zur Bearbeitung von Änderungen unklar kommuniziert ist. Mit ClearQuest kann der Projektleiter Aufgaben zuweisen und jeder Mitarbeiter über seine eigenen To-Do-Listen effizienter seine eigenen Aufgaben proaktiv einsehen.

- Die Kommunikation mit dem Kunden/Auftraggeber muss effizient und vor allem nachvollziehbar und dokumentierbar sein (Verträge!). Ggf. ist es sinnvoll, dem Kunden bestimmte Informationen und Auswertungen (zum Beispiel Anzahl gestellter Änderungswünsche, durchschnittliche Problemlösungszeit) zugänglich zu machen. Der Projektfluss lässt sich außerdem vereinfachen, wenn der Kunde Fehler und Änderungen standardisiert melden kann. Daher verfügt ClearQuest über ein Web-Interface (Meldungen und Abfragen) sowie über die Möglichkeit, Informationen, die per Email eingehen automatisch in den Datenbestand einzusortieren.

Einbeziehung des Kunden

- Änderungsworkflows können in der Praxis sehr unterschiedlich aussehen. Ein unterstützendes Werkzeug muss wie Rational ClearQuest sehr flexibel sein, um die jeweiligen Arbeitsabläufe abbilden zu können.

Anpassbare Workflows

Wiederverwendung von Informationen ist ein wichtiges und bekanntes Thema für Softwareprojekte. Rational ClearQuest kann beispielsweise die Fehler, die mit Testwerkzeugen gefunden worden sind mit genauer Fehlerbeschreibung automatisiert erfassen. Außerdem kann Rational ClearQuest aus Aufgaben ebensolche in Microsoft Project erstellen und erspart auch hier zusätzliche Arbeiten durch Mehrfacherfassung. Rational ClearQuest ist eines der zentralen Werkzeuge der Rational Suite und ein wichtiges Medium besonders für Projektleiter.

Kosteneinsparung durch Informationswiederverwendung

5.4
Die Integration von Rational ClearCase in die Rational Suite

5.4.1
Einführung

Vollständige Entwicklungsumgebung

Rational Software bietet, wie anfangs dieses Kapitels bereits aufgeführt, mit der Rational Suite seinen Kunden eine vollständige Entwicklungsumgebung an. Konfigurationsmanagement ist dabei ein zentraler Bestandteil. Des weiteren werden die folgenden Disziplinen des Software-Engineerings durch entsprechende Werkzeuge mit der Rational Suite unterstützt:

Unterstützte Disziplinen

- die visuelle Modellierung
- das Testen der Software
- die Generierung von Code
- das Anforderungsmanagement
- das Änderungsmanagement

5.4.2
Zwei Ansätze der Integration

5.4.2.1
Einführung

Die Rational Suite beinhaltet zwei unterschiedliche Ansätze der Integration der einzelnen Werkzeuge:

Gemeinsame Plattform und Spezialisierung

- Der Ansatz der „Team Unifying Platform"
- Der Ansatz der „Role Based Solutions"

Man kann also von einer gemeinsamen Plattform und einer Spezialisierung sprechen. Das Konfigurationsmanagement ist in der gemeinsamen Plattform enthalten. Daher soll diese im folgenden näher betrachtet werden.

5.4.2.2
Die Team Unifying Platform

Man kann die Team Unifying Platform auch als Kommunikationsbasis eines Softwareprojektes bezeichnen. Hier werden alle projektrelevanten Informationen gesammelt, dokumentiert und stehen zum gemeinsamen Zugriff aller Projektbeteiligten bereit. Wenn man bedenkt, dass ein Grossteil von Projektherausforderungen auf fehlender oder mangelhafter Kommunikation beruht, so löst die Idee einer gemeinsam zugreifbaren Plattform eines der grundlegendsten Probleme des Softwarealltags – Wo finde ich welche Information und ist diese noch aktuell?

Team Unifying Platform ist Kommunikationsplattform

Was aber gehört nun zu einer durchgängigen Informationsplattform dazu? Welche Informationen sollten alle Teammitglieder tagtäglich zugreifbar haben?

Wichtige gemeinsame Informationsquellen

- **Allgemeine Vorgehensweise/Prozesse im Projekt:** Jedes Teammitglied muss die Teamkultur/-vision kennen und wissen, welche Arbeiten mit welchem Ergebnis von welchem Mitarbeiter geliefert werden.

- **Projektmetriken:** Wo stehen wir im Projekt? Das ist nicht nur eine Aufgabe, die den Projektleiter interessieren sollte, sondern auch die Mitarbeiter. Oft ist es sogar ein Motivationsfaktor, jedem im Projekt aktuell den Stand vermitteln zu können – zumindest in guten Projekten!

- **Reportingstrukturen/-richtlinien:** Jeder Entwickler hasst es und es gehört trotzdem zu seinem Projektalltag: Das Erstellen von Dokumentation. Diese Form des Reporting ist eine wichtige – zum Glück häufig automatisierbare – Aufgabe. Die Richtlinien müssen klar kommuniziert und Vorlagen verfügbar sein.

- **Anforderungen:** Alles was in einem Projekt realisiert wird, hat mit Anforderungen und ihrer Erfüllung zu tun. Nicht jeder schreibt Anforderungen, aber jeder arbeitet nach ihnen, um zum Projekterfolg beizutragen.

- **Änderungen / Fehler / Aufgaben:** Jedes Teammitglied muss in der Lage sein, aufgelaufene Änderungswünsche und Fehler einzusehen, die zu potentiellen Aufgabenzuweisungen führen können.

- **Testpläne / Testverfahren:** Testen wird in den weitaus meisten Projekten stiefmütterlich behandelt ist – dementsprechend ist es um die Qualität solcher Projekte bestellt. Testpläne sollten möglichst früh und ausführlich bekannt sein.

- **Konfigurationen / Releasestände:** Gerade in iterativ inkrementellen Projekten werden häufig Softwarebuilds und -integrationen durchgeführt. Darum ist es extrem wichtig zu wissen, welches die aktuelle Baseline ist und welche Informationen zu welcher Baseline gehören.

Projektmanagement und Projektinfrastruktur

Versucht man diese unterschiedlichen Aspekte zu klassifizieren, so ergibt sich eine Aufteilung in zwei große Bereiche: Projektmanagement und Projektinfrastruktur. Während die ersten drei Elemente in die Kategorie Projektmanagement fallen, rechnet man die restlichen vier Punkte der Projektinfrastruktur zu.

5.4.2.3
Inhalte der Suite

Abbildung 95 stellt die Inhalte der Suite dar. In der gemeinsamen Plattform ist die obige Auflistung enthalten. Es wird deutlich, dass das Konfigurationsmanagement mit Rational ClearCase die Basis für alle anderen Aufgaben innerhalb der gemeinsamen Plattform ist, auf die alle Rollen zugreifen.

Abbildung 95: Rational Suite schematisch

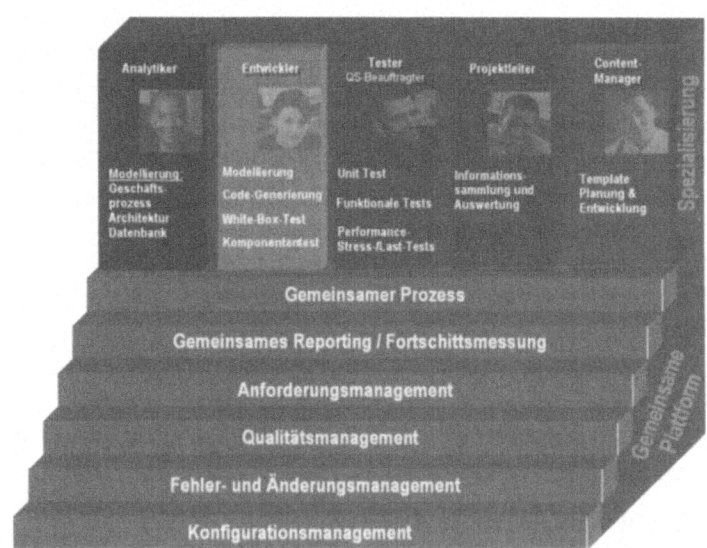

Ferner werden die Rollen deutlich, die für die Spezialisierung relevant sind. Jede Rolle wird mit speziell auf deren Aufgaben zugeschnittenen Werkzeugen unterstützt, die in Tabelle 1 aufgelistet sind. Die folgenden Rollen sind von Bedeutung:

- Der Analytiker
- Der Entwickler
- Der Tester
- Der Projektleiter
- Der Contentmanager

Rollen in der Spezialisierung

5.4.3 Zusammenfassung

Mit dem Integrationsansatz von Rational Software ist gesichert, dass die Wiederverwendung und Auswertbarkeit von Daten maximiert wird. Gleichzeitig bekommt der Anwender die Gewähr, dass die einzelnen Werkzeugkomponenten optimal aufeinander abgestimmt sind und er nur einen zentralen Ansprechpartner für Verhandlungen und technische Fragen hat.

Tabelle 1 zeigt abschließend, welche Integrationen die Rational Suite beinhaltet, welche indirekt existieren und welche vom heutigen Stand der Technik als nicht sinnvoll zu bezeichnen sind.

Wiederverwendung und Auswertbarkeit

Tabelle 1: Integrationen der Rational Suite

	Team Unifying Platform							Role-Based Solutions					
	RUP	ProjectConsole	SoDA	RequisitePro	TestManager	ClearQuest	ClearCase LT	Rose	Rose RT	Robot	PurifyPlus	Quality Architect	Vignette CMS
Team Unifying Platform													
RUP		x	x	x	x	x	x	x	x	x	x	x	x
ProjectConsole			x	x	x	x	x	x	x	1	1	1	
SoDA				x	x	x	x	x	x	1	1	1	
RequisitePro					x	x	x	x	x	/¹	/¹	x	
TestManager						x	x	x		x	x	X	
ClearQuest							x		/		x	x		x
ClearCase LT								x	x		/	/		x
Role-Based Solutions													
Rose											/	/	x	
Rose RT											/	/	x	/
Robot												x	/	

	Team Unifying Platform						Role-Based Solutions					
	RUP	ProjectConsole	SoDA	RequisitePro	TestManager	ClearQuest	ClearCase LT	Rose	Rose RT	Robot	PurifyPlus	Quality Architect	Vignette CMS
PurifyPlus												/	
Quality Architect													/
Vignette CMS													

X = Integration vorhanden
1 = Informationen werden über TestManager abgerufen
/ = Integration (direkt) nicht sinnvoll

5.5 Unified Change Management

5.5.1 Einführung in die Thematik

Standardisierte Vorgehensweise

Zu Beginn dieses Kapitels wurde bereits kurz auf Unified Change Management eingegangen. Unified Change Management (UCM) ist eine standardisierte Vorgehensweise für das Konfigurations- und Change Management. Diese ist unabhängig von der Art der Projekte. Die Zielsetzung ist ein einfacher und sicherer Einstieg gerade für in diesen Themen unerfahrenen Teams, aber auch ein stabiler Framework bei wachsenden Teams.

5.5.2 Aktivitäten und Artefakte

Kombination aus dem Management von Aktivitäten und Artefakten

Software Entwicklung besteht im wesentlichen aus zwei Dingen – aus Aktivitäten, die durchgeführt werden und aus Artefakten, die dabei erstellt werden. Unter Unified Change Management wird nun eine Kombination aus dem Management von Aktivitäten und Artefakten verstanden.

Das Managen von Aktivitäten wird umso komplexer, je mehr Änderungsanträge seitens des Kunden eintreffen. Diese müssen werkzeuggestützt aufgenommen und verwaltet werden. Dies beinhaltet natürlich auch ein kontinuierliches Monitoring bzw. Trakking des Änderungsantrags bis zum Projektende.

Durch einen entsprechenden Workflow wird dann das Aktivitäten Management umgesetzt, dabei sind die folgenden Punkte relevant:

- Die Zuordnung von Aktivitäten an einzelne Projektmitglieder.
- Die Überwachung von Prioritäten, Status und weiteren Informationen, die mit den Aktivitäten verbunden sind.
- Die automatische Generierung von Abfragen, Reports und Analysediagrammen.

Inhalte des Workflows

Dabei wird beim Unified Change Management ein so genannter out-of-the-box-Prozess festgelegt, der sofort zum Einsatz kommen kann und in Abbildung 96 dargestellt ist. (Natürlich kann dieser Prozess auch individuell an die Bedürfnisse und Vorgaben in einem Unternehmen angepasst werden).

Out-of-the-box-Prozess

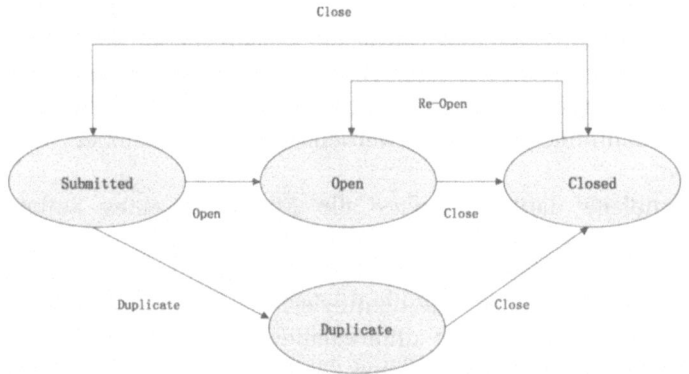

Abbildung 96: Out-of-the-Box-Prozess des Unified Change Management

5.5.3
Die fünf Bereiche des Unified Change Management

Unified Change Management konzentriert sich auf fünf unterschiedliche Bereiche, die im folgenden näher definiert werden. Der erste Bereich behandelt die lokalen und öffentlichen Arbeitsberei-

Development und Integration Streams

che der Entwickler. Hierbei werden im UCM sogenannte Development und Integration Streams unterschieden.

Der Development Stream zweigt von einem stabilen Basisstand ab und sammelt pro Entwickler die Arbeitsergebnisse, also isoliert von der Arbeit anderer. In einem zweiten Schritt werden diese Ergebnisse in den Integration Stream übertragen, damit also für das übrige Projekt freigegeben.

Zusammenfassung von Artefakten

Der zweite Bereich von UCM behandelt die Zusammenfassung von vergleichbaren bzw. ähnlichen Artefakten in UCM Komponenten. Diese Komponenten werden als eine Einheit gesehen, die später als Grundlage für neue Entwicklungsvorhaben herangezogen werden kann. Gerade bei der Entwicklung von komplexen Software-Systemen ist die Verwendung derartiger Komponenten sowohl hinsichtlich Effizienz und Fehlervermeidung unvermeidbar. Komponenten mit einigen tausend Artefakten sind dabei durchaus nichts ungewöhnliches.

Erstellung von Baselines

Der dritte Bereich von UCM beschäftigt sich mit der Erstellung so genannter Baselines von Komponenten zu den jeweiligen Meilensteinen eines Projektes. Ziel dabei ist es, diese Komponenten den gesetzten Qualitätsansprüchen entsprechend zu Software-Komponenten weiter zu entwickeln. Dabei kann bei einer individuellen Anpassung von UCM festgelegt werden, ob diese Komponenten dann noch bearbeitet werden oder nur referenziert werden dürfen.

Grundlage dafür ist, dass alle Mitglieder eines Software-Entwicklungsprojektes auch gleichzeitig Mitglieder eines UCM Projektes sind. Damit können dann Software-Projekte durch die eingesetzten Komponenten identifiziert werden, einschließlich der bestehenden Beziehungen untereinander. Auf diese Weise kann dann festgelegt werden, welchen Qualitätsstandard eine Komponente erreichen muss, bevor sie der Öffentlichkeit (zum Beispiel Testern) bereitgestellt wird. Hierzu definiert UCM fünf sogenannte out-of-the-box Baseline Levels, die auf einander aufbauen:

Fünf sogenannte out-of-the-box Baseline Levels

- rejected
- initial
- build
- tested
- released

UCM gestattet dann die individuelle Benennung dieser Levels sowie die Definition der Kriterien, wann eine Komponente einen höheren Level erreicht.

Im vierten Bereich von UCM werden die Änderungsanträge geclustert. Dies bedeutet, dass unterschiedliche Änderungsanträge hinsichtlich ihrer Art und Auswirkung untersucht werden und zu gleichartigen Arbeitspaketen zusammengefasst werden. Diese werden dann im weiteren Verlauf des Projektes als eine geschlossene Einheit betrachtet. Ein Change Set dieser Aktivität enthält dann alle Artefakte, die erstellt bzw. geändert werden müssen, um eine Aktivität vollständig zu beenden.

Cluster von Änderungsanträgen

Hintergrund dieser Vorgehensweise ist es, dass ein Änderungsantrag meist eine Vielzahl von Artefakten betrifft, was den Änderungsprozess sehr komplex werden lässt. Ebenso kann es vorkommen, dass an einem Artefakt mehrere Änderungen vorgenommen werden müssen (zum Teil auch von unterschiedlichen Personen). Durch die Bildung von Change Sets in UCM wird dieser Prozess vereinfacht. Ferner wird sichergestellt, dass alle zu ändernden Artefakte bei entsprechenden Aktionen berücksichtigt werden.

Der fünfte und letzte Bereich von UCM behandelt das bereits eingangs erwähnte Artefakt und Aktivitäten Management bzw. die Integration dieser beiden Aspekte. Dazu werden über einen automatisierten Workflow den Change Sets Aktivitäten zugeordnet. Hier bietet UCM eine Vielzahl von vordefinierten Prozessen für gängige Aktivitäten an, wie zum Beispiel Fehlerbehebungen oder Erweiterungsanträge.

Artefakt und Aktivitäten Management

Natürlich kann dieser Prozess auch individuell angepasst werden und um erforderliche Aktivitätstypen erweitert werden. Somit ermöglicht UCM auch einen Überblick über die gesamte Historie eines Änderungsantrages, inklusive der Versionen unterschiedlicher Artefakte. Das wiederum lässt Rückschlüsse zu, welchen Einfluss eine Änderung an einem Artefakt auf ein anderes Artefakt hatte.

5.5.4
Akzeptanzaspekte

Bisher wurde UCM nur von der Theorie her betrachtet. Wesentlich für einen solchen Prozess ist jedoch die Akzeptanz auf der Anwenderseite. Diese wiederum wird nur hergestellt, wenn der Anwender auf der einen Seite die Vorteile des Prozesses sieht und auf der anderen Seite die Einsetzbarkeit vereinfacht wird.

Akzeptanz auf der Anwenderseite ist von großer Bedeutung

Es wurde bereits mehrfach darauf hingewiesen, dass UCM mehrere Out-of-the-Box-Bestandteile enthält; das bedeutet, dass diese direkt zum Einsatz kommen können, ohne dass sie zuvor an das

Projekt oder das Unternehmen angepasst werden müssen. Eine individuelle Anpassung ist möglich, aber nicht notwendig.

Die Vorteile, die beim Einsatz von UCM entstehen, sollen hier nochmals explizit aufgeführt werden:

Vorteile von UCM

- Durch UCM erhalten die Entwickler einen schnellen und korrekten Zugriff auf das richtige Artefakt.

- Durch UCM können die Entwickler zunächst selbstständig an dem Artefakt arbeiten und selber entscheiden, wann dieses öffentlich wird.

- Durch die Vorgabe von Qualitätsstandards existieren einheitliche Richtlinien.

- Durch UCM kann der Projektleiter jederzeit den Status der Änderungsanträge und seine Auswirkungen auf andere Artefakte überprüfen.

- Durch UCM kann der Fokus zur richtigen Zeit auf die wesentlichen Änderungen gelegt werden.

- Durch die Bildung von Change Sets können die Aktivitäten besser geplant, durchgeführt und überwacht werden.

5.5.5 Auswirkungen

Vorteile auch für andere Teammitglieder

Im bisherigen Verlauf wurde UCM in erster Linie aus Sicht von Entwicklern beschrieben. Doch auch für andere Teammitglieder, wie zum Beispiel Tester, Analytiker und Designer hat UCM seine Vorteile. Schließlich produzieren diese ebenfalls Artefakte, die in einen Änderungsprozess integriert sind. Diese Artefakte müssen genauso der Öffentlichkeit zur Verfügung stehen, wie dies bei Sourcecode-Artefakten der Fall ist. Gerade die Arbeit von den Analysten, die die Projektgrenzen und den Projektumfang definieren, sind hier von Bedeutung.

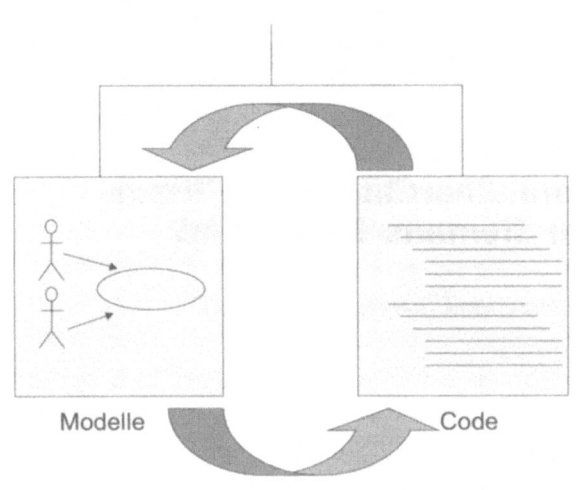

Abbildung 97: Zusammenhang zwischen Code und Modellen

Der in Abbildung 97 dargestellte Zusammenhang zwischen Code und Modellen verdeutlicht die Bedeutung einer Einbindung aller Projektmitglieder innerhalb von Unified Change Management, da sowohl Modelle als auch Code parallel bearbeitet werden.

5.5.6
Fazit

Das in diesem Abschnitt vorgestellte Unified Change Management birgt die folgenden Vorteile in sich:

- Erhöhte Abstraktion – durch Verwendung von wirklichkeitsnahen Objekten (Projekte, Komponenten, Aktivitäten usw.) So wird die Projektstruktur in der Konfigurationsmanagement-Umgebung abgebildet.

- Aktivitätsgesteuert – treibende Kraft bei Änderungen ist eine Aktivität, also ein Arbeitsauftrag zur Änderung. Durch die Aktivität bestimmt sich auch der Workflow, wie bestimmte Aufträge zu bearbeiten sind.

- Ease-of-use – das Modell kann nach Installation sofort genutzt werden (Configuration versus Customization).

- Unterstützung verteilter Systeme – einheitliche Vorgehensweise innerhalb verteilter Teams.

Vorteile von UCM

- Erhöhte Releasesicherheit – durch das Integrieren komplett bearbeiteter Aufgaben in einen speziellen Integrationsbereich wird verhindert, dass inkonsistente Stände entstehen.

5.6
Rational ClearCase in der Praxis bei der Siemens Schweiz AG

Von Vinzenz Bickel, Siemens Schweiz AG

5.6.1
Einführung

Ausgangsbasis Existiert von einem Softwareprodukt genau eine Version, ist die Versionsverwaltung und der Softwarebau trivial. Gibt es von einer Software verschiedene Versionen bei verschiedenen Kunden, auf verschiedenen Plattformen, wird das Ganze etwas schwieriger. Die Versionen bei den Kunden müssen unterhalten werden und unter Umständen wird gleichzeitig eine Folgeversion entwickelt. Wenn man in dieser Situation einfach etwas vor sich hin entwickelt, verliert man schnell die Übersicht und das Chaos ist perfekt. Das Resultat: unzufriedene Kunden, unzufriedene Mitarbeiter, Stress am Arbeitsplatz.

Übersicht gewährleistet Das muss nicht sein. Mit einem guten Prozess und exaktem Vorgehen behält man jederzeit die Übersicht. Will man in der Praxis komplexe Software erfolgreich bauen, so muss man mit den geeigneten Werkzeugen arbeiten. Ein Versionierungswerkzeug für die Verwaltung des Quellcodes und ein Werkzeug für die Fehlerverfolgung sind unbedingt notwendig. Für welche kommerziellen Produkte man sich dabei entscheidet, hängt vom Projekt und der CM Philosophie ab. Zur Fehlerverfolgung verwenden wir das Modification Request Tool von Siemens, als Versionierungswerkzeug ClearCase von Rational Software.

5.6.2
Implementierung

Mehrere tausend Dateien an verschiedenen Standorten In unseren Projekten arbeiten wir meistens an verschiedenen Standorten, und es werden mehrere tausend Dateien angelegt. ClearCase unterstützt dies sehr gut. Bei ClearCase werden alle Dateien in einer Versioned Object Base (VOB) abgelegt. In dieser können die Dateien nur noch kontrolliert geändert werden. Will man eine Datei ändern, so muss sie zuerst ausgecheckt werden. Erst dann bekommt man Schreibrechte. Gleichzeitig ist so garantiert, dass kein zweiter Entwickler an der gleichen Datei arbeitet.

Nach dem Bearbeiten muss die Datei eingecheckt werden, erst dann ist sie für alle sichtbar. Welche Dateiversionen sichtbar sind, legt man in der Arbeitsumgebung fest. In ClearCase heisst diese View. Jeder Entwickler verfügt über eine eigene View. In dieser teilt er alle Binaries und Libraries (in ClearCase werden sie derived objects genannt), die er mit einem oder mehreren Entwicklern gemeinsam hat. Die Dateien, die nur er bearbeitet, stehen ihm privat zur Verfügung. ClearCase verwaltet diesen Prozess automatisch.

Zu einer View gehört eine configuration specification (confic spec, siehe auch Abbildung 98), die die Regeln zur Dateiselektion festgelegt. In Abbildung 99 sieht man die Entwicklung einer Datei im Verlauf der Zeit. Die Versionen können in der config spec explizit angegeben werden, zum Beispiel *filename /main/12* oder mit einem Label, zum Beispiel alle Elemente mit dem Label *REL_semeli1.0_01*.

Configuration specification

```
#VIEW-Configuration Fuer SEMELI_V1.0
#---------------------------------------
# selection rules for "seeing" files

element * CHECKEDOUT

###----------new files -----------------

###MRMQ009106
element file1 /main/bugfix_semeli1.0/2

###MRMQ009198
element file1 /main/bugfix_semeli1.0/1

###----------General -----------------
element * REL_semeli1.0_01

element * /main/LATEST
#=======================================
#no code beyound this line
```

Abbildung 98: In der configuration specification werden die Regeln zur Dateiselektion festgelegt

Die config spec wird dabei für jede Datei von oben nach unten abgearbeitet. In Abbildung 98 wird zuerst geprüft, ob eine Version der Datei ausgecheckt ist. Trifft dies zu, so werden alle nachfolgenden Regeln ignoriert. Ist keine Version ausgecheckt, so wird geprüft, ob es sich um file1 handelt. Ist das der Fall, so sieht man die Version *file1 /main/bugfix_semeli1.0/2*.

Die Regel *file1 /main/bugfix_semeli1.0/1* kommt nie zum Tragen. Der Eintrag stört aber nicht. Alle anderen Dateiversionen werden über das Label REL_semeli1.0_01 selektiert und falls dies nicht gesetzt wurde über /main/LATEST. In ClearCase steht /main/Latest für die letzte eingecheckte Version.

Mehrere Label möglich

An jede Dateiversion können also ein oder mehrere Label gehängt werden. Damit ist man in der Lage einen bestimmten Softwareentwicklungsstand jederzeit eindeutig zu reproduzieren. In unserem Prozess werden alle Sources am Ende der Implementation einem Review unterzogen. Dieser Softwarestand wird mit einem Label festgehalten (AFI_ vor dem Review und IUS_ nachdem die Reviewergebnisse eingearbeitet worden sind). Abbildung 99 verdeutlicht dies.

Abbildung 99: Die zeitliche Entwicklung einer Datei in ClearCase.

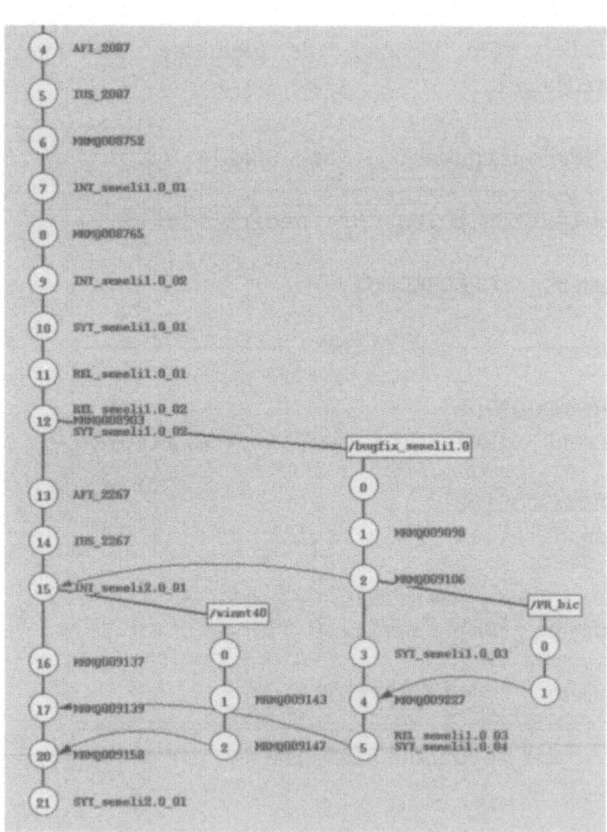

5.6.3
Der Modultest

Nach dem Review startet der Modultest. Die Dateien dürfen dann nur noch kontrolliert geändert werden. Dazu verwenden wir ein Fehlerverfolgungswerkzeug (Modification Request Tool, kurz MR Tool), in dem jede Änderung des Codes dokumentiert wird. Darin steht, wer eine Änderung verlangt, weshalb, welche Systeme davon betroffen sind und vieles mehr, siehe Abbildung 100. Jeder Modification Request (kurz MR) bekommt eine eindeutige Nummer. In der Abbildung 100 ist es die *MR-ID MQ009098*.

Nur noch kontrollierte Änderungen möglich

Diese wird als Label verwendet, um eine eineindeutige Beziehung zwischen der Änderungsdokumentation und den geänderten Sourcen sicherzustellen. Dies bedeutet konkret: Es ist für jede Dateiversion nachvollziehbar, warum sie geändert wurde. Umgekehrt kann jederzeit nachvollzogen werden, welche Dateien von einem MR betroffen sind. Diese Verfahren wenden wir in jeder Entwicklungsphase nach dem Review an (vom Modultest bis zur Fehlermeldung und deren Behebung in der ausgelieferten Software).

Eineindeutige Beziehungen

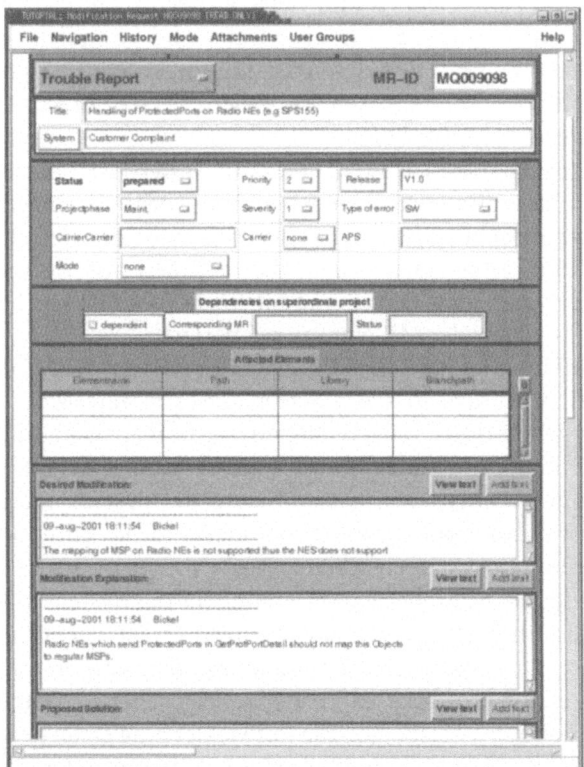

Abbildung 100: Ausschnitt aus dem Fehlerverfolgungwerkzeug (MR Tool)

5.6.4
Integration

Systembuilder ist zuständig

In der Integrationsphase werden alle Module in einem Softwarepaket zusammengefasst. Dafür ist der Systembuilder zuständig. Sobald er einen compilierbaren Stand des Gesamtsystems hat, labelt er die Software mit einem INT_ Label. ClearCase schreibt alle Dateiversionen, die zur Bildung eines Systems verwendet wurden in *configuration records*.

Ein *configuration record* entspricht einer Stückliste der Software. Diese Stückliste verwendet der Systembuilder um die Sourcen zu labeln. Die Entwickler schreiben diesen Label in ihre *config spec*. Dies garantiert, dass alle mit dem gleichen Softwarestand arbeiten. ClearCase bietet einen weiteren Vorteil: Der Systembuilder kompiliert das System. Wenn die Entwickler diesen Stand nachziehen, schaut ClearCase zuerst, ob die Binaries und die Libraries bereits schon einmal gebildet worden sind.

Stückliste der Software derived objects

Ist dies der Fall, so arbeitet der Entwickler mit den bereits existierenden *derived objects* aus der VOB. Dieser Vorgang heißt „wink-in". So kann viel Zeit und viel Speicherplatz gespart werden. Bearbeitet ein Entwickler nun eine Datei und kompiliert neu, so merkt ClearCase mit Hilfe der configuration records welche Teile neu kompiliert werden müssen und welche derived objects aus der VOB verwendet werden können.

Zusammenspiel Entwickler und Tester

Der Integrationstest beginnt mit dem Testen der Features. Die Integrationstestfälle werden so geschrieben, dass sie einfach in einen automatischen Regressionstest eingebaut werden können. Entdeckt ein Tester einen Fehler, füllt er einen MR aus. Ein Entwickler korrigiert den Fehler und labelt die betroffenen Sourcen. Der Label wird aus der MR Nummer generiert.

In Abbildung 99 sind dies die Label der Form *MRMQ00dddd*. Dann ruft der Entwickler ein Script auf (announceMr), das die zum MR gehörenden Dateiversionen zusammensucht und diese dem Systembuilder meldet. So weiß der Systembuilder sofort, wer welche Sourcen abgegeben hat und kann das System nachziehen. Wichtig ist dabei, dass der Systembuilder und die Entwickler mit völlig getrennten Systemen arbeiten.

Das bedeutet, während der Systembuilder das System integriert, können die Entwickler ungehindert ihrer Arbeit nachgehen und umgekehrt. Der Systembuilder selektiert nicht die letzte eingecheckte Version, sondern explizit die freigegebenen Dateiversionen. Dies hat den Vorteil, dass die Entwickler eine Datei bearbeiten können und der Systembuilder arbeitet mit einer stabilen Version.

Bei einem größeren Entwicklungsteam werden sehr viele Dateien abgegeben, zum Teil auch mehrere Versionen der gleichen. Damit der Systembuilder die richtigen Versionen selektiert, entwickelten wir ein zweites Script (updateCs, vgl. Abschnitt Probleme beim Ordnen der Dateien). Hat der Systembuilder genügend neue MR integriert, lässt er einen automatischen Regressionstest laufen, um die Qualität der Software zu kontrollieren. Dieser Test wurde aus abgeschlossenen Integrationstestfällen gebaut. Ist er erfolgreich durchgelaufen, versieht der Systembuilder den aktuellen Softwarestand mit einem neuen INT_ Label und gibt das System für die Softwareentwickler frei. Diese ziehen ihr System so schnell wie möglich nach. Der Vorgang dauert so lange, bis alle Integrationstestfälle abgeschlossen sind.

2. Skript wird notwendig

5.6.5
Systemtest

Die Systemtestphase verläuft im wesentlichen wie die Integrationstestphase. In diesem Stadium ist das Entwicklungsteam zu einem Kernteam reduziert. Die Systemtester schreiben einen MR für jeden gefundenen Fehler. Die Entwickler implementieren die Korrekturen, labln die Sourcen, lassen den Regressionstest laufen und geben sie dem Systembuilder ab.

Entwicklungsteam wird auf Kernteam reduziert

Dieser integriert die verschiedenen Korrekturen, lässt den Regressionstest laufen und liefert die neue Version an den Systemtest aus. Da alle das selbe Fehlerverfolgungswerkzeug verwenden, mit der gleichen Datenbank, ist es für jedermann, jederzeit möglich den Zustand eines Änderungsantrags festzustellen. Bei größeren Projekten ist dies zum Beispiel für ein Change Control Board sehr nützlich.

Nach Beendigung des Systemtests wird die Software für eine Kundenlieferung freigegeben und entsprechend gelabelt. Zu diesem Zeitpunkt besteht die Software bereits aus mehreren tausend Dateien und es wurden weit über tausend Änderungsanträge eingearbeitet.

Freigabe der Software

5.6.6
Mehr als nur eine Version

Bis jetzt waren alle Dateien auf der Mainline und, wie bereits gesagt, die Versionsverwaltung trivial. Nehmen wir aber an, Release 1.X ist bei verschiedenen Kunden installiert, Release 1.Y bei einigen anderen und wir sind dabei einen Release 2.0 zu entwickeln. Hier wird ein gutes Branch- und Labelkonzept unerlässlich. Grundsätzlich werden die Neuentwicklungen auf der Mainline weiterentwickelt. In diesem Fall Release 2.0.

Bugfixbranches

Für die Releases 1.X und 1.Y werden Bugfixbranches gezogen. Der Prozess verläuft gleich dem im ersten Teil beschriebenen. Die Entwickler arbeiten ihre Features ein oder beheben Fehler und melden dem Systembuilder die neuen Dateiversionen. Wird ein Fehler in Release 1.X behoben, so muss er meistens auch in den Releases 1.Y und 2.0 behoben werden.

Dies ist in Abbildung 99 an den Mergepfeilen zu erkennen. Dem Systembuilder werden so laufend neue Dateien zum Einarbeiten gemeldet. Die einen müssen in Release 1.X eingearbeitet werden, die anderen in 1.Y oder in 2.0. Wichtig ist, dass die Entwickler mit der Meldung der geänderten Dateien auch ankündigen, zu welcher Version die Änderungen gehören. Dies geschieht mit dem bereits erwähnten Script announceMr. announceMr sucht die Dateien zusammen, die zu dem gemeldeten MR gehören und legt sie versionsspezifisch in einen Änderungskatalog ab.

Drei verschiedene Änderungskataloge

In unserem Beispiel legen wir drei verschiedene Änderungskataloge an. Einer gehört zu Release 1.X, einer zum Release 1.Y und einer zu Release 2.0. An den Katalogen erkennt der Systembuilder welche Dateien für einen neuen Release aktualisiert werden müssen (siehe Abschnitt Probleme beim Ordnen der Dateien). Hier sind wir beim wichtigsten Punkt angelangt.

Für jedes Release ein eigener Branch

Mit dem Basislabel, das an allen Dateien der vorigen Version hängt, und den Dateien, die zur Bildung der neuen Version nötig sind, und die alle in einem Änderungskatalog abgelegt sind, ist es nicht mehr schwierig ein neues System zu bauen. Wichtig ist, dass für jeden Release ein eigener Branch existiert. Dann spielt es auch keine Rolle, wie viele Releases parallel entwickelt werden.

Wenn der Systembuilder nicht sauber arbeitet, entsteht Chaos. Andererseits unterlaufen jedem Menschen Fehler. Aus dem Wunsch heraus diese zu minimieren entstanden die oben erwähnten Scripts announceMr und updateCs. Mit Hilfe dieser Scripts und unserem Branch- und Labelsystem behalten wir jederzeit den Überblick, welche Dateiversionen zu welchem Release gehören und konnten so den Softwarebau weitgehend automatisieren und ein hohes Qualitätsniveau garantieren.

5.6.7
Probleme beim Ordnen der Dateien

Zieht der Systembuilder ein System nach, so wird er in der configuration spec das alte Basislabel und darüber die neu abgelieferten Dateiversionen selektieren (vgl. Abbildung 98). Wichtig ist, dass dies in der richtigen Reihenfolge geschieht. In jeder Software gibt es Dateien, die oft angepasst werden müssen, zum Beispiel Konfigurationsdateien oder Dateien in denen Basistypen definiert werden. So kann es geschehen, dass von einer Datei mehrere Versionen abgegeben werden und der Systembuilder die neuste Version selektieren muss, die gemeldet wurde.

Reihenfolge beachten

Da die MR Nummern nicht unbedingt in aufsteigender Reihenfolge an die Dateiversionen gehängt wurden, können in der config spec nicht einfach die MR Nummern in aufsteigender Reihenfolge aufgeführt werden. (Siehe Abbildung 101). Der Systembuilder müsste jeden Versionsbaum anschauen und die MR Nummern manuell ordnen. Wenn er das System schnell genug nachzieht und wenn in dieser Zeit nicht sehr viele MRs zur Einarbeitung gemeldet werden, kann er dies tun. Verfügt das System aber über mehrere tausend Dateien und werden genügend implementierte MRs abgeliefert, verliert man mit dieser Methode den Überblick sehr schnell.

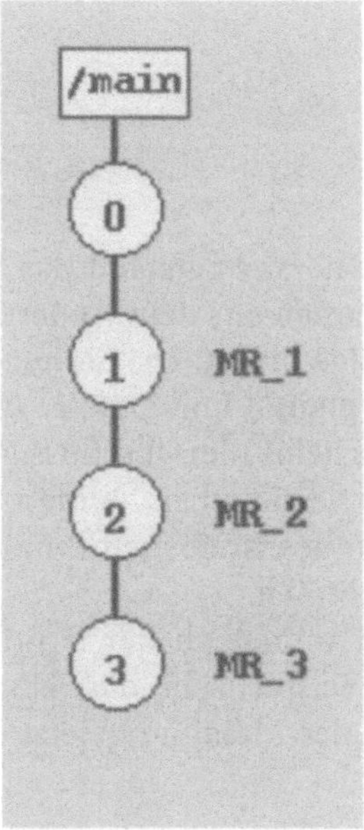

*Abbildung 101:
Die Label werden nicht zwingend in aufsteigender Folge an die Dateien gehängt. In der confic spec müssen sie in der richtigen Reihenfolge aufgeführt werden*

Meist sind von einem Änderungsantrag mehr als eine Datei betroffen. Nehmen wir an, es wären 2 Dateien betroffen und nehmen wir an, dass diese 2 Dateien von 2 Entwicklern bearbeitet werden. Entwickler 1 startet mit dem Bearbeiten der Datei 1, Entwickler 2 startet mit dem Bearbeiten der Datei 2.

Explizites Selektieren notwendig

Danach muss Entwickler 2 File 1 bearbeiten und Entwickler 1 File 2. Entwickler 1 setzt den Label 1 und Entwickler 2 setzt den Label 2. Dann ergibt sich die Situation, wie in Abbildung 102. Diese Situation kann mit dem Selektieren der Label in der config spec nicht behoben werden. Die Dateien müssen also explizit selektiert werden.

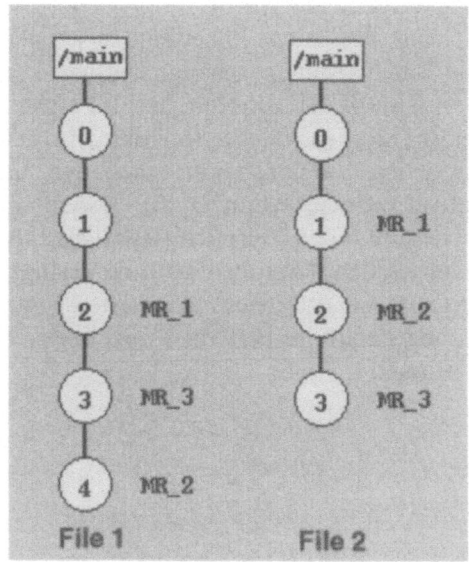

Abbildung 102: Diese Situation kann nur gelöst werden, indem man die Dateiversionen explizit selektiert

Aus dieser Problematik heraus entstand das Script updateCs, das die einzelnen Dateiversionen aus dem Änderungskatalog liest und in die richtige Reihenfolge bringt. Die Scriptausgabe in der Abbildung 102 wäre Datei1 /main/3 und Datei2 /main/4. Die Notwendigkeit eines Scripts erscheint hier überflüssig. Man bedenke aber, dass der Systembuilder leicht über hundert Dateien nachziehen muss und dass die oben beschriebenen Probleme in diversen Variationen vorkommen können.

Das Script überprüft weiter, ob der richtige Branch selektiert wurde. Es könnte zum Beispiel sein, dass ein Entwickler aus Versehen seinen Label auf der Mainline gesetzt hat, anstelle auf den Releasebranch.

5.6.8
Fazit

Die Verwendung eines guten Versionierungswerkzeugs erachten wir als unerlässlich für den erfolgreichen Bau von komplexer Software. Ebenso wichtig ist ein gutes Fehlerverfolgungswerkzeug. Alle am Projekt beteiligten Teams müssen mit dem gleichen Tool und mit einer Datenbank arbeiten. Für die Projektleitung ist es enorm hilfreich, jederzeit zu wissen, welche Fehler neu gemeldet wurden, wie viele Fehler mit Priorität 1 im Moment offen sind, wie viele mit Priorität 2, welche zuerst angegangen werden müssen, welche Subsysteme davon betroffen sind, wann diese zuliefern können usw. Wenn jedes Subsystem ein anderes Fehlerverfolgungswerkzeug benützt und der Systemtest wieder ein anderes, ist die Übersicht schnell verloren, gerade dann, wenn viele Fehler entdeckt werden und niemand mehr Zeit hat, die Fehlerlisten abzugleichen.

Gutes Versionierungswerkzeugs unerlässlich

Mit einem guten Versionierungswerkzeug wie Rational ClearCase und einem guten Fehlerverfolgungswerkzeug wie Rational ClearQuest verfügt man über eine solide Basis. Ein gutes Namenskonzept für die Label und die Branches ist ebenso wichtig. Nur so findet man die einzelnen Dateiversionen, die zusammen eine Softwareversion ergeben und nur diese.

Rational ClearCase und Rational ClearQuest sind solide Basis

Auf dieser Basis können dann auch Scripts geschrieben werden, die den Softwarebau automatisieren und vereinfachen. Das bedeutet gleichzeitig, der Softwarebau wird schneller und weniger fehleranfällig. Mit dem automatisierten Regressionstest kann eine hohe Qualität der Software bei jeder Lieferung, gewährleistet werden.

5.7
Analystenbewertungen und Auszeichnungen von Rational ClearCase

Der renommierte Analyst IDC [IDC2001] hat Rational ClearCase zum dritten Mal in Folge als Marktführer im Bereich Konfigurationsmanagement dargestellt. Der IDC Report berichtet, dass die Rational Konfigurationsmanagement Lösungen im Jahr 2000 einen Marktanteil von 32,4 % einnahmen, was einem Wachstum von 50 % gegenüber 1999 entspricht. Rational's stärkster Wettbewerber erzielte einen Anteil von 12,6 %, was den Vorsprung der Rational Werkzeuge deutlich macht.

Eindeutiger Marktführer

Eine Reihe von Auszeichnungen

Ferner hat Rational ClearCase bereits eine Reihe von Auszeichnungen erhalten, wie:

- Den Java Developer's Journal's Reader's Choice Award für „Best Code Protection Tool"
- Rational ClearCase and ClearCase MultiSite erhielten den Productivity Award in der Kategorie „Design and Management Tools"
- Rational ClearCase wurde zum besten Software Configuration Management (SCM) Produkt in der Enterprisewide IT Asset Management Kategorie der Crossroads 99 A-List Awards

5.8 Referenzen

Branchenübergreifende Referenzen

Rational Software verfügt über eine Vielzahl von branchenübergreifenden Referenzen. Die folgende Aufzählung stellt nur einen Auszug der gesamten Kundenliste dar:

- Alcatel
- AVL
- BASF
- Bayer
- BMW
- Bosch
- Cap Gemini Ernst & Young
- Conet Consulting
- Debis
- Deutsche Bank
- Deutsche Telekom
- Dresdner Bank
- Ericcson
- IBM
- Iona
- Kabira
- Lockheed Martin
- Merrill Lynch
- Mobilcom

- NASA
- Nokia
- Pro7
- Siemens
- Skandia IT
- Sony
- Telekom Austria
- TLC
- VIAG Interkom
- Wells Fargo
- ZF Friedrichshafen
- Xerox

6 PVCS von Merant

6.1 Kurzprofil von Merant

Merant ist einer der führenden Anbieter von Software und Dienstleistungen für das unternehmensweite Management von Code und Content. Mehr als 30.000 Kunden weltweit organisieren, verwalten und schützen ihre Software mit Merant-Produkten. Die Vorteile der Produkte sind:

- schnelle Reaktion auf den Markt,
- bessere Qualitätskontrolle,
- nachvollziehbare Entwicklungsprozesse und
- eine effiziente Verwaltung von Code und Content.

Vorteile der Merant-Produkte

Weitere Informationen unter: www.merant.com

Merant ging 1999 aus einer Verschmelzung von INTERSOLV und Micro Focus hervor. Im Jahr 2001 verkaufte Merant den Unternehmensbereich Micro Focus an die kalifornische Investorengruppe Golden Gate Capital und Parallax Capital. Damit ist Micro Focus wieder ein selbstständiges Unternehmen.

Merant fokussiert sich mit seinem Produkt- und Serviceportfolio auf zwei Einsatzgebiete: Software Configuration Management (SCM) und Enterprise Content Management (ECM). Mit PVCS bietet Merant Lösungen für Software Configuration Management und mit Merant Collage Lösungen für Enterprise Content Management.

Zwei Einsatzgebiete

6.2
Aufgabenstellung

Massive Auswirkungen auf die Software-Anwendungen

Wo immer heute die Geschäftsmodelle und die Businessprozesse verändert werden, hat dies massive Auswirkungen auf die Software-Anwendungen eines Unternehmens. Anspruchsvolle Internetprojekte wie E-Business-Anwendungen mit umfangreichen heterogenen multimedialen Datenbeständen erhöhen die Komplexität von Entwicklungsprojekten weiter. Dabei ist es von entscheidender Bedeutung, dass diese Änderungen in der Software im Sinne der jeweiligen Unternehmenspolitik gesteuert und überwacht werden. Nur so lässt sich der sehr rasante technologische Wandel nutzbringend einsetzen.

6.2.1
Von SCM zu ECM

Bei der Software-Entwicklung werden daher schon seit einiger Zeit Werkzeuge für das Software Configuration Management eingesetzt, mit denen die jeweiligen Projekte verwaltet und kontrolliert werden. Die früher hier übliche Quellcodeverwaltung reicht jedoch für die komplexen Entwicklungsumgebungen und -aufgaben des Web-Zeitalters genauso wenig aus wie ein reines Versions- und Änderungsmanagement.

Zahlreiche umfangreiche Projekte

Heute müssen die Entwicklungsabteilungen die Kontrolle über zahlreiche umfangreiche Projekte behalten, die nebeneinander – teilweise mit verschiedenen Release-Ständen – in verteilten Umgebungen, oftmals mit Web-Unterstützung, aber immer in hoher Qualität und fristgerecht fertig gestellt werden müssen.

Ohne moderne Werkzeuge lässt sich das SCM nicht bewältigen. Diese Tools müssen sowohl den gesamten Entwicklungsprozess abdecken als auch alle darin verwendeten Ressourcen managen. Dabei ist die Vielzahl an unterschiedlichen Datenquellen und Anwendungskomponenten ebenso zu berücksichtigen wie verschiedene Standorte von Entwicklerteams, die sich wiederum aus internen und externen Projektmitarbeitern zusammensetzen können. Angesichts immer kürzer werdender Entwicklungs-, Wartungs- und Release-Zyklen müssen SCM-Werkzeuge zudem effiziente projekt- oder prozessbegleitende Funktionen zur Verwaltung von Projektlebenszyklen zur Verfügung stellen.

Durch die verstärkte Integration des Web-Computing in die IT-Abteilungen, verdeutlicht durch die aktuellen Tendenzen im E-Business, werden die Grenzen zwischen diesen Bereichen durchlässig. Java-Applets, CGI-Skripts und HTML-Seiten treten neben den klassischen Programmcode. Beide Welten haben Anteil an denselben Projekten und müssen daher auch einheitlich gesteuert und verwaltet werden. SCM bleibt damit nicht mehr auf die herkömmliche Änderungsverwaltung beschränkt, sondern erobert sich Einsatzbereiche im Content Management zur Verwaltung von Dokumenten und Multimedia-Inhalten. Die Kooperation von SCM und Web Content Management in einem einheitlichen, unternehmensweiten Konzept versteht Merant unter ECM – Enterprise Content Management.

6.2.2
Einschätzung des Marktes

Der SCM-Markt umfasst laut Schätzungen von IDC ein Volumen von etwa 1 Milliarde US-Dollar bei einem Wachstumspotential von zirka 20 Prozent. In diesem für die Softwarebranche überproportional wachsenden Markt ist Merant hervorragend positioniert: so konnte sich das Unternehmen im Jahr 2000 beim Ranking der Anbieter vom dritten auf den zweiten Platz vorschieben. Vergleichbar mit dem SCM-Markt erreicht nach Meinung von IDC auch der Web-Content-Management-Markt ein Volumen von 1 Milliarde US-Dollar – allerdings schätzen die Analysten das Wachstumspotential im Unterschied zum SCM-Markt auf mehr als 20 Prozent.

Volumen von etwa 1 Milliarde US-Dollar

6.3
Merant – das Produktportfolio

Mit PVCS bietet Merant eine umfassende Lösung für das Software Configuration Management, zur Überwachung von Change-Prozessen und der Berücksichtigung von Team Workflow. PVCS unterstützt unternehmensweit alle wesentlichen Schritte des Prozesses der Software-Änderungen und berücksichtigt unterschiedliche Ressourcen. Merant bietet Unternehmen, die Software entwickeln, umfassendes Know-how, bewährte Technologien und Partnerschaften, um jeden Aspekt des Configuration Management auf Unternehmensebene abzudecken.

Alle wesentlichen Schritte

6.3.1
Der Merant Ansatz

Merant folgt beim Configuration Management einem Ansatz, der sämtliche verfügbaren Ressourcen erfasst, eine weitestgehende Skalierbarkeit bietet und die jeweiligen Prozesse komplett von Anfang bis Ende abdeckt.

Der Merant Ansatz

- Erfassen sämtlicher Ressourcen: mit PVCS lassen sich Änderungen der Applikationsentwicklung steuern.
- Skalierbarkeit: PVCS lässt sich maßgeschneidert auf einzelnen Arbeitsplätzen ebenso einsetzen wie in großen Teams, in zentralisierten oder verteilten Architekturen.
- End-To-End: PVCS deckt alle Schlüsselprozesse der Software-Entwicklung ab; vom Versionsmanagement bis zum Prozessmanagement.

6.3.2
Die PVCS-Produktfamilie

Leistungsfähige Werkzeuge

In der Produktfamilie PVCS bietet Merant eine Reihe leistungsfähiger Werkzeuge für die verschiedenen Aufgaben im Configuration Management an. Alle PVCS-Produkte lassen sich nahtlos zusammenfügen oder auch einzeln einsetzen. Im nachfolgenden Kapitel wird nun näher auf die einzelnen Produkte eingegangen.

6.4
Merant PVCS

6.4.1
Allgemeines

Applikationsentwicklung und Web-Inhalte

Merant folgt beim Change Management mit den PVCS-Produkten einem Ansatz, der sämtliche verfügbaren Ressourcen erfasst, eine weitestgehende Skalierbarkeit bietet und die jeweiligen Prozesse komplett von Anfang bis Ende abdeckt. Das heißt, mit PVCS lassen sich sowohl die Applikationsentwicklung als auch Web-Inhalte managen. PVCS lässt sich maßgeschneidert auf einzelnen Arbeitsplätzen ebenso einsetzen wie in großen Teams, die in zentralisierten oder verteilten Architekturen arbeiten. Dabei werden alle Schlüsselprozesse der Software- und Web-Entwicklung, angefangen vom Versionsmanagement über das Prozessmanagement bis zum Publishing von Web-Seiten abgedeckt.

In der Produktfamilie PVCS bietet Merant eine Reihe leistungsfähiger Werkzeuge für die verschiedenen Aufgaben im Change Management an. Alle PVCS-Produkte lassen sich nahtlos zusammenfügen oder auch einzeln einsetzen. In der Praxis kann daher ein einzelner Entwickler bereits mit PVCS Version Manager beginnen und damit seine komplette Arbeit organisieren. Richtig interessant wird es jedoch erst dann, wenn mehrere Entwickler gleichzeitig am selben Projekt arbeiten. Dann stellt PVCS Version Manager sicher, dass kein Mitglied die Arbeit des anderen unbeabsichtigt überschreibt. Alle Zugriffe werden automatisch gemanagt und jede Änderung protokolliert.

Die fertig gestellten Module werden von PVCS Configuration Builder verwaltet und in einem automatischen Build-Prozess zur endgültigen Applikation zusammengestellt.

Automatischer Build-Prozess

Sobald mehrere Teammitglieder in den Entwicklungsprozess involviert sind, kommt auch PVCS Tracker ins Spiel, der die gesamte Kommunikation innerhalb des Teams übernimmt und regelt. Jede Anforderung wird automatisch an das entsprechenden Teammitglied weitergeleitet, und nach dessen Erledigung erfolgt die Rückmeldung an den Auftraggeber.

Ab einer bestimmten Projektgröße erfolgt der nahtlose Übergang von PVCS Professional zu PVCS Dimensions, das neben dem unternehmensweiten Konfigurationsmanagement auch eine vollständige Prozess-Steuerung ermöglicht.

Nahtloser Übergang von PVCS Professional zu PVCS Dimensions

6.4.2
PVCS Professional

PVCS Professional bietet Entwicklungsteams ein vollständiges Software Configuration Management, um Software-Projekte zu organisieren, Abläufe zu kommunizieren und zu verfolgen sowie den Fertigstellungsprozess zu automatisieren. Als Komplettlösung umfasst PVCS Professional folgende Produkte:

Produkte von PVCS Professional

- PVCS Version Manager managt die Objekte und die Entwicklungsabläufe.

- PVCS Tracker organisiert die Kommunikation im Team.

- PVCS Configuration Builder erledigt den automatischen Build-Prozess einer Applikation.

- PVCS Professional Plus ermöglicht den Zugriff auf alle Software-Projekte für weltweit verteilt arbeitende Entwicklungsteams über Inter-/Intranet.

6.4.2.1
PVCS Version Manager

Automatisiert die Projektorganisation

PVCS Version Manager, die Versions-Management-Komponente von PVCS Professional, automatisiert sowohl die Projektorganisation als auch die Abläufe im Team, damit die Entwicklung schneller, einfacher und exakter vonstatten geht. Die Software ist durch vielschichtige Revisionen geschützt, Parallelentwicklung ist jederzeit möglich.

Das Arbeiten mit PVCS Version Manager ist auf mehrere Arten möglich: Entweder über das neue grafische Web-Browser-Interface, über das Project Commandline Interface (PCLI) oder direkt aus der gewohnten Entwicklungsumgebung. Es gibt keine Beschränkungen hinsichtlich der Größe des Teams und es werden alle gängigen Plattformen und Entwicklungsumgebungen unterstützt.

Über eine Schnittstelle zu PVCS Tracker können die dort eingehenden Änderungsanforderungen mit den entsprechenden Entwicklungsobjekten verknüpft sowie die nachfolgende Problemlösung dokumentiert und weitergeleitet werden. PVCS Version Manager ist darüber hinaus direkt mit PVCS Configuration Builder verbunden, um für den automatischen Fertigstellungsprozess die richtigen Komponenten bereitzustellen.

Flexible projektorientierte Struktur

Zum Organisieren der Software-Objekte bietet PVCS Version Manager die Verwaltung aller Projekt-Komponenten über eine flexible projektorientierte Struktur, wobei auch Verknüpfungen verschiedener Projekte möglich sind. Es entsteht ein automatisierter Entwicklungsprozess durch Ereignissteuerung. Die verzweigte Parallelentwicklung im Team ist durch die Einrichtung von Arbeitsbereichen möglich und dem nachfolgenden Zusammenführen der Arbeiten möglich.

Klare Übersicht der Projekte

PVCS Version Manager zeigt eine klare Übersicht der Projekte – einschließlich aller archivierten Dateien und deren Revisionsstände. Das Development Interface arbeitet mit gängigen IDEs, wie beispielsweise Microsoft Visual Studio problemlos zusammen.

Die eingesetzte Fenstertechnik bietet eine einfache, intuitive und übersichtliche Darstellung für alle Projekte, Datenbanken und Entwicklungsdateien. Einfaches Ein- und Auschecken von Dateien ist über Drag & Drop möglich. Dateien werden beim Vergleichen parallel angezeigt, ein visuelles Zusammenführen verschiedener Dateien ist damit möglich.

Alle Zugriffe auf die Software-Projekte werden gemanagt und jede Änderung dokumentiert. Damit ist kein versehentliches Überschreiben möglich.

PVCS Version Manager bietet eine Integration in führende Entwicklungsumgebungen, einschließlich SCC/COM IDEs und Web-Entwicklungsplattformen. Gleichzeitig werden zahlreiche Hardware-, Software- und Netzwerkplattformen unterstützt.

Ein Toolkit bietet zusätzliche Möglichkeiten für die Anbindung individueller Umgebungen. Die Teamgröße ist variabel – von einem Mitarbeiter bis zu Tausenden. Ein Umsetzungstool zur Migration von Microsoft SourceSafe-Projekten ist vorhanden.

Anbindung individueller Umgebungen

6.4.2.2
PVCS Tracker

PVCS Tracker ist innerhalb von PVCS Professional für das Management von Inhalten und Änderungen zuständig. Damit können alle Teammitglieder so arbeiten, wie sie es gewohnt sind – innerhalb ihrer Entwicklungsumgebung, über Internet oder auf ihrem Windows-Arbeitsplatz. Durch seine einfache Bedienung ist PVCS Tracker das ideale Werkzeug für jeden im Team, um die Masse an Änderungsanforderungen, Fehlermeldungen, Änderungen und Projektabläufen zu erfassen, zu managen und zu kommunizieren – damit genügend Zeit für die eigentliche Entwicklungsaufgabe bleibt.

Management von Inhalten und Änderungen

PVCS Tracker dient zum Erfassen und Verfolgen von:

- Änderungsanforderungen,
- Fehlermeldungen,
- Kundenanfragen und
- Entwicklungsabläufen.

Möglichkeiten von PVCS Tracker

Über Schnittstellen zu Helpdesks, Testsystemen und zum Web lassen sich alle Abläufe innerhalb des Unternehmens erledigen. Erweiterte Schnittstellen analysieren die eingehenden Daten, ermöglichen die direkte Verbindung zu festgelegten Abläufen und öffnen die zu bearbeitenden Felder. Die ODBC-Technologie unterstützt die offene und skalierbare Anbindung von Oracle-, SQL-Server- und Sybase- Datenbanken.

Der Eingangskorb von PVCS Tracker zeigt alle neuen oder geänderten Problem-Reports und Änderungsanforderungen an. Bei Statusänderung werden alle Betroffenen automatisch benachrichtigt.

Durch die Integration mit PVCS Version Manager kann der Entwickler eine Verbindung zwischen fertiggestellten Versionen und Änderungsanforderungen herstellen. Der Zugriff auf das integrierte Version / Change Management aus der gewohnten Entwicklungsumgebung heraus gibt den Entwicklern die Kontrolle über ihre Releases. PVCS Tracker ermöglicht auch die Einführung und Verwaltung von Prioritäten, Zugehörigkeiten und Weitergaben. Zur besseren Übersicht lassen sich individuelle Reports, einschließlich Filter über die Abfolge von Änderungen sowie eine komplette Auflistung von durchgeführten Änderungen erstellen. Ein Report-Assistent vereinfacht die Erstellung von Reports über Tools von Drittanbietern.

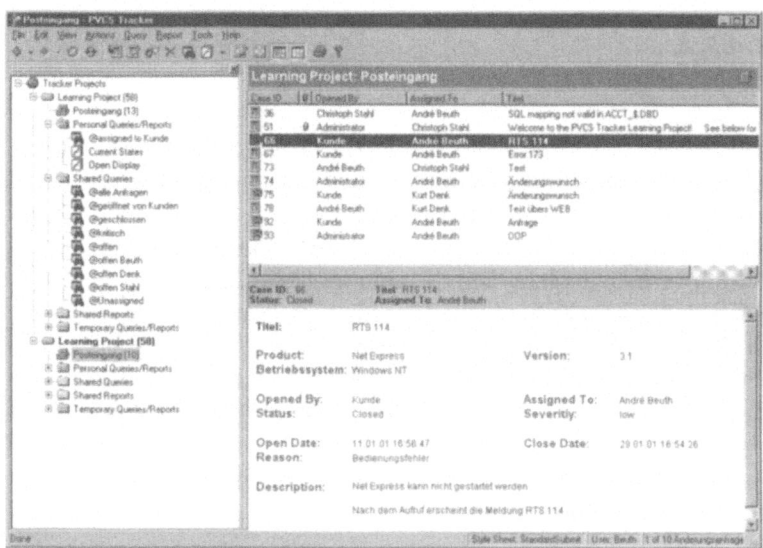

Abbildung 103:
Die sehr flexibel anpassbare Struktur von PVCS Tracker erlaubt den Einsatz in vielen verschiedenen Varianten. Neben der reinen Verwaltung von Änderungs- und Fehlermeldungen kann er auch als Erfassungssystem für diverse andere Informationen genutzt werden

6.4.2.3
PVCS Configuration Builder

Zeiteinsparungen und Vermeidung von Fehlern

PVCS Configuration Builder automatisiert und rationalisiert den gesamten Build-Prozess über verschiedene Plattformen, was zu erheblichen Zeiteinsparungen und zur Vermeidung von Fehlern führt. Zusammen mit PVCS Version Manager werden Build-Zyklen verkürzt, und die Entwickler erhalten ein vollständiges Protokoll. PVCS Configuration Builder beschleunigt damit die Entwicklungsabläufe und die Produktivität des Teams.

Das automatische Überprüfen und Erkennen von Abhängigkeiten beschleunigt die Fertigstellung. Builds lassen sich auch in

Abhängigkeit von Zeitangaben steuern, so dass beispielsweise nur geänderte Module neu compiliert werden,

Eine so genannte „Footprint"-Technologie überprüft die Einbindung der korrekten Source-Revision. Die Liste der Komponenten, Footprints und Reports ist jederzeit verfügbar. Eine Rückverfolgung von Executables bis zur speziellen Revision der Source-Komponente ist möglich.

Die automatische Fertigstellung ist für unterschiedliche Plattformen möglich, die Steuerung erfolgt über ein einziges Script. Make-Dateien stellen korrekte System-Builds sicher, die den automatischen Build von MSVC-Projekten ermöglichen. Identische Kommandos unter Windows- und UNIX-Umgebungen sind vorhanden.

Automatische Fertigstellung für unterschiedliche Plattformen

6.4.3
PVCS Dimensions

PVCS Dimensions ist ein vollständiges, prozessbasiertes Konfigurationsmanagement-System. Der Anwender kann damit seine Software schneller und in höherer Qualität entwickeln. Mit der Möglichkeit, Prozesse zu definieren, lassen sich zudem umfangreiche Entwicklungszyklen automatisieren.

Vollständiges, prozessbasiertes Konfigurationsmanagement-System

In PVCS Dimensions sind die Bereiche:
- Version Management,
- Change Management,
- Build Management,
- Release Management und
- Prozess Management

in einem flexiblen System integriert, das jederzeit alle Informationen über den Verlauf des Entwicklungsprozesses sowie den gesamten Lifecycle der Software liefert. Die offene, erweiterbare Architektur von PVCS Dimensions basiert auf Oracle-Technologie, dem Standard im Bereich der relationalen Datenbanken. Sie erlaubt eine einfache Integration in alle gängigen bestehenden und neuen Entwicklungsumgebungen.

Alle Informationen über den Verlauf des Entwicklungsprozesses

PVCS Dimensions ist ideal für Unternehmen, deren Entwicklungsanforderungen sich rasch ändern, die ihre Software-Qualität nach:
- DIN,
- ISO,
- CMM,

Unterschiedliche Normen

- CMII

oder ähnlichen Normen zertifizieren, die bestimmte Standards wie das V-Modell strikt einhalten müssen oder die häufig individuelle Vorgaben von ihren Kunden erhalten. In allen diesen Fällen reicht eine einfache Versionierung nicht mehr aus, es bedarf eines Prozess-Managements für den gesamten Entwicklungsprozess mit all seinen Varianten.

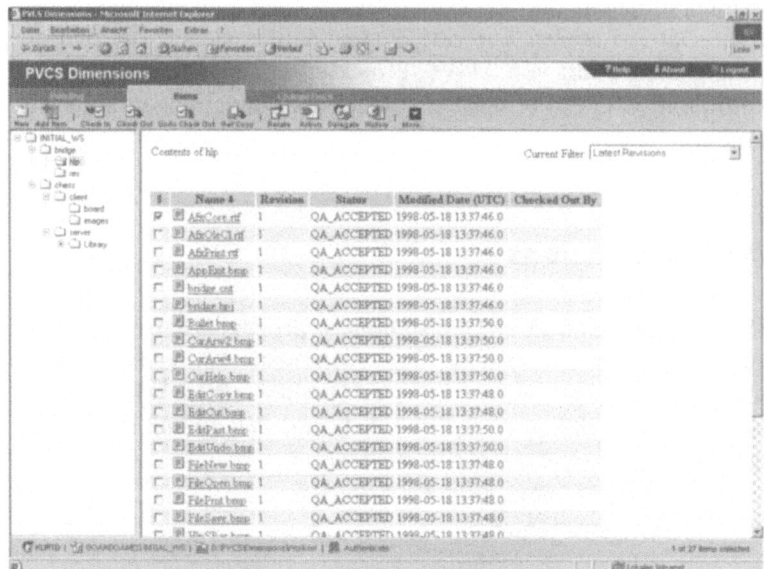

Abbildung 104: Der Zugriff auf die zentral organisierten Daten kann über einen Web-Browser erfolgen. Dies erlaubt den Zugriff von beliebigen Standorten und verschiedensten Plattformen, unabhängig von der Plattform und vom Standort

Mit PVCS Dimensions arbeiten Teams unabhängig von der Plattform und vom Standort. Die Entwickler benutzen ihre bevorzugten Plattformen, egal ob sie unter Windows, Unix, Mainframe (OS/390) oder OpenVMS (bis Version 6) arbeiten. Und mit allen gängigen Web-Browsern können sie weltweit von jedem Standort aus auf sämtliche Server-Informationen von PVCS Dimensions zugreifen.

Im Gegensatz zu anderen Systemen bietet PVCS Dimensions eine skalierbare Infrastruktur für die Teamentwicklung, beginnend beim schnell und einfach einzuführenden Lösungsansatz für die Versionsführung, bis hin zum kompletten prozessbasierten Konfigurationsmanagement-System. Es lässt sich unabhängig vom Stadium des Entwicklungsprozesses einführen und kann mit steigenden Anforderungen wachsen. Die wichtigsten Features von PVCS Dimensions sind:

- Möglichkeit zur Parallelarbeit
- Unterstützung von Teams, die an unterschiedlichen Standorten arbeiten
- Erfassen von Änderungen in Echtzeit und sekundengenaue Verwaltung
- integriertes Management von Software, Inhalten und Änderungen
- automatisierte Fertigstellungs- und Distrubutions-Abläufe
- offene Schnittstellen zu anderen Lifecycle Management Tools
- Infrastruktur für das unternehmensweite Software Configuration Management, die auch künftigen Anforderungen gewachsen ist

Die wichtigsten Features von PVCS Dimensions

PVCS Dimensions passt sich seiner Umgebung an, unabhängig von den eingesetzten Plattformen und Entwicklungswerkzeugen. Es wächst mit den Anforderungen und ist nicht eingeschränkt in der Zahl der Projekte. PVCS Dimensions macht die Software-Entwicklung transparent, indem es jederzeit alle Informationen über den aktuellen Stand aller Aktivitäten liefert. Das integrierte Prozess-Management automatisiert den Entwicklungsprozess bis hin zur Zusammenstellung der fertigen Module und der nachfolgenden Distribution.

Innerhalb eines Teams sind alle Abläufe und Verantwortungen fest vorgegeben. Dadurch lassen sich Missverständnisse verhindern und Übergaben kontrollieren. Parallele Entwicklungsarbeiten werden automatisch zusammengeführt, in Konfliktfällen erfolgt eine Aufforderung zum manuellen Eingriff. Über Baselines ist die richtige Zusammenstellung der fertigen Komponenten garantiert.

Missverständnisse verhindern

Jeder Mitarbeiter kann PVCS Dimensions aus seiner gewohnten Entwicklungsumgebung heraus per Mausklick aktivieren. Seine Arbeit ist vor unbeabsichtigtem Überschreiben geschützt; bei Bedarf lassen sich alle vorangegangenen Änderungen aufzeigen. Über die I-Net-Komponente ist der Internet-Zugriff auf alle Projektdaten von jedem beliebigen Standort aus möglich.

Internet-Zugriff

6.4.3.1
Version Management

Alle Objekte im Rahmen der Entwicklung werden registriert und ihr Lebenszyklus wird in den Metadaten aufgezeichnet. Das PVCS Dimensions Objekt-Modell unterstützt Source-Code, Binaries, Dokumente, Daten von Case Tools sowie auch Hardwareelemente. Zu jedem Objekt speichert PVCS Dimensions Attribute und Beziehungen, so dass dem Anwender jederzeit umfangreiche Auswertungen und Informationen zur Verfügung stehen.

Weiterentwicklung von Objekten wird vom Prozess-Modell kontrolliert

Die Weiterentwicklung von Objekten wird vom Prozess-Modell kontrolliert. Dieses Prozess-Modell entspricht exakt dem definierten Entwicklungsprozess. Das Einrichten von Zugriffsrechten und das Einführen einer bestimmten Vorgehensweise ermöglicht einen ausgereiften, konsistenten und nachweisbaren Entwicklungsprozess für das gesamte Team.

6.4.3.2
Change Management

In PVCS Dimensions ist das Change Management ebenfalls prozessbasierend und in die Version-, Build- und Release-Management-Funktionen integriert. Die umfangreichen Möglichkeiten beruhen auf den Grundlagen von Change Documents.

Unterschiedliche Typen von Dokumenten

Der Anwender kann unterschiedliche Typen von Dokumenten definieren und dabei den dazu gehörigen Prozess hinterlegen. Er ist nicht gezwungen, mit vordefinierten Dokumenttypen zu arbeiten. Somit können die vom Anwender definierten Dokumenttypen sowie die eingeführten Prozesse 1:1 in PVCS Dimensions hinterlegt werden. Bewährte Vorgehensweisen bleiben dem Anwender somit erhalten.

6.4.3.3
Build Management

Kompatibel zu den führenden Make-Tools

PVCS Dimensions ist kompatibel zu den führenden Make-Tools, die in UNIX- und Windows-Entwicklungsumgebungen integriert sind und bietet dem Anwender somit einen bekannten, konsistenten und reproduzierbaren Build-Prozess. Entwicklungs-, Test- und Produktions-Builds werden vollständig unterstützt.

PVCS Dimensions führt in seinen Metadaten für alle Objekte eine „Bill-of-Materials" (oder „Made-of-List"). Dies ermöglicht beispielsweise der DV-Revision, sich jederzeit einen kompletten Überblick über die verwendeten Module in den Applikationen zu verschaffen.

6.4.3.4
Release Management

Erstellen von Delta-Releases

Die Release-Management-Funktionalität von PVCS Dimensions erlaubt es, eine Konfiguration eines Produkts – definiert durch eine Baseline – aus der geschützten PVCS-Dimensions-Umgebung in ein Release Directory des Anwenderbereichs zu kopieren. Von dort kann diese Konfiguration als Release eines Produkts freigegeben werden. PVCS Dimensions unterstützt auch das Erstellen von Delta-Releases.

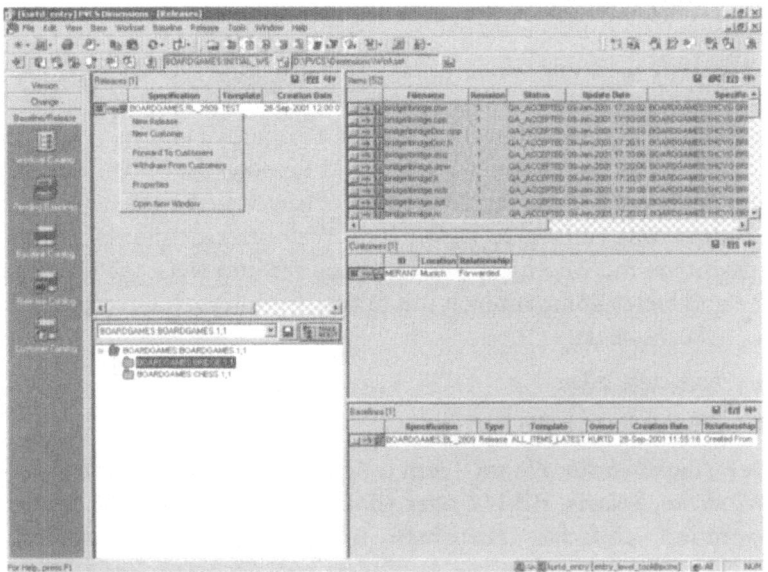

*Abbildung 105:
Aus dem Repository ist jederzeit ersichtlich, woraus ein Release entstanden ist und an wen es ausgeliefert wurde.*

Durch den hinterlegten Prozess und die aufgezeichneten Informationen in den Metadaten kann der Anwender lückenlos aufzeigen, welches Release wann an wen ausgeliefert wurde und aus welchen Modulen sich dieses Release zusammensetzt.

6.4.4
Besonderheiten

Die großen Stärken der PVCS-Produkte von Merant bestehen darin, dass zum einen alle Produkte untereinander kompatibel sind, das heißt, ein Anwender der mit PVCS Professional beginnt, kann später problemlos auf PVCS Dimensions umsteigen. Zum anderen kann jedes Teammitglied unabhängig von seinem Standort und seiner Plattform weltweit auf PVCS zugreifen.

Alle Produkte untereinander kompatibel

6.4.4.1
PVCS Professional Plus

Ergänzung zu PVCS Version Manager

Mit PVCS VM Server, einer Ergänzung zu PVCS Version Manager, können verteilt arbeitende Teams von jedem beliebigen Ort aus über Inter-/Intranet mit PVCS Version Manager arbeiten. Dies umfasst den sicheren Archiv-Zugriff über Web-Browser sowie die optimierte Leistung einer integrierten Client/Server-Architektur. Das intuitive Web-Browser-Interface eliminiert dabei die Einarbeitungszeit und vereinfacht somit die Teamarbeit enorm.

PVCS VM Server bietet lokalen und Remote-Usern den Zugriff auf PVCS Version Manager via Internet bzw. unternehmensweitem Intranet. Das einfach zu bedienende Web-Browser-Interface läuft zusammen mit Microsoft Internet Explorer und Netscape Navigator und bietet Kompatibilität mit führenden Internet-Servern wie:

- Microsoft IIS,
- Netscape oder
- iPlanet Enterprise Server.

Einfaches Einrichten und Benutzen

Der Zugriff ist für alle im Team möglich, egal ob der Client unter Windows, Solaris, HP-UX oder IBM AIX läuft. PVCS VM Server garantiert einfaches Einrichten und Benutzen, einschließlich Funktionen zum schnellen Auffinden von Archiven sowie einen Browse-Button zum Einstellen von Verzeichnissen beim Anlegen von Archiven.

6.4.4.2
PVCS Replicator

Variante für den ortsunabhängigen Einsatz

PVCS Replicator erweitert PVCS Dimensions um eine zusätzliche Variante für den ortsunabhängigen Einsatz bei geografisch verteilten Teams. Dateien, die einer Version zugeordnet sind und Objekte der Dimensions-Datenbank lassen sich damit replizieren und die Entwicklungsschritte beim Aufbau großer Websites synchronisieren, wobei ein kompletter Audit-Trail zur Verfügung steht. So können wichtige Entwicklungen trotz unterschiedlicher Standorte ohne Unterbrechung durchgeführt werden.

6.4.4.3
Prozess-Management mit PVCS Dimensions

Prozesse schnell und einfach erweitern

Da Prozesse und Vorgehensweisen in der Praxis immer wieder Änderungen unterworfen sind, ist es dem Administrator möglich, einmal hinterlegte Prozesse – auch im laufenden Einsatz – schnell und einfach zu erweitern und anzupassen. Der Anwender kann mit Hilfe des grafischen Process Modellers ein genaues Abbild seines Entwicklungsprozesses in PVCS Dimensions hinterlegen. Jeder vom Entwickler definierte Objekttyp lässt sich mit einem eigenen Lifecycle verbinden.

6.4.4.4
SCM für IBM OS/390

PVCS Dimensions erweitert die Verfügbarkeit auf neue Plattformen – speziell auf IBM Mainframes. Eine der wichtigsten Komponenten, die neu in PVCS Dimensions enthalten ist, heisst Dimensions Agent. Dimensions Agent stellt die Funktionalität von Dimensions auf unternehmensweiten Plattformen zur Verfügung, ohne dass der komplette Betrieb eines Dimensions-Servers notwendig ist.

Im Mittelpunkt steht das neue "Standard Dimensions Protocol" (SDP). Dieses Netzwerkprotokoll ist nun allgemein innerhalb von Dimensions verfügbar. Es läuft unter TCP/IP und verringert den Netzwerkverkehr. Außerdem brauchen damit keine temporären Dateien beim Ein- oder Auschecken von Dateien auf den Dimensions-Server angelegt werden. Insgesamt gesehen steigert sich damit die gesamte Leistungsfähigkeit, hinzu kommen neue Funktionen wie beispielsweise der Knotenzugriff über Windows.

Durch die Verschlüsselung aller Dimensions-Kommandos bietet SDP zudem mehr Sicherheit, auf Wunsch lassen sich sogar alle Vorgänge innerhalb von Dimensions verschlüsseln. Das neue Protokoll erweitert die Firewall-Möglichkeiten von Dimensions, indem es die Portspezifikation sowohl für Client- als auch für Server-Knoten ermöglicht

Sicherheit durch Verschlüsselung

6.4.4.5
Web Lifecycle Management mit Merant Collage

Zusammen mit den Möglichkeiten, die das PVCS Software Configuration Management bietet, lässt sich die Entwicklungszeit mit Merant Collage noch weiter reduzieren, da die Entwicklungsteams dabei sowohl an den Applikationen als auch an den Inhalten arbeiten können.

Entwicklungszeit reduzieren

Merant Collage ist ein vollständiges Werkzeug für das Web-Lifecycle-Management von unternehmensweiten Websites und deren Inhalte, das alle anfallenden Aufgaben erledigt, angefangen von der Planung und Einrichtung bis hin zum täglichen Einsatz. Das komplett integrierte System erfüllt alle heutigen Anforderungen von Internet-, Intranet- und Extranet-Initiativen, indem es einen automatisierten Arbeitsablauf, eine leistungsstarke Entwicklungsmaschine und zahlreiche produktive Funktionen bereithält. Merant Collage bietet damit eine sichere, einfach zu bedienende Umgebung zum schnellen Aufbau und Einsatz einer Web-Infrastruktur.

6.4.4.6
ASaP

Application Service Provider

Merant bietet eine weltweit einmalige Dienstleistung nach dem ASP-Konzept (Application Service Provider) an. Mit Merant ASaP erhalten Entwickler per Internet direkten Zugang zu Entwicklungstools. Im ASP-Konzept müssen Unternehmen Software nicht mehr selbst kaufen, sondern sie nutzen sie im Rahmen eines Dienstleistungsangebots.

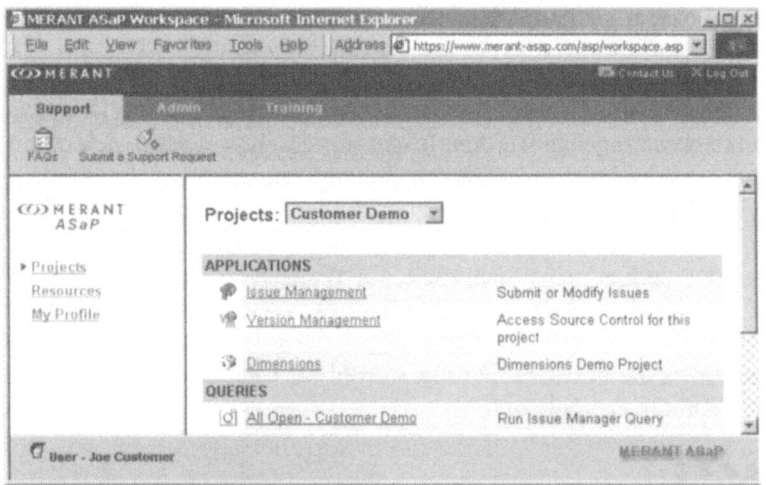

Abbildung 106: Bei der Hosting-Lösung von Merant können nicht nur die reinen SCM-Funktionalitäten genutzt werden, sondern es werden auch Kommunikations- und Auswertungsdienste mit angeboten.

Merant ASaP ist die erste speziell auf die Anforderungen von verteilten Entwicklungsteams zugeschnittene ASP-Lösung. Sie eröffnet einen schnellen und unkomplizierten Zugang zu verschiedenen Werkzeugen und reduziert so die Kosten von Anschaffung, Installation, Konfiguration und Verwaltung komplexer Soft- und Hardwarelösungen.

Wichtiger Gesichtspunkt

Darüber hinaus müssen die Unternehmen für die Administration und die Konfiguration solcher Entwicklungswerkzeuge weniger Know-how vorhalten – ein ganz wichtiger Gesichtspunkt angesichts der Probleme vieler IT-Unternehmen, geeignete Fachkräfte zu finden. Mit Hilfe von Merant ASaP können Projektmitarbeiter unabhängig von ihrem Standort auf die verschiedenen Ressourcen zugreifen und Projektleiter ihre Teams und Aufgaben über das Internet managen.

Das Hosting von Merant ASP erfolgt über Intels Online Services. Intel ist einer der führenden Dienstleister im Bereich des Application Hosting und verfügt über die notwendige Infrastruktur für eine sichere und zuverlässige Einbindung von Merant ASP in die jeweiligen Entwicklungsumgebungen.

Notwendige Infrastruktur vorhanden

6.4.5
Externe Beurteilung

6.4.5.1
Studie von IT Research

In einer unabhängigen Analyse der sechs wichtigsten Lösungen für Configuration Management durch GfKM und IT Research hat Merants PVCS Dimensions in der Gesamtwertung am besten abgeschnitten.

Unabhängige Analyse

Im Rahmen einer umfangreichen Studie haben die GfKM (Gesellschaft für Konfigurationsmanagement) und IT Research soeben die wichtigsten Lösungen für Software Configuration Management (SCM – oder KM Konfigurationsmanagement) untersucht. Die GfKM – Gesellschaft für KonfigurationsManagement mbH mit Sitz in Nürtingen – ist ein herstellerunabhängiges Dienstleistungs- und Beratungsunternehmen für Konfigurationsmanagement.

Unter den sechs ausführlich dargestellten Produkten hat PVCS Dimensions am besten abgeschnitten. Aus der vergleichenden Produktwertung ergab sich folgendes Ranking:

1. PVCS Dimensions   56 Punkte
2. MKS Source Integrity   55 Punkte
3. Continuus   54 Punkte
4. Rational Clear Case   47 Punkte
5. Serena ChangeMan   46 Punkte
6. Perforce   35 Punkte

PVCS Dimensions hat als erste SCM-Anwendung die Zertifizierung nach dem Configuration Management II (CMII)-Standard erhalten:

Zitat aus der Studie von GfKM und IT Research, Seite 96

„Dimensions stellt eine allumfassende KM-Lösung dar. Sämtliche KM-Prozesse lassen sich abbilden. Hervorzuheben ist die skalierbare Prozessunterstützung. Dimensions kann mit Hilfe des Process Modellers komplett an gegebene Prozesse angepasst werden. Wer PVCS Dimensions einsetzt, muss seine Prozesse daher nicht wie oft üblich an das Werkzeug anpassen."

6.4.5.2
CMII-Zertifikat

Branchenunabhängige Zertifizierung nach CMII

PVCS Dimensions wurde als erste Lösung aus dem Bereich Software Configuration Management vom Institute of Configuration Management (ICM), Arizona, mit dem CMII-Zertifikat ausgezeichnet. Die branchenunabhängige Zertifizierung nach CMII hat sich in den USA als Quasi-Standard etabliert und findet auch in Deutschland zunehmend Anerkennung.

CMII ist eine branchenneutrale, unternehmensweit einsetzbare Methode zur Optimierung von Geschäftsprozessen. Sie ist konform zu Qualitätsstandards wie ISO 9000. Das Institute for Configuration Management ist in Deutschland durch die Gesellschaft für Konfigurationsmanagement (GfKM; www.gfkm.de) mit Sitz in Nürtingen vertreten.

6.5
Die Produkte im Einsatz

6.5.1
Anforderung des Kunden

Sprachsteuerungssysteme im KfZ

Die TEMIC GmbH ist der Weltmarktführer bei Sprachsteuerungssystemen im KfZ. Die ehemalige Telefunken-Tochter, mit Sitz in Ulm, beschäftigt etwa 120 Mitarbeiter und gehört heute zum Konzern Becker-Harman. Die Sprachverarbeitungsprodukte von TEMIC erlauben es, Geräte im Fahrzeug, serverbasierte Dienste und mobile Endgeräte einfach per Stimme zu bedienen. Im Bereich der Telekommunikationsanwendungen bietet TEMIC hochkanalige Sprachverarbeitungslösungen sowohl für das Festnetz, als auch für die Mobiltelefone.

Skalierbare Lösungen

Diese skalierbaren Lösungen finden ihren Einsatz in den verschiedensten sprachgesteuerten Diensten, wie Unified Messaging, Sprach-Portale, Auskunftssysteme (zum Beispiel Börsen-, Fahrplaninformationen) oder Verkehrsdienste. Eine weitere Anwendung ist die Sprachsteuerung von PDA und Smartphones. Die Bedienung durch die eigene Stimme erlaubt es, diese mobilen Endgeräte komfortabel und effizient zu handhaben.

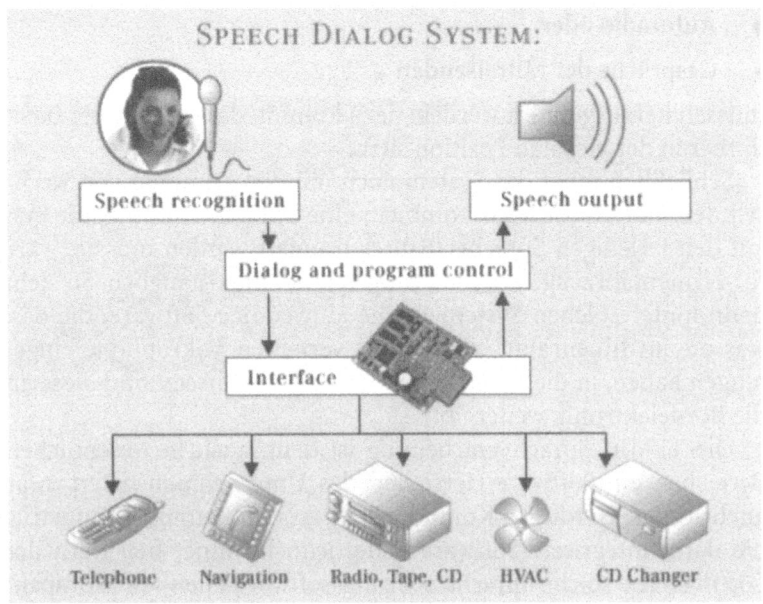

Abbildung 107:
Die Erfassung und Analyse von Sprachinformationen verlangt sehr viele verschiedene Routinen und Algorithmen, die von der TEMIC GmbH entwickelt und erforscht werden.

Eine neue Entwicklung von TEMIC versucht nun das Autofahren wieder zu vereinfachen, und damit auch ein Stück sicherer zu machen: Die Sprachsteuerung ermöglicht die Bedienung bestimmter Systeme im Auto auf Zuruf. Der Fahrer kann so beispielsweise sein Telefon mit gesprochenen Anweisungen bedienen, sein Fahrziel dem Navigationssystem mitteilen oder auch seine Klimaanlage einstellen – die Hände bleiben am Lenkrad und der Blick auf der Straße. Derzeit ist diese Sprachsteuerung noch der Pkw-Oberklasse vorbehalten, Hersteller wie:

- Mercedes,
- BMW und
- Audi

Bekannte Hersteller

bieten die Sprachsteuerung für bestimmte Funktionen als Ausstattungsoption an. Aber der Trend zur Sprachsteuerung ist klar: In den USA gehört sie im neuen BMW 7er bereits zur Serienausstattung. So ähnlich hatte es vor 20 Jahren auch mit ABS und vor 15 Jahren mit dem Airbag angefangen, und heute gehören solche Features selbst in Kleinwagen schon zur Grundausstattung.

Dabei sind die Einsatzbedingungen für Sprachsteuerungssysteme im Innenraum eines Autos alles andere als günstig:

Probleme für Sprach-steuerungssysteme

- Motorengeräusche,
- Fahrgeräusche,
- Störgeräusche von Blinkern oder Scheibenwischern,
- Autoradio oder
- Gespräche der Mitreisenden

müssen herausgefiltert werden; dazu kommt, dass der Fahrer nicht immer in der gleichen Position sitzt.

Aufwendige Software

Schließlich muss das System auch mit den Stimmen von wechselnden Fahrern zurecht kommen; eine Sprachsteuerung, die erst auf den jeweiligen Sprecher/Fahrer trainiert werden müsste, wäre für Firmenfahrzeuge oder Mietwagen nicht praxistauglich. So steht denn hinter solchen Systemen eine aufwendige Software, die das, was die im Innenraum eines Autos verteilten Mikrophone eingefangen haben, in die jeweiligen Steuerbefehle umsetzt und diese an die Bordelektronik weitergibt.

Die TEMIC Sprachverarbeitung ist denn auch in wesentlichen Bereichen ein Software-Hersteller: das Unternehmen liefert zwar auch fertige Hardware-Komponenten an die Automobilindustrie, die darin integrierte Software bildet jedoch immer den Kern der Lösung. Eine solche Sprachsteuerungssoftware muss sehr kompakt sein, weil in einem Fahrzeug nur begrenzt Rechenpower verfügbar ist, sie muss ausfallsicher sein und sich flexibel an die unterschiedlichen internen Bussysteme der Kfz-Hersteller anpassen lassen. TEMIC entwickelt die Anwendungen vornehmlich in C, in Teilbereichen und abhängig von Herstellerwünschen auch in Java. Für die Qualitätssicherung der Software des Unternehmens ist ein Konfigurationsmanagement unerlässlich.

Sicherheitsrelevante Bereiche

Auch wenn die Sprachsteuerung nicht „kritische" Systeme wie Bremsen oder Lenkung betrifft, so werden damit durchaus sicherheitsrelevante Bereiche gesteuert. Fehlfunktionen, falsche Auswertungen oder zum Beispiel Störungen bei der Eingabe in ein Navigationssystem oder der sprachgesteuerten Bedienung eines Autotelefons, können den Fahrer kurzzeitig vom Verkehrsgeschehen ablenken und so zu Unfällen führen. Im Rahmen der Produkthaftung könnte dann unter Umständen auch der Kfz-Hersteller und im weiteren sogar der Software-Produzent zur (Mit-)Verantwortung gezogen werden. Aus diesem Grund spielt für TEMIC die Qualitätssicherung der Softwareentwicklung ein besondere Rolle. Dafür reicht es nicht, „gute Software" zu produzieren, man muss das auch – intern und extern – beweisen können und dazu muss der Prozess der Softwareentwicklung für Dritte nachvollziehbar sein.

Jedes Projekt muss exakt dokumentiert werden, damit später die einzelnen Entwicklungsschritte reproduziert werden können. Dabei ist auch Software für die Sprachsteuerung, wie jede Software, kein Produkt das irgendwann fix und fertig ist, sondern es unterliegt laufenden Änderungen und besteht aus einer Vielzahl interner Versionen und aus zahlreichen ausgelieferten Releases.

Exakte Dokumentation erforderlich

Solche Änderungen gehen zum Teil auf normale Produktverbesserungen zurück, zum Teil sind sie aber auch von außen initiiert, wenn beispielsweise Kfz-Hersteller die Bordsysteme oder Schnittstellen verändern. Alle diese Änderungen müssen in einem umfassenden Konfigurationsmanagement gesteuert und kontrolliert werden.

6.5.2
Evaluierung

Die TEMIC Sprachverarbeitung GmbH ist nach ISO 9000 zertifiziert und diese Zertifizierung erstreckt sich natürlich auch auf die Erstellung der Software. Denn ohne offen gelegte Zertifizierung wäre es mittlerweile schwer, in der Kfz-Industrie überhaupt mit den Kunden ins Geschäft zu kommen.

Zertifizierung nach ISO 9000

Vor allem angesichts einer in den letzten Jahren immer weiter interpretierten Produkthaftung wollen sich die Hersteller auch gegenüber ihren Zulieferern absichern. Die bloße Zusicherung „funktioniert schon" reicht da längst nicht mehr aus, gefordert sind anerkannte Nachweise des erreichten Qualitätsstandards. Während dabei früher die Software oft ausgeklammert blieb, wird sie heute im industriellen Einsatz fast überall auch von den jeweiligen Maßnahmen zur Qualitätssicherung und den entsprechenden Nachweisverfahren abgedeckt.

Die Forderungen an die Qualität des Entstehungsprozesses der Software sind weitreichend, nicht nur, dass sich jeder Schritt, jede Änderung exakt dokumentieren lässt: So müssen beispielsweise alle älteren Software-Versionen jederzeit rekonstruiert werden können, denn das Unternehmen muss dem Kunden jederzeit detailliert nachweisen können, was es in seinem Fahrzeug eingebaut hat. Außerdem ist es auch für die Fehlerbehebung wichtig, auf abgeschlossene und ausgetestete Versionen zurückgreifen zu können. Nur so lassen sich Fehler schnell identifizieren und beheben.

Qualität des Entstehungsprozesses

6.5.3
Einführung des Produkts

Programmversionen jederzeit nachvollziehbar

Schon seit 1997 setzt TEMIC deshalb für die Qualitätssicherung seiner Softwareentwicklung mit PVCS Professional ein modernes Werkzeug für das Versions- und Konfigurations-Management ein. Damit lassen sich sowohl die Arbeitsabläufe exakt dokumentieren als auch die erstellten Programmversionen jederzeit nachvollziehen. PVCS hilft, den Entwicklungsprozess jederzeit im Griff zu behalten.

6.5.4
Erfahrungen mit dem Produkt

Starker Anstieg an Entwicklern

Der Einsatz einer derartigen Lösung war für TEMIC umso wichtiger, als das Unternehmen seine Software heute längst nicht mehr in kleinen Arbeitsgruppen entwickelt. Durch die rasche Ausweitung des Geschäfts hat sich die Mitarbeiterzahl bei TEMIC sprunghaft erhöht: Waren 1999 noch etwa 30 Entwickler mit der Programmierung der Sprachsteuerungssoftware beschäftigt, so sind es derzeit bereits rund 100.

In diesem Rahmen lässt sich die Arbeit nicht mehr auf Zuruf kontrollieren. Doch der zusätzliche Aufwand, den jedes Werkzeug mit sich bringt, lohnt sich auf jeden Fall, denn ohne eine zentrale Verwaltung der Projekte, wie sie PVCS ermöglicht, lässt sich die Entwicklung eines komplexen Produktes in einer großen Entwicklergruppe nicht mehr vernünftig steuern.

6.5.5
PVCS Dimensions im Einsatz für die NASA

Stationierung einer permanenten Forschungsstation

Am internationalen Space-Station-Programm der amerikanischen Raumfahrtbehörde NASA sind 16 unterschiedliche Nationen mit ihren Wissenschaftlern beteiligt. Ziel ist die Stationierung einer permanenten Forschungsstation im Weltraum, in der an Materialien und biologischen Zellen unter gravitationsfreien Bedingungen geforscht werden kann. Die amerikanische Boeing Corp., einer der weltweit größten Flugzeughersteller und Partner der NASA, hat die wichtige Aufgabe übernommen, das amerikanische Modul der Raumstation zu produzieren, zu testen und auszuliefern.

Boeing setzte PVCS Dimensions bereits in den vergangenen Jahren beim Bau verschiedener militärischer Flugzeuge ein. Das prozessbasierte Konfigurationsmanagement hatte sich in der überaus komplexen Materie so gut bewährt, dass Boeing beschloss, PVCS Dimensions jetzt auch beim Bau der Raumstation anzuwenden.

In erster Linie kommt das Änderungs-, Versions- und Prozess-Management von PVCS Dimensions bei der Software-Entwicklung zum Einsatz, darüber hinaus werden alle Software-Änderungen innerhalb der heterogenen Umgebungen kommuniziert und verwaltet.

Die Entwicklungsteams sehen einen großen Vorteil darin, ohne gegenseitige Beeinträchtigung parallel arbeiten zu können, und das auf unterschiedlichsten Wegen wie das Internet, über PC-Clients oder das X-Windows-Interface. Gleichzeitig ist der Stand der Entwicklung für die Projektverantwortlichen immer aktuell einsehbar. Mit PVCS Dimensions sind diese in der Lage, die Arbeit verschiedener Entwicklungsteams zusammenzuführen und zu koordinieren.

Ohne gegenseitige Beeinträchtigung parallel arbeiten

6.6 Fazit

Bei der Software-Entwicklung werden daher schon seit einiger Zeit Werkzeuge für das Software Konfigurationsmanagement eingesetzt, mit denen die jeweiligen Projekte verwaltet und kontrolliert werden. Die früher hier übliche Quellcodeverwaltung reicht jedoch für die komplexen Entwicklungsumgebungen und -aufgaben des Web-Zeitalters genauso wenig aus wie ein reines Versions- und Änderungsmanagement.

Konfigurationsmanagement schon länger im Einsatz

Heute müssen die Entwicklungsabteilungen die Kontrolle über zahlreiche umfangreiche Projekte behalten, die nebeneinander – teilweise mit verschiedenen Release-Ständen – in verteilten Umgebungen, oftmals mit Web-Unterstützung, aber immer in hoher Qualität und fristgerecht fertig gestellt werden müssen.

Ohne moderne Werkzeuge lässt sich das SCM nicht bewältigen. Diese Werkzeuge müssen sowohl den gesamten Entwicklungsprozess abdecken als auch alle darin verwendeten Ressourcen umfassen. Sie müssen die Vielzahl an unterschiedlichen Datenquellen und Anwendungskomponenten ebenso berücksichtigen wie verschiedene Standorte von Entwicklerteams, die sich wiederum aus internen und externen Projektmitarbeitern zusammensetzen können. Angesichts immer kürzer werdender:

Ohne moderne Werkzeuge lässt sich das SCM nicht bewältigen

- Entwicklungs-,
- Wartungs- und

- Release-Zyklen

müssen SCM-Werkzeuge zudem effiziente projekt- oder prozessbegleitende Funktionen zur Verwaltung von Projektlebenszyklen zur Verfügung stellen.

Java-Applets, CGI-Skripts und HTML-Seiten

Durch die verstärkte Integration des Web-Computing in die IT-Abteilungen, die durch die aktuellen Tendenzen im E-Business notwendig werden, werden die Grenzen zwischen diesen Bereichen durchlässig. Java-Applets, CGI-Skripts und HTML-Seiten treten neben den klassischen Programmcode. Beide Welten haben Anteil an denselben Projekten und müssen daher auch einheitlich gesteuert und verwaltet werden. SCM bleibt damit nicht mehr auf die herkömmliche Änderungsverwaltung beschränkt, sondern erstreckt sich auch über Bereiche wie das Content Management zur Verwaltung von Dokumenten und Multimedia-Inhalten. Die Zusammenführung von SCM und Content Management in einem einheitlichen, unternehmensweiten Konzept versteht Merant unter ECM – Enterprise Change Management.

Mit PVCS bietet Merant eine umfassende ECM-Lösung. PVCS ist eine führende Lösung für:

Einsatzbereiche von PVCS

- das Change Management von Digital Assets (Software und Content),
- von Change-Prozessen und
- Team Workflows.

PVCS unterstützt unternehmensweit alle wesentlichen Schritte des Prozesses der Software-Änderungen und berücksichtigt unterschiedliche Ressourcen von Mainframe-Code bis zum Web-Content. Dabei werden alle Ebenen vom Entwicklungsteam bis zum Content Administrator abgedeckt. Merant bietet Unternehmen, die Software entwickeln, umfassendes Know-how, bewährte Technologien und Partnerschaften, um jeden Aspekt des Change Management auf Unternehmensebene abzudecken.

7 Evaluierung von Konfigurationsmanagement-Werkzeugen

Gerhard Versteegen, HLMC
Guido Weischedel, GfKM

7.1 Vorgehensweise bei der Evaluierung

7.1.1 Allgemeines zur Evaluierung von Konfigurationsmanagement Werkzeugen

Wie im ersten Kapitel dieses Buches dargestellt, handelt es sich bei der Disziplin Konfigurationsmanagement um eine bereits etablierte Technik. Dies hat natürlich auch den entsprechenden Einfluss auf die zur Verfügung stehenden Werkzeuge, die in diesem Buch vorgestellt wurden. Etwas salopp formuliert: Sie geben sich gegenseitig nicht viel.

Etablierte Technik

Das soll bedeuten, dass der Funktionsumfang der in den Kapiteln drei bis sechs vorgestellten Werkzeuge sich nicht mehr groß unterscheidet. Was Tool 1 in der aktuellen Version Tool 2 voraus hat, wird Tool 2 in der nächsten Version ebenfalls integriert haben. Allerdings im Handling bestehen noch Unterschiede, ebenso in der Prozessunterstützung.

Kaum Unterschiede im Funktionsumfang

Natürlich hat dieser Umstand erhebliche Einflüsse auf eine Evaluierungsphase. So kann die – bei Softwareevaluierungen typische Featureschlacht – auf ein Minimum reduziert werden. Jetzt spielen die so genannten weichen und politischen Faktoren eine

Weiche und politische Faktoren

wesentlich größere Rolle, auf die in den folgenden Abschnitten eingegangen werden soll.

7.1.2
Weiche Faktoren bei der Toolevaluierung

7.1.2.1
Vorbemerkung

Gewichtung der weichen Faktoren

Die weichen Faktoren spielen bei einer Toolevaluierung immer eine Rolle, auch wenn die Gegebenheiten eine umfangreiche Betrachtung der Funktionalitäten des Produktes erfordern. Lediglich die Gewichtung der weichen Faktoren spielt dann eine größere Rolle. Bei den weichen Faktoren steht in erster Linie der Hersteller und die in Deutschland ansässigen Mitarbeiter des Herstellers eine Rolle. Das Produkt tritt weitgehend in den Hintergrund.

7.1.2.2
Der Hersteller allgemein

Bei den in diesem Buch aufgeführten Herstellern handelt es sich jeweils um international operierende Unternehmen, die mindestens eine Niederlassung in Deutschland vorweisen können. Eine sehr wichtige Voraussetzung, ohne die der Einsatz eines Konfigurationsmanagement Werkzeuges ein gewisses Risiko darstellen würde.

Die folgenden Aspekte sind bei der Herstellerbetrachtung von Bedeutung:

Aspekte bei der Herstellerbetrachtung

- Wie lange gehört Konfigurationsmanagement schon zum Portfolio des Herstellers?
- Beschäftigt sich der Hersteller erst seit kurzem damit oder ist Konfigurationsmanagement sein Kerngeschäft?
- Wenn der Hersteller sich schon seit längeren damit beschäftigt, wer sind die Kunden?
- Sind die im Kundenumfeld implementierten Lösungen vergleichbar mit den im eigenen Unternehmen vorherrschenden Rahmenbedingungen? Im Idealfall verfügt der Hersteller über entsprechende Success Stories und die dort referenzierten Kunden sind auch bereit, Auskünfte zu erteilen.
- Welchen Ruf hat das Unternehmen auf dem Markt?

- Gilt der Herstelle als kooperativ, also ist bei ihm der Kunde auch noch nach Vertragsabschluss König, oder tritt er eher arrogant auf?
- Will der Hersteller nur so viel wie möglich an Lizenzen verkaufen oder berät er den Kunden auch dahingehend, was in seinem Umfeld überhaupt Sinn macht. Aspekte, die zwar bei einem Erstkontakt nicht offensichtlich sind, die sich jedoch auf dem Markt ziemlich schnell herumsprechen.
- Bestimmt der Hersteller mit seinem Produkt den Markt? (Nicht nur wegen der Lizenzanzahl, sondern auch wegen der integrierten Technik?)

Position des Herstellers auf dem Markt

7.1.2.3
Die Mitarbeiter des Herstellers

Noch wichtiger als das Renommee des Herstellers sind die „Skills" der Mitarbeiter des Herstellers. Hier sind natürlich Nachweise schwer zu erhalten, aber häufig genügt es auch, sich auf das Bauchgefühl zu verlassen. So tritt in den meisten Vertriebssituationen nicht nur der Verkäufer beim Kunden auf, meistens ist zu seiner Unterstützung ein Techniker (Presales genannt) dabei.

Technische Fähigkeiten der Mitarbeiter

Dieser Presales wird automatisch nach Vertragsabschluss zum Postsales, er ist also sowohl für die erfolgreiche Implementierung des Konfigurationsmanagementwerkzeuges verantwortlich als auch für die künftigen Anfragen des Kunden. Als Entscheider muss ich mir immer wieder die Frage stellen: „Was passiert, wenn plötzlich Probleme im Projekt auftauchen, traue ich meinem Gegenüber zu, diese zu lösen?"

Ein weiteres Indiz ist dabei auch die Projektliste, über die jeder Hersteller verfügen sollte. Hier zeigt sich ziemlich schnell, zu welchen drei der im folgenden aufgeführten Kategorien der Hersteller zu rechnen ist:

- Der Hersteller kann kaum Einführungsreferenzen aufweisen. Hier liegt der Verdacht nahe, dass es sich um einen so genannten „Kistenschieber" (also reinen Lizenzvertrieb) handelt. Oft liegt dabei die Vertriebsmentalität: „Take the money and go" zugrunde.
- Der Hersteller verfügt zwar über eine Liste an Einführungsreferenzen, diese wurden aber zumeist nicht vom Hersteller selbst, sondern über Technologiepartner abgewickelt.
- Der Hersteller verfügt über eine umfangreiche Liste an erfolgreich abgewickelten Projektreferenzen, die allesamt vom Her-

Drei Herstellerkategorien

steller selbst vorgenommen wurden. Nur ab und zu taucht ein zertifizierter Partner auf.

Von der ersten Kategorie sollte tunlichst Abstand genommen werden, hingegen die beiden weiteren Kategorien sind potentielle Lieferanten, da sie offensichtlich über die notwendigen Consulting-Mitarbeiter verfügen.

7.1.2.4
Erfahrungswerte

Single Point versus Global Player

Ein weiterer weicher Faktor sind die Erfahrungswerte, die der Kunde bisher mit dem Lieferanten gesammelt hat. Von den vier in diesem Buch betrachteten Hersteller sind mit Rational Software und Telelogic zwei Unternehmen vertreten, die weitere Produkte neben den Konfigurationsmanagementtools anbieten. Damit haben sie auf den ersten Blick einen Vorteil gegenüber den Single Point Solution Anbietern MKS und Merant. Es sind jedoch auch hier zwei Alternativen möglich. Die Ausgangssituation ist wie folgt:

Der Hersteller ist beim Kunden bereits mit einem anderen Produkt als Lieferant bekannt, nun sucht der Kunde ein Konfigurationsmanagementwerkzeug.

Zwei Alternativen

- Ist das bereits beim Kunden installierte Produkt erfolgreich im Einsatz[48] und besteht eine enge Verbindung mit dem Konfigurationsmanagementwerkzeug, die über eine herkömmliche Schnittstelle hinaus geht, so bestehen für den Hersteller hier gute Chancen, auch sein Konfigurationsmanagementwerkzeug bei diesem Kunden zu platzieren. Der Kunde hat gute Erfahrungen gesammelt und warum soll er sich nun noch einen weiteren Lieferanten hinzunehmen? Hier zählt dann beim Kunden der Ansatz: Alles aus einer Hand.

- Ist der Kunde hingegen mit dem Produkt unzufrieden, so wird sich der Hersteller erheblich schwerer mit seiner Konfigurationsmanagementlösung tun, als wenn er „jungfräulich" auf diesen Kunden treffen würde. Das Argument, dass das Konfigurationsmanagementwerkzeug wesentlich besser und ausgereifter sei, als das zuvor verkaufte Produkt, hilft dann auch kaum noch weiter.

Produkt-, hersteller- und personenbezogene Erfahrungswerte

Diese beiden Alternativen zeigen auf, dass Erfahrungswerte bei einer Toolevaluierung eine große Rolle spielen. Diese können jedoch nicht nur produkt- oder herstellerbezogen sein, sondern durchaus

---

[48] Wird also auch wirklich genutzt und steht nicht als Schrankware im Regal des Administrators.

auch personenbezogen. Dies bedeutet, dass ein Vertriebsmitarbeiter, der jahrelang einen Kunden betreut und sich das Vertrauen des Kunden erarbeitet hat, auch gute Möglichkeiten hat, weitere Produkte an diesen Kunden zu verkaufen. Dabei sind wieder verschiedene Möglichkeiten vorhanden:

- Der Vertriebsmitarbeiter ist bei einem Hersteller, der mehrere Produkte verkauft. Hier hat sich auch der Begriff des Cross-Sellings eingebürgert.   *Cross-Selling*
- Der Vertriebsmitarbeiter wechselt von einem Hersteller zu einem anderen Hersteller. Jetzt hat er die Möglichkeit den bisherigen Kunden sozusagen „mitzunehmen".[49] Diese Situation wird um so prickelnder, wenn der Vertriebsmitarbeiter zu einem direkten Wettbewerber wechselt.   *Herstellerwechsel*

Dies gilt jedoch nicht nur für den Vertriebsmitarbeiter, auch der zuvor erwähnte Presales kann solche Situationen auslösen.

7.1.2.5
Politische Faktoren

Ein immer wieder gerne angesprochenes Thema bei der Evaluierung von Werkzeugen sind die politische Einflussnahme innerhalb des Unternehmens. Je größer ein Unternehmen ist, desto schwieriger sind die eventuell existierenden Seilschaften zu finden und zu verstehen. Gerade das Verstehen ist dabei von großer Bedeutung.   *Politische Einflussnahme innerhalb des Unternehmens*

Gar nicht so selten ist die Situation, dass ein Evaluierungsgremium sich ausführlich mit dem Test verschiedener Konfigurationsmanagementwerkzeuge beschäftigt und letztendlich einen Best-Fit-Kandidaten identifiziert hat, von der Unternehmensspitze jedoch beschlossen wird, ein völlig anderes Produkt zu beschaffen. Was ist da genau passiert? Die folgenden Möglichkeiten sind denkbar:

- Sicherheitsdenken: das Evaluierungsteam hat ein relativ unbekanntes Produkt ausgewählt, doch das Management entscheidet sich für einen renommierten Hersteller, obwohl dessen Produkt deutlich schlechter abgeschnitten hat. Hier steht dann auf der einen Seite der Investitionsschutz im Vordergrund, auf der anderen Seite sieht es jedoch so aus, dass man sich jetzt schon eine Brücke bauen möchte, falls das Projekt scheitert,   *Sicherheitsdenken*

---

[49] Im Produktgeschäft ist diese Situation eher selten anzutreffen, hingegen im Consultinggeschäft ist dies schon häufiger der Fall, wenn ein Berater die Firma wechselt.

getreu dem Motto: „Wir haben doch extra den Marktführer genommen..."[50]

Private Beziehungen
- „Private Beziehungen" zum Hersteller. Es gibt wohl kaum eine Branche, die so klein, verklüngelt und miteinander vertraut ist, wie die des Software-Engineerings. Man kennt sich eben, und so sind dann auch schon manch sinnvolle Evaluierungsentscheidungen gekippt worden.

Firmenpolitik
- Firmenpolitik im positiven Sinne – es macht durchaus Sinn, wenn mit verschiedenen Herstellern Rahmenverträge geschlossen werden. Hat nun das Evaluierungsteam einen Hersteller ausgewählt, mit dem kein Rahmenvertrag existiert, so ist eine erneute Prüfung anzudenken.

7.1.2.6
Fazit

Die weichen Faktoren bei der Produktauswahl spielen eine nicht unbedeutende Rolle. Zu unterscheiden sind dabei:
- personenbezogene Faktoren
- produktbezogene Faktoren
- herstellerbezogene Faktoren

Aber auch die politischen Faktoren, wie sie immer wieder bei größeren Konzernen zu finden sind, dürfen bei der Evaluierung nicht unberücksichtigt bleiben.

7.1.3
Die Dauer einer Werkzeugevaluierung

Ängstliches Zögern
In der heutigen Zeit ist immer wieder eines festzustellen: Der Projektleiter weiß, dass er ein Werkzeug benötigt, doch er zögert bei der Investition in das Produkt. Kann er sich dann endlich durchringen, kommen enorme Ängste auf, eventuell das falsche Produkt auszuwählen. Dies hat vor allem ein Ergebnis: Die Evaluierungsphase streckt sich viel zu lange hin.

So sind Evaluierungszeiträume von mehr als einem Jahr durchaus an der Tagesordnung – und natürlich völlig kontraproduktiv.

---

[50] Bestes Beispiel ist hier IBM, bei vielen Banken und Versicherungen ist Big Blue einfach gesetzt. IBM hatte sogar auch mal ein Konfigurationsmanagementwerkzeug im Angebotsportfolio; nachdem sich dieses jedoch als nicht Jahr 2000 kompatibel entpuppte, wurde es allerdings abgelöst.

Folgende Gründe sprechen dafür, diesen Zeitraum möglichst kurz zu halten:

- Eine Toolauswahl, die sich über einen längeren Zeitraum erstreckt, vergleicht nach einer gewissen Zeit zum Teil veraltete Versionen. Manche Hersteller bringen zwei bis drei Versionen jährlich auf den Markt, so dass hier Überschneidungen vorprogrammiert sind.

Gründe für eine kurze Evaluierungsphase

- Eine Toolauswahl kostet Zeit und somit Geld, selbst wenn die Bereitstellung eines Werkzeuges zum Testen meist kostenlos ist. Die Zeit, die das evaluierende Unternehmen mit der Auswahl verbringt, ist teuer.

- Je mehr Zeit die Auswahl und Evaluierungsphase in Anspruch nimmt, desto mehr sinkt die Motivation der Mitarbeiter. Dies liegt unter anderem darin begründet, dass die Ursachen für die Einführung einer neuen Technologie meist in einer gewissen „Notsituation" im Unternehmen zu finden sind. Diese Notsituation wirkt sich unmittelbar auf die Arbeitsweise der einzelnen Mitarbeiter aus. Wird ihnen nun Abhilfe versprochen (zum Beispiel durch die Einführung eines entsprechenden Werkzeuges), so stellt sich erst einmal ein so genannter Motivationsschub ein. Eine zu lange Auswahl- bzw. Evaluierungsphase stellt sich dann für die Mitarbeiter als eine „es passiert ja doch nichts"-Situation dar und die Motivation geht völlig in den Keller. Somit ist die Dauer der Evaluierung ein entscheidender Faktor für die Motivation der Mitarbeiter eines Unternehmens.

Frustrierte Mitarbeiter sind die Folge

Es lässt sich festhalten, dass eine Toolauswahl, die einen längeren Zeitraum in Anspruch nimmt, in erster Linie ein Zeichen von Unsicherheit und mangelnder Entscheidungsbefugnis oder -fähigkeit ist. Sie hat nichts mit Gründlichkeit oder Gewissenhaftigkeit zu tun.

Zeichen von Unsicherheit und mangelnder Entscheidungsbefugnis oder -fähigkeit

7.1.4
Die technische Evaluierung

Für die Vorauswahl von Tools macht es Sinn, einen Fragebogen an die Toolhersteller zu verschicken. Der Fragebogen sollte offene und keine geschlossenen (Ja/Nein) Fragen enthalten.

Geschlossene Fragen werden von den Herstellern meist mit „Ja" beantwortet, da nahezu jede gewünschte Funktionalität irgendwie umgesetzt werden kann. Die Frage ist jedoch, wie und mit welchem Aufwand. Daher ist es besser offene Fragen zu formulieren, auf die der Toolhersteller konkret antworten muss. Die Antwort enthält dann auch schon die konkrete Lösung.

Der auf den Folgeseiten gezeigte Beispielfragebogen soll für die Erstellung eines eigenen Evaluierungsbogens als Ideenlieferant dienen.

1.   Firmendaten
1.1. Organisation

1.1.1   Wie lautet die genaue Firmenbezeichnung?
1.1.2   Wie lautet die Firmenanschrift des Firmenstammsitzes?
1.1.3   Wie lautet die Adresse der europäischen Zentrale?
1.1.4   Wie lautet die Adresse der deutschen Niederlassung[51]?
1.1.5   In welchen Ländern gibt es weitere Niederlassungen?
1.1.6   Wie viele Mitarbeiter sind weltweit beschäftigt?
1.1.7   Wie viele Mitarbeiter davon sind in Europa beschäftigt?
1.1.8   Wie viele Mitarbeiter sind in Deutschland beschäftigt?
1.1.9   Wie viele Mitarbeiter von der Gesamtzahl sind im Bereich Konfigurationsmanagement-Werkzeuge tätig?[52]
1.1.10 Wie viele Mitarbeiter in Europa sind in der Produktentwicklung tätig?
1.1.11 Wie viele Mitarbeiter von 1.1.7 sind im Bereich Kundenunterstützung tätig?
1.1.12 Wie viele Mitarbeiter sind in Nordamerika im Bereich Kundenunterstützung tätig?

1.2. Historische Entwicklung

1.2.1   Seit wann gibt es die Europazentrale?
1.2.2   Seit wann gibt es die deutsche Niederlassung bzw. eine deutsche Vertretung?
1.2.3   Wie ist der KM-spezifische Bereich Ihres Unternehmens entstanden?
1.2.4   Wie hat sich die Zahl der Mitarbeiter im KM-spezifischen Bereich die letzten 10 Jahre entwickelt?[53]
1.2.5   Wie hat sich der Gesamtumsatz Ihres Unternehmens die letzten 10 Jahre entwickelt?

---

[51] Falls es keine Niederlassung in Deutschland gibt, wie lautet die Adresse des deutschen Repräsentanten?
[52] Kann mit Gesamtzahl identisch sein, wenn KM der alleinige Unternehmenszweck ist
[53] Wenn möglich bitte die Mitarbeiterentwicklung in Europa und Deutschland getrennt angeben

1.2.6		Wie hat sich der Umsatz des KM-spezifischen Bereichs die letzten 10 Jahre entwickelt?
1.2.7		Wie haben sich die Produkte im KM-Umfeld seit Ihrer Ersteinführung entwickelt?
2.		**Kundenbedürfnisse**
2.1		Welche Anforderungen erfüllen Sie mit Ihren Produkten?
2.2		Was sind Ihre Schwerpunkte?
2.3		Wo gibt es Schwächen bzw. Verbesserungspotential?
2.4		Wie sehen die Zukunftspläne aus?
2.5		Welche Referenzkunden haben Sie in den USA?
2.6		Welche Referenzkunden haben Sie in Europa?
2.7		Welche Referenzkunden haben Sie in Deutschland?
2.8		Wie verbreitet sind Ihre KM-spezifischen Produkte weltweit?
2.9		Wie verbreitet sind Ihre KM-spezifischen Produkte in Europa?
2.10		Wie verbreitet sind Ihre KM-spezifischen Produkte in Deutschland?
3.		**Produkt- und Dienstleistungen**
3.1		Wie werden die unter 2.1 aufgelisteten Anforderungen erfüllt?
3.2		Welche Produkte im Umfeld des Konfigurationsmanagements werden angeboten?
3.3		**Dienstleistungen**
3.3.1		Welche Dienstleistungen werden angeboten?
3.3.2		Welche Dienstleistungen sind zwingend notwendig?
3.3.3		Wie wird bei technischen Problemen geholfen?
3.3.4		Welche Antwortzeiten werden bei technischen Problemen garantiert?
3.4		**Konditionen**
3.4.1		Wie hoch sind die Produktanschaffungskosten?
3.4.2		Wie hoch sind die laufenden Wartungskosten?
3.5		Plattformen
3.5.1		Welche Hardwarevoraussetzungen sind notwendig?
3.5.2		Auf welchen Plattformen sind Ihre Produkte voll lauffähig?
3.5.3		Auf welchen Plattformen sind Ihre Produkte eingeschränkt lauffähig?

3.6 Funktionalität

3.6.1 Welche Architektur liegt den Produkten zugrunde?[54]
3.6.2 Wie sieht die grobe Struktur aus?
3.6.3 Welche Integrationen zu Entwicklungsumgebungen existieren?
3.6.4 Welche Schnittstellen zu anderen Produkten gibt es?

4. Spezielle Produktanforderungen

4.1 Verwaltung von Artikeln und Dokumenten

4.1.1 Wie kann zwischen Artikeln und Dokumenten unterschieden werden?
4.1.2 Wie werden Artikelstamm-Datensätze verwaltet?
4.1.3 Wie können die Artikelstamm-Datensätze um zusätzliche Felder (z. B. Betriebssystem) erweitert werden?
4.1.4 Wie kann durch Eingabe einer eindeutigen ID nach einem Artikel gesucht werden?
4.1.5 Wie werden Dokumentenstamm-Datensätze verwaltet?
4.1.6 Wie können die Dokumentenstamm-Datensätze um zusätzliche Felder (z. B. Freigabedatum, Wirksamkeit, etc.) erweitert werden?
4.1.7 Wie kann durch Eingabe von Dokumenttyp, ID und Version nach einem bestimmten Dokument gesucht werden?
4.1.8 Wie können Dokumente mit Artikeln verknüpft werden?

4.2 Strukturierung von Artikeln

4.2.1 Wie können Artikel hierarchisch strukturiert werden (d. h. Artikel bestehen aus weiteren Artikeln)?
4.2.2 Wie können Artikel mit allen verknüpften Dokumenten in mehreren Systemen an unterschiedlichen Stellen der Hierarchie verwendet werden?
4.2.3 Wie werden Stücklisten verwaltet?
4.2.4 Wie kann die Verwendung (where used) eines Artikels dargestellt werden?

4.3 Strukturierung von Dokumenten

4.3.1 Wie können alle mit dem Artikel verknüpften Dokumente sichtbar gemacht werden?
4.3.2 Wie können Dokumente untereinander verknüpft werden?
4.3.3 Wie kann die Verwendung eines mehrfach verknüpften Dokuments dargestellt werden?

---

[54] Client/Server oder sonstige Architektur

4.3.4 Wie können Versionsbeschreibungsdokumente erzeugt werden?

4.4 Einarbeitung von Änderungen

4.4.1 Wie kann ein in sich geschlossener Änderungsprozess realisiert werden?
4.4.2 Wie können Formulare des Änderungsprozesses modifiziert werden?
4.4.3 Wie können ein oder mehrere Problemreports mit einem ECR (Änderungsanforderung) verknüpft werden?
4.4.4 Wie können ein oder mehrere ECRs mit einem ECN (Änderungsmitteilung) verknüpft werden?
4.4.5 Wie können Formularfelder den Workflow steuern?
4.4.6 Wie kann die Änderungsberechtigung pro Formularfeld definiert werden?
4.4.7 Wie können ECNs die Berechtigung zur Änderung bzw. zur Erstellung von Dokumenten liefern, d. h. nur Dokumente, die explizit in einem ECN aufgelistet sind, können geändert werden?
4.4.8 Wie können ECNs mit den geänderten Dokumenten verknüpft werden, so dass rückverfolgbar ist, weshalb diese Änderungen durchgeführt wurden?
4.4.9 Wie können Arbeitsaufträge verwendet werden, um das Bilden von Ergebnissen, das heißt Liefereinheiten zu steuern?
4.4.10 Wie können Änderungen an Dokumenten geplanten Releases zugeordnet werden?

4.5 Bezugskonfigurationen

4.5.1 Wie kann eine stets aktuelle Bezugskonfiguration(Baseline) pro Artikel dargestellt werden?
4.5.2 Wie können Bezugskonfigurationen von Releases eingefroren werden?

4.6 Steuerung und Priorisierung von Aktivitäten

4.6.1 Wie können Aktivitäten, die an Dokumenten durchzuführen sind, zentral priorisiert werden?
4.6.2 Wie können diese Aktivitäten an die betroffenen Autoren verteilt und zur Aufgabensteuerung verwendet werden?

4.7 Repository

4.7.1 Wie ist die Struktur des Repositories aufgebaut?
4.7.2 Wie sind die Zugriffsberechtigungen geregelt?
4.7.3 Wie können verteilte Repositories abgeglichen werden?

4.7.4		Wie kann von verteilten Standorten auf das Repository zugegriffen werden, z. B. über das Internet?
4.8		Auswertungen
4.8.1		Welche Auswertungen existieren?

5.0 Produktionssysteme

5.1 Organisation und interne Prozesse

5.1.1 Wie ist Ihr Unternehmen organisiert?
5.1.2 Welche Qualitätsstandards werden erfüllt?

5.2 Strategien und Visionen

5.2.1 Was ist die Vision Ihres Unternehmens?
5.2.2 Was ist die Vision des KM-spezifischen Bereichs?
5.2.3 Welche Strategien verwenden Sie zum Erreichen der Vision?

5.3 Updates

5.3.1 Wie häufig werden Updates herausgegeben?
5.3.2 Wie werden neue Releases getestet?
5.3.3 Wieviel Prozent, der bei Updates durchgeführten Änderungen sind durchschnittlich Verbesserungen im Vergleich zu Fehlerbeseitigungen?
5.3.4 Wie werden Benutzerwünsche in die Produkte eingearbeitet?

5.4 Entwicklungsprozess

5.4.1 Wie sieht der interne Entwicklungsprozess aus?
5.4.2 Wie sieht der interne Konfigurationsmanagementprozess aus?
5.4.3 Wie werden Änderungen eingearbeitet?
5.4.4 Wie werden kritische Fehler bearbeitet?

5.5 Kooperationen und Partnerschaften

5.5.1 Welche Kooperationen und Partnerschaften existieren?
5.5.2 Welche Kooperationen und Partnerschaften sind geplant?

Herausgeber

Gerhard Versteegen
Säntisstr. 27
81825 München

Tel.: +49 089/420 17 638
Fax: +49 089/420 17 639

Email: g.versteegen@hlmc.de
Web: www.hlmc.de

Diplom-Informatiker Gerhard Versteegen hat in seiner beruflichen Laufbahn bei unterschiedlichen Unternehmen in verschiedenen Management-Positionen gearbeitet. Nach seinem Informatik-

Studium war er zunächst mit der Projektleitung größerer Softwareentwicklungsprojekte betraut, bevor er die Leitung eines Kompetenzzentrums für Objektorientierte Technologien übernahm.

Seit Mai 2001 ist er Geschäftsführer des Management-Consulting-Unternehmens HLMC in München.

Autor

Guido Weischedel
Schlosserstraße 4
D-72622 Nürtingen

Tel.: +49 (0)7022/9256-46
Fax: +49 (0)7022/9256-29

Email: Guido.Weischedel@gfkm.de

Dipl.-Ingenieur (FH) Guido Weischedel, geboren 1959, studierte Nachrichtentechnik an der Fachhochschule Esslingen. Herr Weischedel ist anerkannter Experte auf dem Gebiet Konfigurationsmanagement (KM) und Assessor für SPICE/BOOTSTRAP und CMII. Er beschäftigt sich seit über 12 Jahren intensiv mit KM und hat hierzu zahlreiche Vorträge gehalten sowie mehrere Fachartikel verfasst. Herr Weischedel ist unter anderem Gründer und Geschäftsführer der GfKM – Gesellschaft für KonfigurationsManagement. Zusammen mit dem Institute of Configuration Management (ICM) hat er den Standard-Entwicklungsprozess Configuration Management II (CMII) in Deutschland eingeführt und leitet seither die CMII-Kurse im deutschsprachigen Raum.

Akronyme

ASP	Application Service Provider
BMI	Bundes Innenministerium
BMVg	Bundesministerium für Verteidigung
CLI	Command Line Interface
CMII	Configuration Management II
CMMI	Capability Maturity Model Integration
CVS	Concurrent Versions System
DCM	Distributed Change Management
ECM	Enterprise Content Management
GfKM	Gesellschaft für Konfigurationsmanagement
GOB	Grundsätze ordnungsgemäßer Buchführung
GUI	Grafical User Interfaces
HLMC	High Level Marketing Consulting
HW	Hardware
IABG	Industrieanlagen Betriebsgesellschaft
ICM	Institute of Configuration Management

IDE	Integrated Development Environement
ILE	Integrated Language Environment
IPD	Integrated Product Development
KID	Konfigurations-Identifikationsdokument
KM	Konfigurationsmanagement
KonTraG	Gesetz zur Kontrolle und Transparenz im Unternehmensbereich
MKS	Mortice Kern Systems
MVFS	Multi-Version Filesystem
OMG	Object Management Group
OO	Objektorientierung
PCLI	Project Commandline Interface
PDM	Product Data Management
PHB	Projekthandbuch
PLM	Product Lifecycle Management
PM	Projektmanagement
PVCS	Polytron Version Control System
QM	Qualitätsmanagement
QS	Qualitätssicherung
RCE	Revision Control Engine
RUP	Rational Unified Process
SCCS	Source Code Control System

SDP		Standard Dimensions Protocol
SE		Software Entwicklung
SQL		Structured Query Language
TCL		Tool Command Language
UCM		Unified Change Management
UML		Unified Modeling Language
VM		Vorgehensmodell
VOB		Version Object Base
WAN		Wide Area Network

Abbildungsverzeichnis

Abbildung 1: Von projektspezifischem KM zu einheitlichem KM 3
Abbildung 2: Konfigurationsmanagement als Informationszentrum 4
Abbildung 3: Struktur Konfigurationsmanagement-Plan 8
Abbildung 4: Bearbeitung einer Version innerhalb der
 Versionsverwaltung (Check Out) 10
Abbildung 5: Erstellen einer neuen Version nach
 Bearbeitung (Check In) 10
Abbildung 6: Zusammenhang zwischen Konfigurationseinheiten.11
Abbildung 7: Bestandteile eines Releases 12
Abbildung 8: Wiederherstellung eines Releases anhand von
 Baselines 13
Abbildung 9: Einfachster Änderungsprozess (nicht empfohlen).... 14
Abbildung 10: Änderungsprozess Grobdarstellung 14
Abbildung 11: Buildprozess 16
Abbildung 12: Planung der Synchronisierung 22
Abbildung 13: Tailoring im V-Modell 33
Abbildung 14: Das Zusammenspiel der Submodelle im V-Modell
 ist von zentraler Bedeutung 35
Abbildung 15: Übersicht über das Submodell KM 37
Abbildung 16: Aktivitäten und Produkte in KM 1 37
Abbildung 17: Aktivitäten und Produkte in KM 2 38
Abbildung 18: Status einer Änderung 39
Abbildung 19: Überblick über den Rational Unified Process 42
Abbildung 20: Übersicht über die Disziplin
 Konfigurationsmanagement 43
Abbildung 21: Inhalte der Aktivität „Planen der
 Projektkonfiguration und der Änderungskontrolle"
 44
Abbildung 22: Inhalte der Aktivität „Erstellen der
 Konfigurationsmanagement-Umgebung" 45
Abbildung 23: Inhalte der Aktivität: „Ändern und Ausliefern der
 Konfigurationsitems." 46
Abbildung 24: Inhalte der Aktivität „Handhabung von Baselines
 und Releases" 47

Abbildung 25: Inhalte der Aktivität: „Überwachung des Status von Konfigurationen".. 48
Abbildung 26: Inhalte der Aktivität: „Behandlung von Änderungsanforderungen".. 49
Abbildung 27: Tätigkeiten des Configuration Manager in der Konfigurationsmanagement Disziplin 50
Abbildung 28: Tätigkeiten des Änderungsmanagers in der Konfigurationsmanagement Disziplin 51
Abbildung 29: Tätigkeiten des Integrators in der Konfigurationsmanagement Disziplin 51
Abbildung 30: Aktivitäten in der Disziplin Konfigurationsmanagement.. 52
Abbildung 31: Hintergrundinfos "Korrekturmaßnahmen" und "Korrekturmodus"... 55
Abbildung 32: Ursachen für Mängel... 56
Abbildung 33: Dokumentation auf der Basis von Anforderungen. 60
Abbildung 34: Kleinere Dokumente sind besser als umfangreiche Große Dokumente veralten 61
Abbildung 35: Prüfung von Anforderungen... 64
Abbildung 36: Der Änderungsprozess.. 66
Abbildung 37: Zweigeteilter Änderungs- und Freigabeprozess...... 67
Abbildung 38: Gewinnsteigerung durch Kostenvermeidung........... 69
Abbildung 39: Historie der Tools für Software-KM 71
Abbildung 40: Toolkategorien... 73
Abbildung 41: Evolution eines Konfigurationselements................... 76
Abbildung 42: Strukturierung von Konfigurationen 77
Abbildung 43: Trennung zwischen Erzeugnis und Dokumenten.... 81
Abbildung 44: Visualisierung von Verknüpfungen 82
Abbildung 45: Weltweite Umsatzverteilung von Telelogic® 92
Abbildung 46: Telelogic Doors ist unumstrittener Marktführer im Anforderungsmanagement 93
Abbildung 47: Telelogic® Tau ist Marktführer im Modellierungsbereich.. 93
Abbildung 48: Der Customer Success basiert auf der Kombination der Telelogic® Produkte und Dienstleistungen 94
Abbildung 49: Neuer plattformunabhänger CM Synergy® Developer Client.. 100
Abbildung 50: Startdialog von Telelogic CM Synergy® 101
Abbildung 51: Das Projektsichtfenster im Telelogic CM Synergy® Classic Client 102
Abbildung 52: Dialogbox, die die Eigenschaften eines Objektes beschreibt 104
Abbildung 53: Auswahl einer Task über die Dialogmaske in Telelogic CM Synergy 107
Abbildung 54: Dialog zum Auschecken eines Projektes in Telelogic CM Synergy® 108

Abbildung 55: Dialogbox zum Auschecken von Objekten in Telelogic CM Synergy®..109
Abbildung 56: Der Check In Dialog für eine Task in Telelogic CM Synergy®..111
Abbildung 57: Dialogmaske in Telelogic CM Synergy® für die Use-Funktion..112
Abbildung 58: Dialogmaske zum Unuse eines Objektes in Telelogic CM Synergy®...113
Abbildung 59: Die Dialogmaske der Delete-Funktion in Telelogic CM Synergy®...114
Abbildung 60: Dialogmaske für einen Merge in Telelogic CM Synergy®..115
Abbildung 61: Beispiel für die grafische Darstellung der Versionshistorie in Telelogic CM Synergy®............118
Abbildung 62: Dialogmaske für eine Migration in Telelogic CM Synergy®..119
Abbildung 63: Dialogmaske für die Synchronisierung mit Reconfigure in Telelogic CM Synergy®.....................125
Abbildung 64: Dialogmaske für Reconcile 126
Abbildung 65: Konfliktlösung in Telelogic CM Synergy®..............129
Abbildung 66: Der Default Workflow in Telelogic CM Synergy®.131
Abbildung 67: Die Rekonfiguration von Templates und der Projekteinstellungen..132
Abbildung 68: Das zu ActiveCM® komplementäre Windows/Internet Explorer Interface von Telelogic®...135
Abbildung 69: Der Hauptsitz der MKS Inc. in Waterloo/Ontario (Kanada)..146
Abbildung 70: Formular im MKS Integrity Manager 155
Abbildung 71: Automatische Email Notification.............................156
Abbildung 72: Chart View aus MKS Integrity Manager.................157
Abbildung 73: Sandbox in MKS Source Integrity Enterprise 159
Abbildung 74: Projekthistorie in Source Integrity Enterprise........160
Abbildung 75: Varianten Ansicht in MKS Source Integrity Enterprise..161
Abbildung 76: Change Package im MKS Integrity Manager..........162
Abbildung 77: Change Package in MKS Source Integrity Enterprise........................163
Abbildung 78: Die Einbindung der MKS Integrity Lösung in ein Software-Entwicklungsteam.........................164
Abbildung 79: Das Webinterface..167
Abbildung 80: Architektur des „Federated Server"-Ansatz...........171
Abbildung 81: Konfigurieren einer Komponente.............................172
Abbildung 82: Kommunikations- und Integrationsmöglichkeiten von MKS Implementer.............................175

Abbildung 83: Die sechs Bereiche des Konfigurationsmanagements aus Sicht von Rational Software 190
Abbildung 84: Der Versionsbaum von Rational ClearCase 191
Abbildung 85: Verteilte Entwicklung erfordert zunehmend ein professionelles Konfigurations- management 196
Abbildung 86: Artefaktorientiertes KM 198
Abbildung 87: Aktivitätsorientiertes KM 198
Abbildung 88: Der Ansatz von Rational ClearCase 200
Abbildung 89: ClearCase Eigenschaften 205
Abbildung 90: Baselining 207
Abbildung 91: Versionierung 208
Abbildung 92: Varianten 208
Abbildung 93: Einsatz der Rational Produkte anhand der Teamgröße und Verteilung 209
Abbildung 94: Rational ClearQuest 211
Abbildung 95: Rational Suite schematisch 216
Abbildung 96: Out-of-the-Box-Prozess des Unified Change Management 219
Abbildung 97: Zusammenhang zwischen Code und Modellen 223
Abbildung 98: In der configuration specification werden die Regeln zur Dateiselektion festgelegt 225
Abbildung 99: Die zeitliche Entwicklung einer Datei in ClearCase 226
Abbildung 100: Ausschnitt aus dem Fehlerverfolgungwerkzeug (MR Tool). 227
Abbildung 101: Die Label werden nicht zwingend in aufsteigender Folge an die Dateien gehängt. In der confic spec müssen sie in der richtigen Reihenfolge aufgeführt werden 231
Abbildung 102: Diese Situation kann nur gelöst werden, indem man die Dateiversionen explizit selektiert 232
Abbildung 103: Die sehr flexibel anpassbare Struktur von PVCS Tracker erlaubt den Einsatz in vielen verschiedenen Varianten. Neben der reinen Verwaltung von Änderungs- und Fehlermeldungen kann er auch als Erfassungssystem für diverse andere Informationen genutzt werden 244
Abbildung 104: Der Zugriff auf die zentral organisierten Daten kann über einen Web-Browser erfolgen. Dies erlaubt den Zugriff von beliebigen Standorten und verschiedensten Plattformen. 246
Abbildung 105: Aus dem Repository ist jederzeit ersichtlich, woraus ein Release entstanden ist und an wen es ausgeliefert wurde. 249

Abbildung 106: Bei der Hosting-Lösung von Merant können nicht nur die reinen SCM-Funktionalitäten genutzt werden, sondern es werden auch Kommunikations- und Auswertungsdienste mit angeboten................252

Abbildung 107: Die Erfassung und Analyse von Sprachinformationen verlangt sehr viele verschiedene Routinen und Algorithmen, die von der TEMIC GmbH entwickelt und erforscht werden. 255

Literatur

[Bab1986]	Babich, Wayne (1986): „Software Configuration Management: Coordination for Team productivity", Addison-Wesley, ISBN 0-201-10161-0, 1986
[Dör2000]	Dörnemann, Holger: „Das Ganze im Blick", IT Management, IT-Verlag, 06/2000.
[Dör2001]	Dörnemann, Holger: „Software-Bingo oder – Engineering in Zeiten der New-Economy: Sie haben die Wahl!", CEO 1/2001, IT-Verlag.
[IDC2001]	Heiman, R.V.: „Software Configuration Management Tools Forecast and Analysis", 2001-2005, IDC Bulletin #24811 - June 2001.
[ISO2002]	Homepage ISO – International Organization of Standardization: http://www.iso.ch
[Kruch1999]	Kruchten, Philippe: „The Rational Unified Process (An Introduction)" Addison-Wesley, 1999
[SEI2002]	Homepage SEI – Software Engineering Institute: http://www.sei.cmu.edu
[TSG2002]	Homepage „The Standish Group": http://www.standishgroup.com
[Ver1999]	Versteegen, Gerhard: „Das V-Modell in der Praxis" dpunkt-Verlag, 1999

[Ver2000]   Versteegen, Gerhard: „Projektmanagement mit dem Rational Unified Process" Springer-Verlag, 2000

[Ver2001]   Versteegen, Gerhard; Salomon Knut; Heinold Rainer: „Change Management in Softwareprojekten" Springer-Verlag, 2001

[Ver2002]   Versteegen, Gerhard; Hubert, Richard; Salomon, Knut; Heinold, Rainer; Dörnemann, Holger, Vogel, Oliver; Chughtai, Arif: „Software Management – Den Software-Lifecycle im Griff" Springer-Verlag, 2002

Index

Activity Management 194
ADA 185
Aktivitätenlisten 82
aktivitätsgetriebener Ansatz 197
AlertCentre 149
Änderungsauftrag 39
Änderungsmanagment 36
Änderungsvorschlag 39
Anforderungs-
  Änderungsprozess 58
Anforderungs-Freigabeprozess 58
artefaktgetriebener Ansatz 197
Artefakttyp 197
Atria Software 187
Audit 50
Aufkauf 85
Auswahlregeln 120
Baseline 192, 206
Baselines 46
Baselining 207
best practices 54
Best-Fit-Kandidat 265
Bezugskonfigurationen 76
Binaries 225
BMVg 34
Booch 186
BOOTSTRAP 54
Börse 83
Branch 230
Branching 192
Build Management 189
Buildauftrag 67
Buildprozess 117
Build-Prozess 241
CGI-Skripts 239
Change Control Board 229

Change Packages 156
Change Set 198
Change Synergy Customization 95
Change Synergy User 95
ChangeRequest 212
Chaos Report 55
Checkpoint 159
CLI 168
CM Synergy Build Manager 94
CM Synergy Developer 94
CM Synergy ObjectMake 95
CMII 53
CMII-Prozess 57
Code Protection Tool 234
Codierauftrag 67
Compiler 186
configuration specification 225
Construction 42
Continuus 92
Cross-Selling 265
Datenrecord 212
Debugger 186
Default Task 107
Defect 212
Definitions- und
  Strukturierungsprozess 58
Deployment 189
Distributed Change Management 94
Distributionsauftrag 67
Distributor 88
Doors 93
Durchlaufzeiten 66
DV-Konzept 61
Dynamic-Views 205
e-Business-Anwendungen 238

Editor 186
Einführungsreferenzen 263
Elaboration 42
E-Mail-Benachrichtigung 106
Embedded Systeme 93
Erfahrungswerte 264
Erzeugnis-Änderungs und -
    Freigabeprozess 58
Evaluierungsdauer 267
Evaluierungsgremium 265
Evaluierungsphase 261
Featureschlacht 261
feindliche Übernahme 85
Feldtypen 155
Filesystem 202
Firmenpolitik 266
FlexLM 167
Folder 107
Footprint-Technologie 245
Framework 62
Freigabeprozess 56
Funktionalitätsanforderungen 74
Glaubenskrieg 29
Global Player 88, 91
Golden Gate Capital 237
Handbuchsammlung 34
Herstelleranforderungen 74
History 155
Historyview 115
IABG 34
ICM 55
IDC 233
Implementierungsmodell 44
Inception 42
Integrationsauftrag 67
Integrator 45
Integrity Manager 154
Intersolv 70
INTERSOLV 237
iSeries 151
ISO 9000 58
ISO12207 36
J2EE 167
Jacobsen 186
Java-Applets 239
Kernprozess 68
KID 38
KM-Dienste 36

KM-Dokumentation 40
KM-Planung 36
KM-Repository 65
KM-Umgebung 50
Komplettlösung-Anbieter 87
Konfigurations-
    Identifikationsdokument 38
Konfigurationsitem 45
Konfigurationsmanagement
    Disziplin 42
Konfigurationsmanagement-
    Plan 37
Kontrollierte Produkte 117
Korrekturmaßnahmen 64
Kundenrelease 206
Label 25
Labelkonzept 230
Libraries 225
Lifecycle 198
Linker 186
Logfile 121
Mainframewelt 97
Marktführer 91
Mastership 196
Merant 237
Mergepfeil 230
Metainformation 24
Micro Focus 237
Microsoft Visual Studio 242
MKS Toolkit 148
Modification Request Tool 224
Modultest 227
MSVC-Projekte 245
MultiSite 206
Nachdokumentation 58
ObjectMake 116
ODBC-Technologie 243
OMG 186
Open Source Projekte 70
OpenVMS 246
OS/390 98
Parallax Capital 237
Patches 26
Pauschalfreigabe 56
PHB 33
Pointbase 167
Postsales 263
prep project 99
Presales 263

Product Data Management 80
Product Lifecycle Management 80
Produkt- und Konfigurationsverwaltung 36
Produktbibliothek 37
Produktionsläufe 22
Project Commandline Interface 242
Project Console 201
Project Measurements 48
Projekthandbuch 33
Projekthistorie 40
Projektinfrastruktur 216
Projektrepository 44
Projektsichtfenster 101
projektübergreifend 32
Prozesselemente 66
Prozessmodelle 29
Pull-Technologie 78
Pure Software 187
PureAtria 187
Push-Technologie 78
PVCS 237
PVCS Configuration Builder 241
PVCS Dimensions 241
PVCS Professional 241
PVCS Professional Plus 242
PVCS Tracker 241
QSS 92
Qualitätsmanagement 74
QuickStart 188
Rational ClearCase 200
Rational ClearCase LT 200
Rational ClearCase MultiSite 201
Rational ClearQuest 210
Rational ClearQuest MultiSite 201
Rational Rose 186
Rational Unified Process 41
Reconfigure 119
Release 46
released project 99
Releaseplanung 74
Releasesicherheit 224
Replikas 19
Replikation 196
Repository 192, 202
Review 226

Reviewergebnisse 226
Roadblocks 192
Role Based Solutions 214
Roll-Out 195
Rückkopplungen 66
Rumbough 186
Sandboxes 158
SCCS 69
Schulungen 188
SCM-Administrator 149
SCM-Markt 239
Serverrepository 205
Sicherheitsanforderungen 74
Sicherheitsdenken 265
Single-point-of-failure 20
Single-Point-Solution-Anbieter 87
Snapshot-Views 205
Softwarearchitekt 45
Softwareevaluierung 261
Source Code Control System 69
Source Integrity Standard Edition 150
SPICE 54
Spiralmodell 30
SQA 187
Standish Group 55, 93
Stockholm Stock Exchange 92
Struktur 158
Stücklisten 193
Submodelle 35
Subtask 106
Synchronisierung 22
Synergy Engine 101
Tailoring 32
Task 107
Task Scheduler Service 148
Tau 93
Team Unifying Platform 214
Technologiepartner 263
Teilaktivititäten 42
Telelogic 91
Testanalyst 49
Testauftrag 67
timestamp 117
Toolevaluierung 262
Toolkategorien 72
Transition 42
Übernahme 85

UCM 201
UML 186
Unified Change Management 201
Unkontrollierte Produkte 117
Updatepolitik 74
variant project 99
VDC 93
Versionierungswerkzeug 224
Versionsbaum 190
Versionskontrolle 189, 192
Versionskontrollinformation 194
Verteilte Entwicklung 189
View 193
V-Modell 34
Vob 202
WAN 195
Wartungsaufwand 31
Wasserfallmodell 30
Webapplikationen 189

Web-Computing 238
Web-Content-Management-Markt 239
weiche Faktoren 262
Wirtschaftlichkeitsanforderungen 74
Wirtschaftlichkeitsbetrachtungen 83
Wirtschaftsdaten 83
Workarea 102
Workflow 96
Workflow Management 189
working project 99
Workload 212
Workspace 44
Workspace Management 189
XDE 186
Yphise Report 92
Zertifizierung 79
Zugriffsmechanismen 79

The manufacturer's authorised representative in the EU is Springer Nature Customer Service Centre GmbH, Europaplatz 3, 69115 Heidelberg, Germany. If you have any concerns regarding our products, please contact ProductSafety@springernature.com

Printed and bound by CPI Group (UK) Ltd, Croydon, CR0 4YY

23/03/2026

02076675-0015